教育部人文社会科学重点研究基地山东师范大学
齐鲁文化研究院重点项目

儒家思想与古代社会

研究书系

吕文明　主编

朱熹礼学思想研究

杨静　著

人民出版社

责任编辑：宫　共
封面设计：胡欣欣

图书在版编目（CIP）数据

朱熹礼学思想研究/杨静 著. —北京：人民出版社，2024.3
ISBN 978-7-01-026455-4

Ⅰ. ①朱…　Ⅱ. ①杨…　Ⅲ. ①朱熹（1130-1200）-礼仪-思想评论
Ⅳ. ①B244.75②K892.9

中国国家版本馆 CIP 数据核字（2024）第 067155 号

朱熹礼学思想研究
ZHUXI LIXUE SIXIANG YANJIU

杨　静　著

人民出版社 出版发行
（100706　北京市东城区隆福寺街 99 号）

北京中科印刷有限公司印刷　新华书店经销

2024 年 3 月第 1 版　2024 年 3 月北京第 1 次印刷
开本：710 毫米×1000 毫米 1/16　印张：17.75　字数：272 千字

ISBN 978-7-01-026455-4　定价：54.00 元

邮购地址 100706　北京市东城区隆福寺街 99 号
人民东方图书销售中心　电话（010）65250042　65289539

总　序

儒家思想是中国传统文化中最重要的组成部分，对中华文明的发展产生了深远影响。儒家思想记载了中华民族自古以来在建设家园的奋斗中开展的精神活动、进行的理性思考、创造的文化成果，反映了中华民族共同的精神追求，是中华民族生生不息、发展壮大的丰厚滋养。在两千多年的发展演变过程中，儒家思想逐渐成为中国古代社会的核心价值观念，对中国古代社会的政治、经济、文化、教育等都产生了深远影响。

儒家思想的产生有着深厚的历史文化根源。西周礼乐文化是儒家思想产生的重要文化背景，它为孔子和早期儒家提供了重要的世界观、政治观和伦理观基础。同时，西周礼乐文化也并非无根之木、无源之水，它是三代文化发展演进的重要产物。中国上古时期的文化主要是巫觋文化，后来逐步发展为祭祀文化，并在殷商时期达到高峰，祭祀文化在西周有了明显的理性化趋势，陈来先生认为："周公的思想极大影响了周人的天命信仰，使中国文化由自然宗教发展为具有伦理宗教水平的文化形态，价值理性在文化中开始确立根基。"礼也由此产生，并最终发展为理性化的规范体系。西周文化推崇德性，讲求孝悌人伦，有明显的人文导向，这种人文性最终成为儒家思想形成的直接来源。

孔子继承了周公开创的礼乐文化，并对礼乐文化的内在精神实质进行高度概括，提出了"仁"的思想。孔子一方面竭力守护作为文明精粹的礼乐文化，另一方面又通过把"仁"所代表的道德意识引入外在约束的礼制之中，重建了政治和伦理秩序的基础，即"归礼于仁"。除了思想上的重大突破，孔子还突破了当时"学在官府"的局限性，开办私学，收徒讲学，《史记·孔子世家》载："孔子以诗书礼乐教，弟子盖三千焉，身通六艺者七十有二人。"孔子死后，弟子们散居各地，传播儒家思想，思想上的分化也逐渐产生，不过其中最具影响力的当属孟子、荀子二人，他们"咸遵夫子之业而润色之，以学显于当世"。孟子发展了孔子重仁的一面，把人性作为仁政的基础，认为发挥人性之善即可行仁政。荀子则发展了孔子重礼的一面，强调外在约束的重要，要隆礼重法，所以，其弟子韩非和李斯都成了法家的代表人物。

秦汉时期，儒家思想的发展经历了较大的起伏。"秦王扫六合，虎视何雄哉"。秦始皇统一全国后，实行"焚书坑儒"政策，凸显出政权的暴虐与文化上的专制，因此二世而亡。汉朝建立后，以秦为鉴，休养生息，无为而治，文化也逐渐复苏，以经学为代表的儒学逐渐发展起来，儒家经典《诗》《书》《礼》《易》《春秋》都形成了较为完备的诠释系统。其中，《春秋》公羊学大师董仲舒给汉武帝上《天人三策》，提出"推明孔氏，抑黜百家"的建议，得到汉武帝的肯定。武帝还设置五经博士，制定了博士弟子员与弟子员迁官制度，将经学与选官制度相联系，有效地促进了经学的官学化，深刻影响了中国古代政治。西汉末年，经学大师刘歆发现《周礼》，又推崇《春秋左氏传》，以《周礼》《左传》为本，力图弥补今文经学"抱残守缺"之不足，促成了古文经学派的形成。刘歆欲为《左传》立博士，而今文学者反对，今古文之争遂起，并持续近二百年。直到东汉末年，兼通今古文经学的郑玄出现，他"括囊大典，网罗众家，删裁繁诬，刊改漏失"，以礼制为核心，实现了今古文经学的融合，经学进入"小一统"时代。

魏晋时期，儒家思想内部发生裂变，旧思想逐渐被扬弃和改造，而新思想从旧思想中生发出来，其中最突出的表现就是玄学的兴起。汤一介言："魏晋玄学是指魏晋时期以老庄思想为骨架企图调和儒道，会通'自然'与'名教'的一种特定的哲学思潮。"当时的玄学家非常注重《老子》《庄子》和《周易》，他们以道家思想解释儒家经典，以调和儒道、会通名教与自然为学术旨趣，以抽象思辨与清新玄远的文风一洗经学烦琐细碎的诠释风格，发展出与两汉经学完全不同的理论体系。南北朝时期，儒学发展深受佛教影响，经学义疏体兴起。同时，南朝经学与北朝经学各有特色，北朝以郑学为主，南朝更多地受到玄学影响。隋唐是继汉代之后中国经学发展的又一个重要时期，在经籍校勘、训诂、释义等方面都有较大成绩。唐太宗时期，孔颖达等人奉诏编成《五经正义》，儒家经典的诠释实现了统一。

宋朝偃武修文，儒家思想得到充分发展。当时出现了不少思想流派，如周敦颐的“濂学”、程颢程颐的“洛学”、王安石的“新学”、张载的“关学”、苏轼的“蜀学”、司马光的“涑水之学”、邵雍的“数学”等，其中，“二程”的学问传承有序，影响逐步扩大。后来宋室南渡，偏安一隅，“二程”的弟子、再传弟子继续在南方传播“洛学”，直到朱熹出现。朱熹不仅吸收“二程”的思想，还广泛接受周敦颐、张载、邵雍等人的思想，建立起一个庞大的理学体系。他把《论语》《孟子》《大学》《中庸》合编在一起，称为“四书”，并加以注释，写成《四书章句集注》一书，使得“四书”成为宋以后高于五经的经典体系。与朱熹同时的陆九渊在思想上与朱熹并不同调，陆九渊更加注重“发明本心”，他认为具有永恒性和普遍性的“心”才是儒家道德原则确立的根源，所以他的学问被称为“心学”。从南宋末到明朝前中期，朱熹的理学思想一直处于主流地位，科举考试也以朱子一派的经典思想诠释为准。

明朝中期，王阳明的出现打破了朱子理学的一统局面。王阳明是明代“心学”的代表人物，他不满于朱熹的格物穷理说，而提出“心外无理”，认为事物之“理”的根源并不在心外。他提倡“致良知”“知行合一”，认为既要扩充自己的良知，又要把良知付诸行动，加强为善去恶的道德实践。明代后期，王阳明的思想如狂风骤雨般在全社会蔓延开来，产生重大影响，社会风气和审美风尚为之一变。王门后学遍布全国，黄宗羲就曾以地域为标准，将王门后学分为浙中、江右、南中、楚中、北方、闽越、泰州七派，他们均从不同方面传承和发展了阳明思想。同时，受阳明学高扬个人思想主体性的影响，士人中也出现了“荡轶礼法，蔑视伦常”的现象，因此对于阳明学的检讨和反思也随之而来，这在一定程度上促成了清代理学的复兴与考据学的兴起。

清代是传统思想文化的总结时期，也是新思想的开创时期。清代的学术思想主要分为三个阶段，早期是实学思潮与理学复兴，中期是乾嘉考据学兴盛，晚期是今文经学异军突起。清代早期，王夫之、顾炎武、黄宗羲、颜元、唐甄等人都主张经世致用，对明朝的弊政与思想多有反思，他们都重视经史之学，希望从经学、史学之中找到救亡之道。清代中期，文字狱盛行，知识分子纷纷转向故纸堆中，考据学兴盛起来，诸如音韵、训诂、校勘、辑佚等学问得到很大发展。清代晚期，社会危机加重，如何以儒学回应西学挑战、以儒学回答救国兴国的时代问题，成为近现代儒学理论的核心，从龚自珍、魏源，到廖平、康有为，再到梁漱溟、熊十力"现代新儒家"的出现，近现代儒学进入一个思想大变革的时代。

儒家思想历经两千多年发展，对中国古代社会发展产生了深远影响，成为中华文明的重要标识。自汉代以来，儒家思想长期居于统治思想的地位，深刻影响着中国古代政治、经济、文化等社会生活的方方面面。儒家思想对于中国典制的影响尤其巨大，著名历史学家陈寅恪曾说："儒者在古代本为典章学术所寄托之专家。李斯受荀卿之学，佐成秦治。秦之法制实儒家一派学说之所附系。《中庸》之'车同轨，书同文，行同伦'，(即太史公所谓：'至始皇乃能并冠带之伦'之伦）为儒家理想之制度，而于秦始皇之身而得以实现之也。汉承秦业，其官制法律亦袭用前朝。遗传至晋以后，法律与礼经并称，儒家《周官》之学说悉采入法典。夫政治社会一切公私行动莫不与法典相关，而法典为儒家学说具体之实现。"依据陈氏所说，儒家之学本为典制之学，儒家思想对于中国社会的影响，其实质是对中国社会政治制度方面的影响，举凡如中央集权制、科举制、郡县制、监察制度等，无不在儒家天下为公的"大一统"思想影响下才得以形成。儒家思想对中国古代经济制度的选择和经济观念的形成也有深刻影响。孔子说："庶之，富之，教之。"又说："不患寡而患不均。"孔子在经济观念上主张鼓励人口增长，发展经济，提升人民生活水平，同时又提出要注意经济发展的均衡性。儒家不主张毫无节制的自由经济，而提倡由政府依据实际情况进行经济调控，以使社会不至于有大富大贫之分，此正如董仲舒所谓"圣者使富者足以示贵而不至于骄，贫者足以养生而不至于忧，以此为度而调均之"的经济观念。儒家思想也注重人的情感涵养与人格养成，因此特别重视家庭。"身体发肤，受之父母"，这种观念使得中国人始终把家庭和谐视为幸福生活的基础，这也保证了中华民族的生生不息、代有传人。儒家思想也影响了中国文艺审美风尚的形成，中国古代的文章、诗词、艺术等无不透露着儒家的思想旨趣。曹丕说："盖文章，经国之大业，不朽之盛事。"刘勰说："论文必征于圣，窥圣必宗于经。"他们都认为文学的作用并不仅仅是抒写个人情感，而应该是致力于以文章表达家国理想，阐述至道鸿教。

习近平总书记指出："从历史的角度看，包括儒家思想在内的中国传统思想文化中的优秀成分，对中华文明形成并延续发展几千年而从未中断，对形成和维护中国团结统一的政治局面，对形成和巩固中国多民族和合一体的大家庭，对形成和丰富中华民族精神，对激励中华儿女维护民族独立、反抗外来侵略，对推动中国社会发展进步、促进中国社会利益和社会关系平衡，都发挥了十分重要的作用。"① 习近平总书记对以儒学为代表的中华优秀传统文化的深入思考和阐释，清楚地表明，在实现中华民族伟大复兴的中国梦的关键时期，儒家思想具有重要的推动作用。儒家思想是中华民族的精神根脉，对中华民族精神的形成和塑造起着至关重要的作用。中国人脚踏实地、实事求是，中国人注重经世致用、知行合一、躬行实践，中国人推崇仁者爱人、以德立人，中国人主张以诚待人、讲信修睦，中国人讲求俭约自守、力戒奢华，这些精神品格都深深融入中国人的血液中，成为中国人立身做事的根本准则。

山东师范大学齐鲁文化研究院作为山东省属高校唯一的教育部人文社会科学重点研究基地，立足山东，面向全国，担负着传承弘扬齐鲁文化和儒家思想的重任。齐鲁文化研究院自成立以来，一直将儒家思想作为重要研究方向，先后推出《孟子文献集成》《三礼学通史》"山东文化世家研究书系"等一系列重要学术成果，主办"文明互鉴视域下的儒家思想与齐鲁文化"学术会议、"三礼学与中国传统文化高端论坛"等重要国际国内会议，在学术界产生广泛影响。为进一步深入阐发儒家思想的丰富内涵及其时代价值，弘扬中华优秀传统文化，推动儒家思想在新时代的创造性转化创新性发展，我

---

① 习近平：《在纪念孔子诞辰2565周年国际学术研讨会暨国际儒学联合会第五届会员大会开幕会上的讲话》，《人民日报》2014年9月25日。

们决定编纂“儒家思想与古代社会”研究书系。本书系视野开阔，内容广博，既有前儒家思想史研究，同时涵盖了儒家不同发展阶段的思想面貌，全景展现儒家思想的深刻内涵及其对中国古代社会发展产生的深刻影响，具有非常重要的学术价值。

“周虽旧邦，其命维新。”在全面建设社会主义现代化国家新征程中，以儒学为代表的中华优秀传统文化正迎来传承发展的新纪元，中华文明正焕发出勃勃生机。作为新时代的文化研究者，我们应该充分挖掘中华优秀传统文化的精神内涵和时代价值，推出一批具有重大显示度和学术影响力的标志性代表性成果，为实现中华民族伟大复兴的中国梦贡献精神力量！

吕文明

2023 年 10 月 18 日

序

朱熹是中国古代孔孟之后哲学史、思想史上最具有原创新性的大儒。他穷极一生，博览群书，潜心学问，以宏大学术视野和卓绝的洞察力，省察和整合了他以前尤其是北宋以来的儒学研究成果，重新诠释了儒家经典，释性理、正人心、破穿凿，形成了博大的理学体系，成为理学集大成者。南宋以后，朱子理学倍受统治者尊崇，被立为官学，政治上和学术上取得了合法的正统地位，对于中国乃至整个东亚政治和文化产生了深远的影响。其中礼学是朱熹理学重要组成部分。他在青年时期就因父丧而考订诸家礼，为官期间常常编定一些实用的民间日常礼仪颁发到各地，为世人的行为提供规范，晚年编修礼书。其礼学著作有《仪礼经传通解》和《家礼》。其思想还散见于《朱子文集》《朱子语类》。朱熹礼学最大特点是以“理”释“礼”，融“理”“礼”为一，将礼学理学化，为礼学理论建构和实践找到理论依据。同时，明礼致用，是其礼学另一重要的特征，他礼学研究从理论从发，以实践为旨归。他之所以重视《仪礼》和《礼记》解释和研究，在于这两本著作中保留古代社会和家庭活动中接人待物的礼节（如相见、饮酒、聘、礼、射、冠、婚、丧、祭礼等）。通过朱熹解释，将这些古代留下来的礼仪化为适时的、行之有效的社会和家常日用的礼节和规范，用于稳定社会秩序和建立人与人之和谐关系。

就今天而言，朱子礼学思想虽然其中有许多不合时宜的内容，但朱子礼学倡导家国一体、通过各种礼仪、制度来规范和约束人们的言行，对于推动新时期家风建设乃至整个社会文明的建构仍然具有积极的现实意义。然而，当今学术界对于朱熹思想研究多偏于理学哲学研究，而对于礼学研究寥寥可数，且多着眼于史学、经学。杨静博士著作《朱熹礼学思想研究》，试图另辟蹊径，对于朱熹礼学作出自己的理解。

观其著作，有以下几个方面值得肯定：其一，该作突破了单一模式，遵循逻辑关联、多个维度地对朱熹礼学哲学思想进行探研。该书以天道性命贯通的理路为逻辑进路，由宇宙论依据而延伸到心性论依据，进而落实到功夫论，以此系统、关联地对朱熹礼学进行详细探研与分析，从各个角度全面分析来挖掘、彰显朱熹礼学的特点，揭示了朱熹礼学所彰显儒家“天人合一”价值情怀以及自然和人文和谐统一的思想特质。其二，该书从自然之礼与人文之礼两个层面来厘定了朱熹礼之内涵，以概念分析法解释了朱熹之礼与天理，与心、性、仁、情等概念的内在联系，系统完整地呈现了朱熹礼的含义。自然之礼，是客观的自然秩序；人文之礼，是以天理为依据、显现于内的人之道德规范和外在社会之礼仪。因而，朱熹礼学实现了自然与人文、理论与实践融合。其三，该书具有较高的理论与现实应用价值。该书通过对朱熹礼学著作的解读，揭示了朱熹礼学思想内涵和哲学意义。这不仅对于推动研究朱熹礼学、理学乃至整个宋明理学思想有重要的学术价值，而且对当今礼学重建和文明社会建设有重要的现实意义。

总之，杨静《朱熹礼学思想研究》是一本具有学术价值和现实意义的佳作。本人愿推荐给学界同道，与之分享。

林忠军于济南

2024 年 1 月

目　录

绪　论

一、立论意义

在中国思想史上，“礼”一直被视为儒家思想的核心内容，于中国儒家文化中有着举足轻重的地位，是儒家文化的重要特征，也是中国传统文化的重要组成部分。孟子言：“礼，门也。”（《孟子·万章下》）礼文化作为中国文化传统模式，最能体现中国文化的原初性。要了解探研中国文化，对中国礼文化的探究是必不可少的。朱熹于“礼”更是极为重视。众所周知，朱熹为宋代理学之集大成者，一代旷世大儒，对理学思想的贡献巨大。钱穆先生称赞道：“在中国历史上，前古有孔子，近古有朱子，此两人，皆在中国学术思想史及中国文化史上发出莫大声光，留下莫大影响。”① 不唯如此，朱熹在宋代经学方面同样也取得了卓越的成就，亦诚如钱穆先生所言：“朱子旷代大儒，不仅集北宋一代理学之大成，同时亦集汉晋以下经学之大成。使经学理学会归一贯，尤为朱子论学最大贡献所在。”② 其对朱熹之经学的成就大为称赞，认为此乃“学术上之实际成就”③。而朱熹对经学中的礼学特为重视。陈荣捷先生亦曾考证：“朱子晚年尤重修订礼经。文集书札记与门人修理抄写甚详，逝世之前一日，仍致书门人托写礼书与收拾底本。吾人于语类与文集，可见其关于礼之讨论，实比太极理气为多。”④ 可以说，朱熹在中国

---

① 钱穆：《朱子新学案》，台北三民书局 1971 年版，第 1 页。

② 钱穆：《朱子新学案》，台北三民书局 1971 年版，第 112 页。

③ 钱穆：《朱子学提纲》，三联书店 2002 年版，第 160 页。

④ 陈荣捷：《朱子之宗教实践》，《朱学论集》，学生书局 1998 年版，第 86 页。

礼学史上是继孔子、荀子、郑玄之后，又一位极其重要的人物。① 朱熹对礼学的探究极为深广，倾尽了其毕生的精力建立礼学体系，其礼学成就蔚为壮观，具有很高的学术价值。

朱熹礼学不仅是其经学的重要组成部分，亦透显着理学的哲学思想，是探究朱熹理学的一个重要却常易被忽视的角度。

众所周知，经学是儒家思想的根柢所在。自汉初至清末形成了一个围绕“六经”的广大学术谱系。但可惜的是，对很多这些经典的探研在很长的一段历史时期并未很好地纳入哲学领域之中。我们知道，儒家文化的基本思路是本天道立人道，最终实现“内圣外王”“天人合一”的境界，而“六经”亦无不透显着儒家“天人合一”的思想旨趣。经学承载儒家哲学的价值精神。“礼”既为六经之一，且作为中国文化核心，自然不仅仅体现为外在的名物、制度，礼义作为礼之内在本质层面必然含摄了儒家天人合一的基本价值精神。《礼记·效特性》曰：“礼之所尊，尊其义也，失其义，陈其数，祝史之事也。故其数可陈也，其义难知也。知其义而敬守之，天子之所以治天下也。”可见，礼义是礼的灵魂，是礼的哲学依据。从礼义这一层面看，礼学亦可称之为哲学。“我们称之为‘哲学’的思维方式，拷问的是什么允许主体达到真理，它试图规定主体达至真理的各种条件与局限。如果我们是这样来称呼‘哲学’的，那么我认为我们可以把主体为了达至真理而用来塑造自己的探究、实践与体验称为‘精神性’。这样，我们会把诸如净化、禁欲、摒弃、目不斜视、改变生存等一整套探究、修养和体验称为‘精神性’，它们不是为了认识，而是为了主体和主体的存在，成了达至真理的代价。”② 于此概念相对应，儒家之“礼”是针对人心所设，主要是为了让人们通过对礼的践行而塑造自己、探索自己，进而认识自心的真理。换言之，礼正是主体体达“天人合一”之真理的不可缺少的途径，也是人实现其自身价值的重要途径，故而礼学亦属哲学范畴。礼的哲学内涵和依据是一切秩序安排的形而上的根本。

---

① 杨志刚：《中国礼学史发凡》，《复旦学报》（社会科学版）1995 年第 6 期。

② ［法］米歇尔·福柯：《主体解释学》，佘碧平译，上海人民出版社 2005 年版，第 16 页。

自宋以降，礼学潜在的哲学色彩终于宋明理学时期愈渐彰显，并出现了思想转向。

传统观点认为，宋明理学最大的特征是其思想具有思辨性，其最大的贡献是开显了儒家思想的形而上层面的宇宙论和心性论。而宋代诸多思想家则认为，儒家思想的终极价值归宿最终是要落实到现实层面的伦理理念上，以此观照、引导人们的现实生活。人伦道德秩序的复兴既是社会结构转变的需要，亦是儒家思想的基本问题。宋代以降，随着理学这一新儒学形态的出现，天道性命的思想愈臻圆熟透彻，人伦道德秩序的完善复兴亦成为学理演进和社会现实的基本要求。故而，宋代儒家学者基于当时的社会与思想状况，对礼极为重视，礼学便成为宋代儒家思想的重要组成部分。而宋礼的复兴主要得益于经学与理学的融通。众所周知，唐宋为中国儒学发展的分水岭。唐之前的学术状态主要是以经学为主，而宋代及其以后，则在对佛老思想吸收的基础上，使传统经学逐渐孕育出理学思想。经学受到理学之影响而与之融合，其本有的哲学色彩开始彰显。在此时期，经学与理学呈互融互显之状态发展。“礼”作为经学，其与理学之融合的思想特征尤为明显，由此彰显着具有理学特点的哲学色彩。于此，张立文先生总结道：“在某种意义上说，伦理学却是‘理学’哲学逻辑结构的贯彻和展开。于是便出现了这样一种复杂现象：‘理学’既是伦理学说的概括和升华，而又具有浓厚的伦理色彩；它在伦理学说的刺激下完成，又使伦理学说哲理化；伦理学说既是‘理学’逻辑结构的贯彻，又是‘理学’的宗旨。”① 此确为精辟之言。“礼”是伦理的具而显的秩序化、规范化、制度化，因此，礼学从某一层面来讲，是宋代儒学的核心哲学问题。亦正如李泽厚先生指出，以朱熹为代表的宋明理学的基本特征是“将伦理提高为本体，以重建人的哲学。”②

朱熹沿承了宋代思想特点，其亦试图实现经学与理学融成一体，通过对经典的诠释来开显天道性命之道，用其建立的理学思想来诠释儒家经典在新的历史语境的意义，力图使儒家经典义理与理学思想互应契合。正如钱穆

① 张立文：《宋明理学研究》，中国人民大学出版社 2016 年版，第 68 页。

② 李泽厚：《中国古代思想史论》，天津社会科学院出版社 2003 年版，第 208 页。

先生所言："朱子融会理学于经学，又确定伊洛为上承孔孟之道统，厥功之伟，端在其定四子书，而又为之作集注与章句……并退六经于四书之后，必使学者先四书后六经，更为于中国学术史上有旋乾转坤之大力。"① 可以说朱熹的理学思想离不开经学的思想，而经学思想又时时透映着理学的思想。因此，朱熹礼学不仅表现出强烈的"践履"的政治意义和社会教化功能特点，从哲学意义讲，其更与理学相结合，透显出鲜明的哲学色彩，这正是时代语境的必然要求，亦是经学理学互相渗透的结果。

鉴于当时现实与思想需求，朱熹对"礼"的关注和思考主要有三面：其一，怎样使"礼""理"互融互通，既要传承传统儒家之礼，同时又要将礼融到理学思想体系中，赋予"礼"新的思想特点，以迎合时代思想语境的要求；其二，怎样使"礼"符合当时的社会现状，使"礼"能够真正地经世致用，即如何使"礼"在继承中适时沿革而治世；其三，如何通过"礼"来彰显儒家自身的思想特点，以此与佛老思想彻底区别开来，以正其儒家之正统思想地位。朱熹之"礼"正是以此问题为思想理路，在沿承了儒家的本天道而贯通人道的传统礼学的价值观念的前提下，其以理学思想为基色，通过对理学思想的援用，并对佛老思想的反思，从天道性命贯通角度出发，把礼统摄在天人合一的逻辑理路和价值关怀下，使礼极具鲜明的时代思想特征，透显出明显的理学色彩。于此，朱熹礼学在其理学理论的支撑下得到了新的转生，其礼学内在的价值理念和本体依据愈发明晰，内在的理路瓶颈也得到了化解。我们从礼学发展史的角度看朱熹礼学，更能深刻体会其礼学这种具有鲜明的理学思想色彩的独创精神和价值意义。

清初时期，以顾炎武、黄宗羲等为首的思想家指斥程朱理学是明朝灭亡的"罪魁祸首"，认为诸多学人受此之弊害而忽视经世致用，丧失救国利民之担当。清朝中期，汉学家凌廷堪、焦循进而反思这一弊害，称儒家传统只是一礼而已，并未过多言理。如凌廷堪言：

> 夫人之所受天者，性也。性之所固有者，善也。所以复善者，学

---

① 钱穆：《四书释义》，九州出版社 2010 年版，第 307 页。

也。所以贯其学者礼也。是故圣人之道，一礼而已矣。(《校礼堂文集》卷四，《复礼上》)

《论语》记孔子之言备矣，但恒言礼，未尝一言及理也。……夫《论语》，圣人之遗书也，必欲舍弃所恒言之礼，而事事附会于其所未言之理，是果圣人之意邪？后儒之学本出于释，故谓其言之弥近理而大乱真。不知圣学礼也，不云理也，其道正相反，何近而乱真有哉。(《校礼堂文集》卷四，《复礼下》)

自宋以来，儒者多剽窃释氏之言之精者以说吾圣人之遗经，其所谓学，不求之于经，但求之于理，不求之于故训典章制度，而但求之于心。(《校礼堂文集》卷三十五《戴东源先生事略状》)

后儒之学，本出释氏，故谓其言之弥近理而大乱真，不知圣学礼也，不云理。(《校礼堂文集》卷四《复礼下》)

凌廷堪认为圣人之道只是一礼而已，未曾言理。后学（指宋明理学）思想是在佛教思想影响下建立起来的，于此事事附会理，此为扭曲圣人之意。诚然，凌廷堪言原始儒家的主体文化为礼文化确有合理之处，譬如有学者就曾指出："先秦学术思潮是礼的思潮，孔子儒家也是因礼而发生。从儒家的发生看，儒学确实是礼学。"① 但其言宋不重礼，孔子不言理，仔细分析这一论断未免有失偏颇，甚至太为武断。从孔子时期就开始寻找"礼"背后的理，为礼寻找本体依据，以保证礼的合法性。事实上先秦儒家并不是不言理，而是于性体言之。而宋代，以朱熹为代表的思想家其实对礼极为重视，而且真正对礼学的本体论依据进行彻底追问及其真正完成正是由北宋开始，于朱熹臻于完善，此时期的礼学也正是基于理学基础上而被言之、重之、兴之。

具言之，百家争鸣的爆发点是礼乐文化的崩坏。周礼以天命作为礼的最终来源，"天"为与人相对的"自在之物"，也即是说天命与人心有一定的

① 孙以楷：《朱子理学——礼学的本体提升与普世效应》，龙念主编《朱子学研究》，安徽大学出版社2008年版，第77—84页。

疏离，礼并不是以人心为依据，而是迫于天命的威慑，以“天威”“天罚”为依据，具有被动性、消极性。其局限性随着历史的更迭，社会的变迁，愈发暴显，周礼亦随着周王朝的衰落开始崩塌。故而先秦之学的兴起起初是为恢复礼文化之传统，孔子更是把礼乐之复兴作为人生之重要使命，其言：“不知礼，无以立也。”（《论语・尧曰》）孔子最重要的贡献就是以“仁”作为礼之思想内核，旨在将礼纳入人心，为礼寻找内在的本体依据，赋予礼内在的自觉性。礼的本体依据在人之本心，即“仁”。而《易》的思想中已经开始有礼之宇宙论的雏形，如《易・说卦传》中云：“立天之道曰阴与阳，立地之道曰柔与刚，立人之道曰仁与义。”又如《易・序卦传》中所云：“有天地，然后有万物；有万物，然后有男女；有男女，然后有夫妇；有夫妇，然后有父子；有父子，然后有君臣；有君臣，然后有上下；有上下，然后礼义有所错。”及至孟子，其继承了孔子“仁”之思想，提出性善论，将四德作为人性之基，以礼为四德之一，通过此种形式进一步夯实了礼内在的本体依据，而孟子对于礼之宇宙伦依据涉及尚浅。孔孟之礼可以说是本心说。而荀子与之有别，其把礼之源归结于天地之序、天地之数，认为宇宙自然之规律的变化为礼之根本，进一步凸显了礼之宇宙论依据，礼于此由内在的自觉性转为外在的对天数的服从，肇显出宇宙论的意味。但似乎荀子也更重视“礼”之社会性，更注重礼在现实中的必要性，认为礼之所以有必要就是为了节制人欲，顺应天地自然规律，于此可归结为荀子之礼为制欲说，而荀子对礼之内在依据则相对来说较为淡薄，他认为：“凡礼义者，是生于圣人之伪，非故生于人之性也。”（《荀子・性恶》）

据此可总结出，先秦儒家对礼学于心性论与宇宙论依据论说均有涉及，但是缺乏系统、深入。

汉代以降，董仲舒吸收了阴阳五行学说，主张天人感应说，并提出“三纲五常”之说，可以说汉代之礼为本天道说，于心性论方面亦鲜有涉及。如此，“礼”具有神学宗教色彩的同时，亦因“三纲五常”等级性的绝对化的确立，逐渐堕为束缚人心的形式，人情、人文与神学产生冲突，于此引发了魏晋玄学的自然主义。魏晋玄学囿于名教与自然的讨论中，用自然主义代替了神学。魏晋学者提出“名教出于自然”“越名教而任自然”“名教即自然”

的思想，主张礼出于自然，因而“礼”通过魏晋玄学思想摆脱了汉代思想的禁锢，获得了新的生机。然而此时期对礼亦是主要囿于功用层面，于礼的本体思想并未系统地提出来。而唐代韩愈极力倡导道统，但因为“具有文学家的敏感缺乏哲学家究天人之际的觉解智慧和史学家通古今之变的功力”[①]，故没有接续前贤之旨，完成礼学有关宇宙论、心性论的本体依据。

礼学于天人思维下真正复兴和完善是在宋代，亦是在此时期其宇宙论与心性论予以明确提出，并于朱熹时趋于完备，礼学形而上本体论真正得以完善。此肇始于周敦颐，周敦颐以太极作为“礼”之本源，赋予礼宇宙论的意义。但可惜的是，其没有明确提出礼的本体依据，礼并不是宇宙或者本然的价值规定，而是人依据天地的太极阴阳之道而设定的，礼于此缺乏内在的自觉性。而二程无疑承续了此宇宙论思维模式，提出“天理”之概念，把“天理”作为礼之宇宙论依据。其又把“礼”归为性，使性上升为天理，同时赋予了“礼”之宇宙论和心性论依据，礼之本体论依据于此有所彰显。然而对理和性、本源和本体论如何圆融贯通，二程也并没有很好地解决，这就意味着二程之“礼”缺乏儒家天人合一逻辑的严密性，落实到现实层面，其“礼”之实现自然就缺乏能动性、自觉性的理论说服力。

通过以上梳理我们可知，朱熹之前，儒家之礼的思想依据可归结为：本心说、本天道说和制欲说。但于天人合一思维下对礼之本体依据的阐发皆缺乏严密、系统性。

而到朱熹这里，基于社会国家现状及其学理的内在逻辑完善的双重需求，朱熹将“礼”的三种依据融合。他继承了先秦的礼学思想传统，且通过对周敦颐《太极图说》的诠释以及对二程理学思想的吸收，构建了太极阴阳的义理架构，统一了天理的本源论和本体论，主张无极而太极，本体即本源。如此礼不仅以天理为本源更以天理为本体，其礼既有本源论的支撑亦有本体论的支撑。这一思维模式的确立，不仅解决了理气的贯通，而且通过“继善成性”弥合了心和天理的距离，奠定了心性论基础，亦成为修养功夫

---

① 孙以楷：《朱子理学——礼学的本体提升与普世效应》，龙念主编《朱子学研究》，安徽大学出版社2008年版，第77—84页。

的理论依据。如此一来，不仅夯实了“礼”之宇宙论依据和心性论依据，通过气说、人欲说阐明了礼产生的必然性，且通过太极阴阳之义理理路而使“礼”统摄在儒家“天人合一”的基本价值归属上，于天道性命贯通的逻辑理路下，完善了礼之本体依据，形成了一套精致、系统、较完备的礼学思想体系，贯通了自然之真与人伦之善，赋予礼学之普遍价值，使礼学的形而上的哲学色彩得以彰显。

总之，我们从儒家礼学发展史的角度来观照朱熹礼学，其创新和贡献已显而易见。朱熹以广大的学术心胸融合儒释道之思想，激活了儒家礼学体系。朱熹礼学含摄了理学的精髓以及朱熹本人的精神价值取向，凸显了礼学浓厚而又独特的人文精神。因此，对朱熹“礼”的探讨，不仅对儒学之根本精神以及礼乐文化的理解大有裨益，而且能帮助我们更加深入地研究朱熹哲学及整个宋明理学的学术思想特征，且对于当代礼的生命力的挖掘更具有重要的启发意义，其礼学所彰显的价值和意义值得我们深深地去探究和思考。

二、研究现状

近些年，朱熹礼学研究在学界日益受到关注，涵盖的领域也很广。关于朱熹礼学的研究有围绕礼学的经学方面的研究，有围绕史学方面的研究，也有从文献学角度对朱熹的《家礼》《仪礼经传通解》所做的专门研究。多角度探研给我们深入研究朱熹礼学提供了更为丰富的材料和多维视角。而目前学界对朱熹礼学研究主要围绕礼经学研究，其礼学哲学思想研究也有涉猎，但还尚显单薄。

首先国内关于朱熹礼学的著作有很多。大多是从礼经学角度入手，其中也有涉及朱熹礼学的哲学思想。钱穆先生于20世纪70年代初于《朱子新学案》中从经学的角度梳理了朱熹礼学，详述了祭祀、婚礼、冠礼、民臣礼等礼制，可谓无所不考，并从整体上总结出来朱熹礼学的特点，认为朱熹礼学不泥古，贵适时，贵能通其大本。① 周予同在《朱熹》（朱维铮编《周予

① 钱穆：《朱子新学案》，巴蜀书社1986年版，第1309—1954页。

同经学史论著选集》2010 年版）中认为，“礼经学”是“朱熹之经学”的重要内容，对朱熹礼经学做了论述，也认为朱熹礼学并不是拘泥于礼经，其对礼义、人情很重视，主张治礼要依据古礼、人情而沿革。束景南《朱子大传》（商务印书馆 2003 年版）中也有关于朱熹的礼经学研究。其对朱熹礼学体系形成的过程及礼学的特点进行了考察。蔡方鹿的《朱熹经学与中国经学》（人民出版社 2004 年版）则全面地对朱熹经学进行了探讨。其中有一章专门讨论朱熹礼学，对朱熹礼经学的重要思想的特点和主要内容进行了探析，指出了朱熹礼学的指导思想，认为朱熹礼学以《仪礼》为经，以《礼记》为传，以《周礼》为纲领，朱熹主张修撰礼书要适应社会时代的变革需要。姜广辉主编的《中国经学思想史》（中国社会科学出版社 2010 年版）也有涉及朱熹礼经学的思想。其对朱熹礼学的思想理路框架进行了梳理，并对朱熹编撰《仪礼经传通解》和《家礼》的目的及其作用进行了阐发，认为朱熹对宋代礼学的发展起着非常重要的作用。丁鼎先生 2022 年出版的《礼学管蠡集》中《从宋学看“礼”在儒家思想体系中的核心地位》一文指出，朱熹之礼顺理成章地上升到宇宙本体的高度并理学化，从而推论出儒家的伦理道德在本质上具有永恒的性质。

另外，国内也有从思想史角度探讨朱熹礼学的博士论文。殷慧的博士论文《朱熹礼学思想研究》（湖南大学，2009 年）以历史为视角，整合了社会、政治、思想等社会文化背景因素，对朱熹三礼学做了全面的考察与探究，揭示了三礼学之间的关系和理学特点，并对朱熹的祭祀思想和礼学总体的学、理、用特点做了详尽的分析，在一定程度上呈现了朱熹礼学的总体思想特征。王云云的博士论文《朱熹礼学思想渊源研究》（西北大学，2013 年）亦是于历史学角度来探研朱熹礼学，其采取社会史、思想史、学术史相结合的方法，挖掘了朱熹礼学的社会历史根源和学术思想渊源，对朱熹三礼学的历史来源和现实缘由做了追溯，并对朱熹礼学的礼理关系进行了一定的探研。孙华的硕士论文《朱熹〈家礼〉研究》（浙江大学，2009 年）对《家礼》从礼学形成和发展的历程中加以分析考察，阐释了朱熹的礼学特点和家礼的思想发展。

而涉及朱熹礼学的哲学方面，目前只有为数不多的硕士论文。如杨根东的硕士论文《朱子“礼”论——从“礼”之本的角度探究》（复旦大学，2009年）中对“礼者，天理之节文，人事之仪则”进行了诠释，对礼之概念进行了总结，认为礼为人心内在的德性，分析了礼与仁、礼与私欲的关系，总结了礼之践行的原则。延玥的硕士论文《朱熹论理与礼的关系》（南京大学，2011年）从理学角度探讨了朱熹礼学，揭示了朱熹礼学与理学的关系。姜波的硕士论文《以理释礼——朱熹礼、理关系研究》（安徽大学，2011年）从“以理释礼”切入，探索了朱熹礼学的哲学概念，凸显了朱熹礼学的理学特质。

国内关于朱熹礼学某一方面研究的单篇论文有很多，也多是从经学角度、史学角度以及伦理学角度出发，也有为数不多的几篇是从哲学角度探讨。王贻梁的《〈仪礼经传通解〉与朱熹的礼学思想体系》（朱杰人主编《迈入21世纪的朱子学：纪念朱熹诞辰870周年、逝世800周年论文集》，华东师范大学出版社2001年版）一文指出，《仪礼经传通解》是朱熹礼学的重要贡献，在内容编排上注重礼的实用原则。他认为朱熹与王安石意见相反，其对《仪礼》的重视要高于《礼记》，主张治礼要以《仪礼》为经，以《礼记》为传，以《周礼》为纲领。彭林的《论朱熹的礼学观》（蒋秋华、冯晓庭主编《宋代经学国际研讨会论文集》，台湾中国文哲研究所2006年版）中对朱熹礼学的成就予以较高的评价，认为其《仪礼经传通解》符合当时时代的需求，对宋代礼学思想路向的转变起到了一定的作用。安国楼的《朱熹的礼仪观与朱子家礼》（《郑州大学学报》（哲学社会科学版）2005年第1期），文中认为朱熹主张家礼要适应时代变革，适应民俗风情，应简单易行。陈荣捷的《朱子之宗教实践》（《朱学论集・朱子之宗教实践》，华东师范大学出版社2007年版）一文中指出，朱熹对古礼很尊崇，其祭祀思想是朱熹礼学的重要组成部分，朱熹之礼具有宗教性。黄娜《朱熹礼学的经世倾向》（《四川教育学院学报》2008年第12期），文中认为朱熹礼学透显了比较明显的实践意义，具有经世的倾向，其主张礼的沿承和革新要符合时代的变迁。孙以楷先生的《朱子理学——礼学的本体提升与普世效应》（龙念主编《朱子学研究》2008年版）一文中指出朱熹将礼学统摄在理学思想体系下，使礼更具备广泛的普遍效应。牟坚的《朱子对“克己复礼”的全释与辨析——论朱子对“以理易礼”说的批评》（《中国哲学史》2009年第1期）中指出朱熹对“克己复礼”的全面解读主要是针对宋代重理而轻礼的思想倾向。他认为朱熹主张礼要因时而沿革，仁礼互彰，其礼学思想对后代礼学发展具有启发意义。匡钊的《朱子礼学研究的精神性意义》（《中国儒学》第七辑，中国社会科学出版社2012年版）一文中探讨了朱熹经学尤其是礼学的精神意义，其认为朱熹礼学最终的落脚点就是精神性维度。张作凯的《朱子理学与古代儒家礼教》（《北京大学学报》（哲学社会科学版）2012年第3期）对礼教与理学之间的关系进行了剖析，其认为朱熹极为重视礼对个人道德性命的修养作用，朱熹礼学的构建也是针对当时古礼丧失的社会现状。罗秉祥先生的《儒礼之宗教内涵——以朱子〈家礼〉为中心》（《兰州大学学报》（社会科学版）2008年第2期）一文中认为朱熹编撰的《家礼》体现了一种宗教情怀，其目的就是为了缅怀祖先，培养世人的“爱敬”“崇爱敬”的精神，旨在使世人始终保任“谨终追远之心”“报本反始之心”。

国外的著作对朱熹礼学研究也多有涉猎，多是从经学角度、史学角度、文献学角度进行探研，也有涉及哲学方面的探研。韩国学者卢仁淑的《朱子家礼与韩国之礼学》（人民文学出版社2000年版）中对《文公家礼》的相关资料进行了一定的研究，对《文公家礼》展开和传播过程进行了叙述，并分析了《家礼》对韩国各个方面的深远影响。日本吾妻重二关于《朱熹〈家礼〉实证研究》（吴震等编译，华东师范大学出版社2012年版）一书中，分别从思想研究和文献学角度对朱熹礼学进行了研究，其以《家礼》为研究中心，对《家礼》的版本进行了考证，对《家礼》在江户时期的日本产生的影响进行了分析，并对宋代的丧祭礼仪与服饰制度进行了探究，整理出宋代《家礼》的校刊本。美国学者田浩在《朱熹的祈祷文与道统观》（江苏人民出版社2009年版）中，通过对朱熹于孔子之灵的祈祷文的研究来探析朱熹的鬼神观，对朱熹祭祀思想有一定的涉猎。日本学者上山春平在《朱子的人性论与礼论》（滕颖译，《中国哲学史研究》1986年第3期）中对礼学的重要性进行了解释，分别从理气说、人性说对朱熹礼学体系的构成进行了解读，认为朱熹之礼蕴含了理礼和事礼两个部分。理礼为礼体，为形而上层面，不可变；事礼为礼用，是形而下之层面，是可变的。加拿大华人学者秦家懿先生的《朱熹的宗教思想》(曹剑波译,厦门大学出版社 2010 年版)也有一章对朱熹礼学从哲学的角度进行了专门的论述,最值得注意的是其从宗教学角度来进行探讨。

总起来看,上述研究在对朱熹礼学思想的探究上已取得诸多成果,尤其在礼学的经学、史学、伦理学方面取得的成就比较大。这给我们探讨朱熹礼学的哲学思想提供了很多视角和思路。而亦不难发现,于礼学哲学思想方面的研究虽然也有诸多涉猎,但是通过以上梳理我们可以看出,关于朱熹礼学哲学方面的探研多是从某一个角度、某一个层面出发,尚缺乏更为系统、深刻的思考。朱熹礼学思想是以理学思想为理论依据和理论支撑,其理学思想的特点是以太极阴阳为义理框架,打通了天道性命,沿承着儒家“天人合一”的价值理路。而理学最终是指向人心,其落脚点为人道的伦理规范,因此朱熹礼学思想自然也烙印着这种理学思想特征。故而,仅仅单一地从天理角度或是心性论角度、功夫论角度去探讨朱熹礼学的哲学思想缺乏系统、深入,并不能全面地把握和呈现朱熹礼学的哲学特点。

有鉴于此,对朱熹礼学思想的探讨还有进一步挖掘的空间。第一,对于朱熹礼学哲学思想的逻辑来源问题以及朱熹礼学的哲学整体特点问题讨论的还不够系统、深入和具体;第二,朱熹礼学对以往礼学的继承和发展问题以及朱熹礼学与佛老之间的关系问题尚待深入研究;第三,对于朱熹礼学心性特点,尤其是情礼关系也留有进一步探讨的空间;第四,对于朱熹礼之践行的方式、特点以及价值归宿不够深入系统;第五,对于朱熹礼学的影响,尤其是对后世明清之际的礼学的影响和外域礼学思想的影响涉及较少。

三、研究思路与方法

以往学者基于自己的学术背景,已从多角度对朱熹礼学做了一系列的研究和探讨,取得了丰硕的成果,在已有研究的学术成果上,本书旨在从哲学角度,于理学视域下,以天人合一、天道性命贯通为基本逻辑思路,深入探研朱熹礼学思想。分别从朱熹礼学的天理、心性、践行层面进行梳理分析,厘清其思想逻辑脉络,并把握朱熹礼学各个部分的内在逻辑关系,发掘其核心价值和基本问题。以此深入朱熹礼学与理学的内在关联，揭示朱熹于天人贯通的价值立场下的礼学与理学的互融互通，挖掘出朱熹礼学的人文价值、普世情怀和时代特色，及其对当时与后世的礼学贡献。通过探析朱熹礼学的所以然进而揭示其所然，以此来突出展现朱熹礼学的哲学意蕴。

礼的哲学思想多数体现在礼学著作里。朱熹礼学的代表著作主要为《仪礼经传通解》与《家礼》。《家礼》是以宗法为核心，以家族关系为重点而编撰的一套礼学著作；而《仪礼经传通解》则是对《仪礼》《礼记》与《周礼》三礼的整合。朱熹礼学著作中无不一一透显着他对"礼"之内涵诠释与理学哲学思考。日本学者吾妻重二先生对此曾言："朱熹之所以撰述《家礼》以规范冠婚丧祭，而且晚年又全身心地投入到可谓是有关中国古代礼制的综合性研究典籍《仪礼经传通解》的编纂上，这都绝不是偶然的，而是关涉到朱子学之根本工作。"[①] 朱熹对礼之内涵的阐释与哲学思考又贯彻了天理、心性的思想认识，亦可以说朱熹礼学是其理学思想的重要一面，体现了朱熹思想的根本特征，我们不能把其礼学仅仅孤立地划归为经学。因此，本书对于朱熹礼学的探讨，自然离不开其单独的礼学著作，然而其于理学思想的阐释中所透显出来的对礼之哲学的解读亦是不能忽视的一个探讨的角度。

本书采用了以下研究方法：

其一，史论结合的分析方法。任何思一想的产生、发展、创新皆与特定的社会历史环境密切相关。朱熹礼学的产生正是基于当时特殊的社会时代背景。其特色主要由当时所处的现实境遇所决定。因而，本书从宏观上分析了朱熹所处的社会时代背景、思想文化语境与礼学的整体状况，又从微观上梳理了朱熹个人的礼学学术历程，同时还结合当时理学发展的现状，以此保证研究的客观、深入、严谨。

其二，经典文献资料分析方法。朱熹礼学亦属于经学的范畴。朱熹礼学思想除了礼学著作《仪礼经传通解》和《家礼》之外，其思想还散布在《朱子语类》《文集》等文本中，对朱熹礼学深入的理解与剖析离不开对这些文本的解读、归纳和分析。

---

① ［日］吾妻重二：《朱熹〈家礼〉实证研究》，华东师范大学出版社2012年版，第178页。

其三，诠释学的研究方法。诠释学即对文本解释的哲学技术和方法。对朱熹礼学的研究，首先要通过文本去理解朱熹对礼的阐释和解读，从而在诠释学的视野下梳理分析朱熹关于礼与天理、礼与心性情的关系，以及礼之践行方式、特点及价值归属，以此从礼的各个层面去揭示出朱熹礼学的真正意义和内涵，归结其学术贡献。

其四，比较研究方法。朱熹礼学既承续了前人的思想，相较同时代的礼学思想又有其特点。本书通过纵向、横向的比较，将朱熹礼学与前人及同时代的礼学思想进行比较，以此突出、彰显朱熹礼学独特的思想特点。

四、主要创新点

理论研究的意义不仅在于沿承，更主要在于创新，基于前人的研究成果，文章的创新点包括三面：其一，研究角度突破了单一模式，以理学为基色，从多个维度，逻辑关联地对朱熹礼学进行探研；其二，以解读朱熹礼之观念的内涵出发，以天道性命为逻辑理路，以此从多个维度揭示出朱熹礼学所独有的理学思想特点，尤其对朱熹礼学心性层面的阐发以及价值归宿和对当时、后世的贡献，为本书最突出的创新点；其三，归纳出朱熹礼学所遗留的理论罅漏，揭示出朱熹礼于后世逐渐没落的所以然。

（一）从对朱熹礼学研究的角度来看，以往多是从史学角度、经学角度、政治学角度，社会学角度，或是从哲学角度仅就一个维度而展开研究。本书在基于前人研究的基础上，以理学思想为基色，以天道性命贯通的理路为逻辑进路，由宇宙论依据而延伸到心性论依据，进而落实到功夫论，以此系统、关联地对其礼学进行详细的探研与分析。以朱熹礼学的宇宙论、心性论、功夫论三个层面为突破点，从各个角度分析全面来挖掘、彰显朱熹礼学的哲学特点。归结了朱熹礼学所彰显儒家“天人合一”价值关怀以及自然和人文和谐统一的思想特质，彰显出朱熹之礼所具有的理学特征和时代特征。

（二）揭示了朱熹礼学于天道性命贯通的思想理路下所彰显的独有的理学思想特点，尤其是心性层面的思想特点，揭示了朱熹礼学的最终价值理想，挖掘出其对当时、后世的影响。本书归纳出朱熹礼观念的内涵，从自然之礼与人文之礼来厘定朱熹礼之内涵。在此概念的模式下，由此提出了朱熹之礼与天理、礼与心、性、仁及情的关系。总结出，朱熹礼学是以天理为逻辑起点，由此落实到人心，从心性情的角度探究了朱熹礼学的心性论依据和心性特点，分析了礼的内在价值依托和价值内涵，揭示出礼与心性情的张力。于此，在天道性命贯通的理路下，分析了朱熹礼学落实到践行所展现的思想特点及其价值理想的实现，从而进一步分析、归结了朱熹礼学对当时以及后世礼学的深远的影响和价值意义。

（三）归结了朱熹礼学遗留的理论罅漏。其理论罅漏文章归结出三面：其一，朱熹于理学中主张以天理为逻辑起点，强调天理的至高性，而于礼学中却主张以载事的《仪礼》为本经，以载理的《礼记》为枝叶，有太过主张礼用之嫌，此与其理学的思想主张有出入，为朱熹对思想与现实的折中之处。其二，朱熹主张理于逻辑上要高于心，心为天理下贯，以此难免斥心、理为二。而礼作为天理之显化，以具有绝对性地位的“三纲五常”为大体，因此，虽然朱熹极力强调礼为心之本有，但心、理为二的理论罅漏难免会使心常常服膺于外在的礼，以此便易引起情礼关系的紧张以及践行礼时价值尺度的模糊。其三，朱熹主张心外有理，心外有物，却没有统一好心与物的价值属性，如此道德之心与自然之物便为两个层面的东西，就无法说清楚不同层面的道德之心与自然之物之理之间具体应该怎样互动，怎样豁然贯通。如此，于格物致知中，其主张由对伦礼之理的体达扩展到对自然之物之理的体达的思想便难以圆释。朱熹礼学遗留的理论罅漏亦是于后世逐渐衰落的重要因素。

第一章　朱熹礼学的时代背景与思想渊源

第一节　时世更替　礼仪废弛

“礼”是历史文明前进的产物，儒学重振，人间秩序重建，伦理道德复兴是宋代儒者共同的要求和努力的方向。社会文化变革是宋代礼学产生的重要现实因素。朱熹处于南宋时期，面临很多社会问题，而其中一些社会问题和思想风气是对北宋的延续。这些现实因素主要体现在以下几个方面：

其一，于中唐时期礼学已日渐衰落，唐宋之际的变革无疑是宋代礼学产生与革新的强而有力的催化剂。众所周知，自唐朝武则天以来，新的社会阶层就已经兴起，而传统的伦理道德规范已然面临着挑战，传统的伦理道德规范已愈来愈难约束规范愈加放纵和失控的情感和欲望。① 此种社会状态的演变愈来愈甚，一直延续发展到中唐以后。而于五代十国时期，众多割据政权林立，此种政治局势加剧了当时社会礼法秩序的混乱、崩塌，人心、伦理道德于此迷失，荡然无存。司马光对此曾心痛地感叹道：“陵夷至于五代，天下荡然，莫知礼义为何物矣。”（司马光《上谨习疏》）亦正如岛田虔次所言：“在唐宋之间的五代也是一个特殊的时代，从唐到宋，历史并不是一条直线地发展，而是经历过倒退的时期，挫折的时期，这是不能不注意的。”② 于此，时代遗留的礼俗败坏的社会伦理道德问题延续到宋代亟待解决。

其二，宋代社会阶层的变化，政治文化的转变亦是促使礼法重建的重

---

① 葛兆光：《中国思想史》第 2 卷，复旦大学出版社 2013 年版，第 32 页。

② ［日］岛田虔次：《中国思想史研究》，邓红译，上海古籍出版社 2009 年版，第 263 页。

要因素和内部动力。我们知道，宋代是一个特殊的朝代，经济、政治皆面临着转型，以此波及思想文化方面亦是面临着革新的需要。

宋代经济发展迅速，与此相应的社会阶层亦出现变化。于唐末之际，门阀士族阶层开始崩塌，而及至宋代，新的阶层——士大夫阶层兴起，土地所有制的转变出现了“贫富无定势，田宅无定主，有钱则买，无钱则卖。”① “庄田置后频移主。”② 土地所有制的重大转变导致了社会结构出现了重大的变革，旧的礼法制度已然不适应当时的社会结构和社会的发展，新的社会阶层出现，进而要求恢复宗法制度，以维护自身的经济权益和合法政治地位；而在文化史和思想史方面，宋人由唐代基于“历史”的文化观，进而转向宋代基于“心念”的文化观，从相信皇帝和朝廷应该对社会和文化拥有最终的权威，转向相信个人自己做主。在文学和哲学中，人们越来越有兴趣去理解万事万物如何协调为一个体制。③ 社会结构的重整，政治文化观念的转变必然引起旧有秩序的松动甚至废弛。“礼下庶人”的风气开始形成，庶人的社会地位逐渐提高，必然祈求适合其生活方式的新的礼仪制度的出现和重构。

其三，与此同时，佛教的影响逐渐扩大，儒家传统的礼学思想体系由于佛教的影响面临较大的挑战。主要体现在两个方面：其一，宋代佛教典籍大量面世。陈垣于《中国佛教史典籍概论》中收录的35种典籍中就有11种为宋代典籍。其二，佛教得到宋代统治者的大力支持。最有代表性的就是宋太宗。太平兴国八年（983年）宋太宗把新译的五卷佛教给宰相看，感叹道：“浮屠氏之教，有裨政治。”雍熙二年（985年），宋太宗在道场供奉僧众说道：“朕恐百姓或有灾患，故令设此，未必便能获佑，且表朕勤祷之意。”对于排斥佛教的人，宋代统治者甚至会给予一定惩罚。到南宋时期，

---

① 袁采：《袁氏世范卷下》，《文渊阁四库全书》第698册，上海古籍出版社1987年版，第638页。

② 刘克庄：《故宅·后村集》卷一，《文渊阁四库全书》第1180册，上海古籍出版社1987年版，第11页。

③ ［美］包弼德：《唐宋转型的反思——以思想的变化为主》，刘宁译，《中国学术》2000年第3期。

佛教发展更为兴盛。佛教的兴盛对社会产生了很大的影响，佛教中的一些宗教礼仪和礼俗在民间开始广泛传播，尤其是丧礼和葬礼。如宋代有“世俗信佛屠，以初死七日至七七日、百日、小祥、大祥必作道场”，有的甚至“广集浮屠，大作佛事，甚至逾月经旬”。

其四，1127年北宋灭亡，南宋处于风雨飘摇的动荡之中，礼制、礼器出现了很大的增损。有臣子曾上奏提到：“临安府风俗，自十数年来，服饰乱常，习为边装，声音乱雅，好为北乐，臣窃伤悼！中原士民，延首企踵，欲复见中朝之制度者，三四十年，却不可得；而东南之民，乃反效于异方之习而不自知，甚可痛也！今都人静夜十百为群，吹鹧鸪，拨洋琴，使一人黑衣而舞，众人拍手和之，伤风败俗，不可不惩。”[①]礼器、礼制的增损，使旧有的礼法制度已很难再适应当时的社会现状和民情，旧有的礼法礼制呈废弛之势，新的礼制体系亟待兴之。

面对宋代礼法废弛的现状，宋代有诸多儒者非常担忧。宋代礼法的衰落窘状我们于宋儒感叹之言中可窥探一二。司马光、张载、二程、吕祖谦、张栻，朱熹皆对宋代礼仪制度的废弛极为叹惜，张载曾说：“今骤得富贵者，只能为三四十年之计……既死则众子分裂，未几荡尽则家遂不存。”[②]李觏慨叹道：“周衰法弛，斯道以亡，庶匹嫡者有之矣，幼陵长者有之矣；祖以世断，远则忘之矣；族以服治，疏则薄之矣。骨肉或如行路，尚何有于天下乎?”[③]程颐亦感慨道：“且如豺獭皆知报本，今士大夫家多忽此，厚于奉养而薄于祖先，甚不可也。”[④]朱熹针对宋礼亦曾言：“古者礼学是专门名家，始终理会此事，故学者有所传授，终身守而行之。凡欲行礼有疑者，辄就质问。所以上自宗庙朝廷，下至士庶乡党，典礼各各分明。汉唐时犹有此意。如今直是无人如前者。某人丁所生继母忧，《礼经》必有明文。当时满朝更无一人知道合当是如何，大家打开一场，后来只说莫若从厚。恰似无奈何，本不当如此，姑徇人情从厚为之。是何所为如此？岂有堂堂中国，朝廷之上

---

① （清）毕沅：《续资治通鉴》卷140，岳麓书社1992年版，第938页。

② （宋）周敦颐：《周敦颐集》，《经学理窟·宗法》，中华书局1990年版，第258页。

③ （宋）李觏：《李觏集》卷5，《李觏集》，中华书局1981年版，第1132页。

④ （宋）程颢、程颐：《二程集》，中华书局2004年版，第240页。

以至天下儒生，无一人识此礼者！然而也是无此人。”① 他尤其感叹古代家礼的废弃：“呜呼！礼废久矣。士大夫幼而未尝习于身，是以长而无以行于家。长而无以行于家，是以进而无以议于朝廷，施于郡县，退而无以教于闾里，传之子孙，而莫或知其耻之不修也。”（《家礼》）其看到了宋代礼乐废弛不兴的现状，尤其是家礼已废久矣。于此，他对礼乐的重兴极为心切，认为古礼很多已不适于时代的要求：“三代之际，礼经备矣，然其存于今者，宫庐器服之制，出入起居之节，皆已不宜于世。”（《朱子家礼序》）

从宋代诸多儒者的所言中我们可以感受到，由于内外的种种社会因素，礼于宋代确呈一片颓废之势。旧有的社会秩序已很难适应当时的社会现状，当时士大夫阶层等知识分子十分迫切对社会秩序进行重建。

其实为了挽救时弊，在宋初就有古文运动要求依据“尧、舜、三王治人之道”② 而重塑社会和文化秩序，可以说，这成为整个宋代的思想基调。礼治秩序的重建必然成为宋代学者最为迫切探讨的主题和努力的方向。正如余英时先生指出：“宋代儒学的整体动向是秩序重建，而治道——政治秩序，则是其始点。道学虽然以内圣显其特色，但内圣的终极目的不是人人都成圣成贤，而仍然是合理的人间秩序的重建。”③ 礼治是所有秩序的基础，囊括了政治秩序。因此，于秩序的重建中，宋代学者认为最为迫切的便是伦理道德的重建，进一步就是家族秩序的重建。由此，社会学者从对朝廷权利的关注进而转到对家族的关注，更加注重维护家族的利益。家族开始团结在一起，相互依赖捆绑，于此体现宗法等级制度的礼仪亟待重整。这种思想风气一直延续到朱熹时期。及至朱熹时期，新的礼法制度仍未得足够完善以适应当时的社会现状，故而朱熹在极力主张恢复礼乐、重整礼法的同时，着重强调家礼的重要性，致力于恢复家礼，并主张倡导革新《仪礼》，努力从理学中寻找其理论依据而重整宋礼。

---

① （宋）黎靖德编：《朱子语类》卷 84，中华书局 1986 年版，第 2184 页。

② （宋）黎靖德编：《朱子语类》卷 84，中华书局 1986 年版，第 2184 页。

③ 余英时：《朱熹的历史世界》，《宋代士大夫政治文化的研究》，生活·读书·新知三联书店 2004 年版，第 118 页。

第二节　士大夫觉醒　儒学重振

宋礼的复兴除了上述的外部客观因素之外，士大夫本身担当意识的觉醒亦是不可忽视的重要精神因素。我们知道，社会精英阶层的意识形态往往主导其所处社会与政治的状态和价值取向。在宋代社会，精英阶层主要是士大夫阶层。宋代士大夫阶层的兴起改变了原有社会结构与政治制度，其政治地位在宋代时得到明显上升，开始主导着宋代的思想文化导向。

士大夫阶层于宋代兴起之前就有时代的担当意识。“士”在先秦时期就已出现，但“士”在那时还处于贵族的底端。而孔孟对“士”皆为重视，如其言：“士志于道”（《论语·里仁》），“士穷不失义，达不离道”（《孟子·尽心上》）。“士”于先秦时期开始担任起“宏道”的责任，这也即是说，士大夫从一开始出现时，骨子里就本然具有担当意识。“士大夫”在东汉时期真正开始形成，并开始要求参与政治：“坐而论道，谓之王公。作而行之，谓之士大夫。”（《周礼·冬官考工记第六》）而在这个时代，“门阀士族”在国家的政治活动中占主导地位。东汉的政治局面呈现的是一种所谓“上品无寒门，下品无士族”状况，故而“士大夫”从东汉以来实际上是以世袭贵族为主。唐末时期，由于五代的混战，“门阀士族”的地位受到一定的影响，甚至彻底退出历史舞台。李焘说：“唐末五代之乱，衣冠旧族多离去乡里，或爵命中绝，而世系无所考。”（《续资治通鉴长编·仁宗·天圣三年》）故而“士”作为社会和政治精英在北宋再次出现的时候，他们已不再是士族。①

公元960年，赵匡胤“崇文抑武”，以“杯酒释兵权”的形式杜绝拥兵自重：“即抑制武力因素对国家政治及社会生活的干预，强调以意识形态化的儒家道德规范、纲常伦理来控制社会，最终达到维护专制皇权至高无上地位与王朝稳定发展的目的。”② 这种社会状态一直延续到朱熹时代。统治者对

① ［美］包弼德：《斯文：唐宋思想的转型》，刘宁译，江苏人民出版社2001年版，第35页。
② 陈峰：《宋朝的治国方略与文臣士大夫地位的提升》，《史学集刊》2006年第1期。

儒家道德意识形态的强调促使了士大夫的兴起。宋代起，通过科举考试，一些文人之士成为“士大夫”。科举制度的改革推动士大夫政治地位极速上升。南宋陈亮说：“艺祖皇帝用天下之士人，以易武臣之任事者，故本朝以儒立国。而儒道之振，独优于前代。”（《宋史·儒林六》）君主重用“士大夫”，“士大夫”开始通过科举形式进入国家政治统治系统。而这些“士大夫”大多数平民出身，没有贵族的社会背景。作为平民出身的士大夫历经时代的发展，久经压抑，于宋代终于得到了空前的壮大和发展：“士阶层虽久受摧残压抑，但仍潜布各地。无论是建立全国性的或地方性的新社会秩序，宋王朝都非依赖他们的积极合作不可。”① 统治阶级的改革亟须士阶层的支持，更是不遗余力地提拔贫民出身的寒门士子，以此来遏制贵族势力：“除了封弥、誊录以外，北宋还有锁院（即隔离考官）、锁厅（试有官人）、别试（官僚子弟），以及自太祖开宝六年开始的殿试制度等等严格规定，以保证孤寒之士能在尽量公平的同等条件下跟势家子弟一争高低。”②

“士大夫”群体的特征为：“他们是受过儒家经典及相关知识教育的无数个人，因此有时又被称为‘士’。通过荐举或科举考试，他们成为文官集团中的终身成员或曰职业官僚。如此这般，他们构成统治阶级。他们拥有土地，但是一般而言，以中国社会结构的价值标准衡量，这一点对他们来说远不如权柄、官阶、学术声望来得重要。士大夫兼学者与官僚于一身。”③ 由此可见，宋代的“士大夫”扮演的角色主要为两种，一个是“士”，即经过知识教育的学者；另一个“大夫”，即参与政治活动的官僚。因此随着旧贵族势力没落，士大夫政治地位上升，加之统治者的重用，士大夫对于参与政权，与君共治天下的心极为迫切。新兴起的士阶层产生了强烈的担当意识，其以天下为己任，怀着儒家“内圣外王”的精神价值归属，立志肩负起治国平天下的担当，志在将儒者道统的精神传承下去：“士大夫忠义之气，至于

① 余英时：《朱熹的历史世界》，《宋代士大夫政治文化的研究》，读书·生活·新知三联书店 2004 年版，第 206 页。

② 陈植愕：《北宋文化史述论》，中国社会科学出版社 1992 年版，第 66 页。

③ ［美］刘子健：《中国转向内在——两宋之际的文化内向》，赵冬梅译，江苏人民出版社 2001 年版，第 11—12 页。

五季，变化殆尽。宋之初兴，范质、王溥犹有余憾，况其他哉！艺祖首褒韩通，次表卫融，足示意向。厥后西北疆场之臣勇于死敌，往往无惧。真、仁之世，田锡、王禹偁、范仲淹、欧阳修、唐介诸贤，以直言说论倡于朝，于是中外缙绅知以名节相高、廉耻相尚，尽去五季之陋矣。故靖康之变，志士投袂，起而勤王，临难不屈，所在有之。及宋之亡，忠节相望，班班可书。匡直辅翼之功，盖非一日之积也。”（《宋史·列传第二百五·忠义一》）

对于宋代“士大夫”的担当意识，余英时先生说：“士大夫参政的自觉性和责任感也就是‘以天下为己任’的意识，这种政治主体意识虽然在宋代以前存在但不够明确，直到宋代出现其语言文字上的概括表达才使其完全明朗化。”① 总而言之，本身含具的“担当意识”使士大夫社会责任感提升，促使其对政权积极参与。范仲淹曾说：“儒者自有名教可乐。”（《宋史·列传第一百八十六·道学一》）正如钱穆先生所言，像范仲淹这辈读书人从内心深处涌现出的担负天下重任的“自觉意识”，并非范仲淹的个人精神的无端感觉，而是一种时代的精神，早已隐藏在同时人的心中，而为范仲淹正式呼唤出来。② 朱熹对范仲淹“以天下为己任”的担当胸怀亦极为赞叹：“且如一个范文正公，自做秀才时便以天下为己任，无一事不理会过”③ “祖宗以来，名相如李文靖王文正诸公，只恁地善，亦不得。至范文正时便大厉名节，振作士气，故振作士大夫之功为多。”④ “名节”“名教”之所以能在宋代受到有识之士的特别关注和大力推崇，渐而兴起，即是基于士大夫内心欲唤醒世人心性之善，彰显人道尊严的道德意识的觉醒。

“士大夫”的担当意识对朱熹产生深刻的影响，他内心亦传承、怀具着士大夫的觉醒担当意识。对于当时社会礼乐崩坏，儒家之礼渐没，他倍加感慨，极为忧虑，其曾言：“礼乐废坏二千余年，若以大数观之，亦未为远，然已都无稽考处。后来须有一个大大底人出来，尽数拆洗一番，但未知远

---

① 余英时：《朱嘉的历史世界：宋代士大夫政治文化的研究》，读书·生活·新知三联书店2004年版，第211页。

② 钱穆：《国史大纲》，商务印书馆1994年版，第558页。

③ （宋）黎靖德编：《朱子语类》卷129，中华书局1986年版，第3088页。

④ （宋）黎靖德编：《朱子语类》卷129，中华书局1986年版，第3088页。

近在几时。今世变日下，恐必有个‘硕果不食’之理。”① 对此，朱熹敢为人先，自觉肩负起恢复礼乐的历史重任，正是这种强烈的担当觉醒意识成为他积极修复礼学的内在精神动力。

在家国天下担当意识的觉醒下，为了传承道统，感化人心，平定治理天下，当时还出现了宋代士阶层对“三代”思想回向的思潮。如朱熹所言：“千五百年间……尧、舜、三王、周公、孔子所传之道，未尝一日得行于天地之间。”（《朱子文集·答陈同甫六》）“国初人便已崇礼义，尊经术，欲复二帝三代，已自胜如唐人，但说未透在。直至二程出，此理始说得透。”② 意为，汉唐虽然是盛世，但脱离了“道”，故须返溯三代。朱熹于《家礼》原序亦说：“三代之际，礼经备矣。然其存于今者，宫庐器服之制，出入起居之节，皆已不宜于世。世之君子虽或酌以古今之变，更为一时之法，然亦或详或略，无所折衷，至或遗本而务其末，缓于实而急于文。自有志好礼之士，犹或不能举其要，而困于贫窭者尤患其终不能有以及于礼也。”“古者礼学是专门名家，始终理防此事，故学者有所传授，终身守而行之。凡欲行礼有疑者，辄就质问。所以上自宗庙朝廷，下至士庶乡党典礼，各各分明。汉唐时犹有此意，如今直是无人。如前者某人丁所生继母忧，礼经必有明文，当时满朝更无一人知道，合当是如何大家打哄一场。后来只说莫若从厚。恰似无奈何本不当如此，姑徇人情，从厚为之。是何所为如此！岂有堂堂中国朝廷之上以至天下，儒生无一人识此礼者！”③ 欧阳修亦云：“尧、舜、三代之际，王政修明，礼义之教充于天下。于此之时，虽有佛无由而入。”（《欧阳文忠公集·本论上》）其认为面对当今礼法废弛，回应佛教思想的挑战最根本的便是要重修三代之书，即要兴王政、明礼仪之教。

因此，基于政治、思想的双重困境，加之担当意识的觉醒，宋代学人便将对三代回向的重点归为对三代之治的追寻。

由于上述内外的种种现实因缘，为了重整社会秩序，士大夫在担当意识的觉醒下积极复兴儒学，希图以此作为重建社会礼制秩序思想依据。自北

① （宋）黎靖德编：《朱子语类》卷48，中华书局1986年版，第2194页。
② （宋）黎靖德编：《朱子语类》卷129，中华书局1986年版，第1546页。
③ （宋）黎靖德编：《朱子语类》卷60，中华书局1986年版，第1706页。

宋起，儒者开始反思佛老思想的影响，积极从佛老思想中吸收其思想精华来充盈儒家思想，以此提高儒家思想的思辨性，完善其宇宙论与心性论依据，弥补其思想理论之不足，大力倡导礼制礼法的重要性，努力挖掘礼乐制度于新时代的价值内涵和意义，以此希图与佛老思想彻底划清界限。及至南宋，国家一直处于风雨飘摇之中，人们的生活也经常动荡不安，于是投信佛老思想以希望得到身心的庇护和安顿的人越来越多。佛老思想在民间的广泛影响使其具备了更为广泛的民众基础，这在一定程度上对儒家思想形成了一种危机和挑战。而以朱熹为代表的宋儒看到了这种危机和挑战。朱熹曾把儒家与佛老思想的传播情况进行了比较，为了抵抗佛老思想对儒家思想的威胁，他积极传播儒学思想，主张兴建学校，努力构建理学体系，重视儒家伦理制度，身体力行，穷尽一生致力于恢复儒家礼制思想。南宋时期，私立书院蓬勃发展，培养了大量的士庶学者，使儒家思想在社会平民阶层得到了广泛的传播。理学逐然完善，礼学渐然兴起。

第三节　理学兴起　礼学复兴

朱熹礼学的产生不仅仅是时代社会变革的需求，从思想文化背景来看，理学兴起，礼学复兴，亦为朱熹礼学的重建孕育了新的思想土壤。

一、理学的推动

理学的兴起是朱熹礼学构建和创新的思想理论支撑。朱熹时期，理学思想日臻完整，其继承了北宋理学思想，尤其继承了程颐的“涵养须用敬，进学则在致知”的思想，对二程后学流于玄谈心性和天理的现象严厉指斥。朱熹结合了对四书的解读，最主要的是对理学思想的基本脉络援用，由此努力创新、完善礼学哲学思想体系。

值得注意的是，就南宋学术和政治的发展而言，朱熹正处于理学与新学相互消长的时期。[①] 北宋中期的儒学复兴运动主要为王安石的新学。北宋

---

① 何俊：《南宋儒学建构》，上海人民出版社 2004 年版，第 2—13 页。

末年新学式微，却并没有退出历史舞台。而熙宁变法后，理学骤兴，理学与新学在此时期呈斗争之状。新学影响深远，波及南宋的文化和政治。不得不肯认的是朱熹礼学是受王安石思想的影响，对其既有批判又不乏吸收。有学者指出："宋代儒学中最具代表性的荆公新学与程朱理学虽有分歧，新学发展工具理性，理学张扬道德理性，新学推动政治的上层改革，理学关注社会的基层改造，但宋儒言礼而求理、将社会秩序建立在理性与人文的基础上的根本精神是一致的。"① 于此我们可以看出，以朱熹为代表的理学与以王安石所代表的新学虽然同样重视社会秩序和礼制的完善，但因其思想主张有异，关注的对象有所不同，其礼的构建的思想主旨亦颇为不同。主要体现为，朱熹与王安石意见相左，他并没有选择以《周礼》为本经，而是最终选择了以修身为主要内容的《仪礼》为本经，使其礼学呈现了自己独特的思想特点。而这首先主要是源于理学的影响，在此基础上进而对新学进行反思吸收。

而同时南宋理学呈现为重史、重制，主张经世致用的思想特点，当时的湖湘学派的重史，永嘉学派的重事功，婺学派主张心性、事功并重的思想均对朱熹礼学的构建产生很大的启发和影响。

据此，朱熹礼学正是于理学视域下，以理学为基本思想依据，通过与诸多学派进行讨论、反思和吸收而逐渐形成和完善起来的。

二、礼经学渐兴

礼经学于宋代发展空前繁荣，此亦是朱熹重视、重整礼学的重要且直接的现实思想因素。

宋代统治者、士大夫对礼经学的重视是礼经学兴起的重要因素。

宋朝时期政治统治的格局是统治者与士大夫共治天下，呈现出皇权、相权与台谏之权相辅相成又相互制约的政治统治形式。以士大夫为代表的宋儒志在治世，他们积极地投身政治，大多致力于经术的研究，通过对经术的探索来寻找治世之法，正如王安石所言："所谓文吏者，不徒苟尚文辞而已，

---

① 何俊：《由礼转理抑或以礼合理：唐宋思想转型的一个视角》，《北京大学学报》（哲学社会科学版）2007 年第 6 期。

必也通古今，习礼法，天文人事，政教更张，然后施之职事，则以详平政体，有大议论使以古今参之是也。所谓诸生者，不独取训习句读而已，必也习典礼，明制度，臣主威仪，时政沿袭，然后施之职事，则以缘饰治道，有大议论则以经术断之是也。”① 可见，宋代士大夫于经术中对礼经特别重视，旨在从礼经中寻找治道的价值支撑和理论依据。史书记载中反映得更为全面：“宋有天下先后三百余年，考其治化之污隆，风气之离合虽不足以拟伦三代，然其时君汲汲于道艺，辅治之臣莫不以经术为先务，学士搢绅先生，谈道德性命之学，不绝于口，岂不彬彬乎进于周之文哉！”② 由于礼经含具的“礼治”的功能，故而宋代君臣对于礼经学的研究自然极为认可和重视，此为礼经学兴起的重要原因。

其次，科举制度亦是推动宋代礼经学繁荣发展的不得不考虑的重要的政治因素。

在科举考试的内容上，统治者进行了一系列的改革，以此推进了礼经学中兴之势。比较重要的改革就有三次。陈植锷先生对这三次改革提到：“第一次是仁宗天圣年间的兼以策论升降天下士；第二次是仁宗庆历年间的进士重策论和诸科大义；第三次是神宗熙宁年间的罢诗赋、帖经、墨义，专考策论和大义。”并认为：“即重议论先于声律，以义理代替记诵。每次改革均贯串了这一基本精神，而下一次总比上一次更加深入，对宋学的推进也就更加有力。”他认为科举制内容的改革与宋代学术的两个阶段的发展可以对应起来：“由传统儒学复兴导致义理之学开创、再由义理之学进到性理之学。”③ 科举制度内容的改革，使得宋代学术思想逐渐重视经学义理，从而对“士大夫”的人生价值理念和道德诉求提出了更高的要求，“士大夫”转而更加重视精神境界的追求。而科举制度对经学义理的崇尚亦促使“士大夫”对经学所透显出来的伦理道德思想进行重新反思，并进行更加完善的解读和诠释。值得注意的是，统观宋代科举考试内容的变革可发现，关于礼经学的考试由对《周礼》的侧重转向对《礼记》的侧重，《仪礼》则在三礼中处于并

① （宋）王安石：《王文公文集·取材》卷 30，上海人民出版社 1974 年版，第 374 页。

② 《宋史·艺文一》。

③ 陈植锷：《北宋文化史述论》，中国社会科学出版社 1992 年版，第 79 页。

不是很重要的地位。这就使得宋代学人对礼义过于重视，而对礼制礼仪有所忽视，容易将礼架空，这从反面也促使了朱熹转其礼学学风，重视《仪礼》，进而形成新的礼学思想特点。

再者，朱熹主张将三礼作为考试内容纳入科举中，《大戴礼》为考试一科，亦促进了对礼经学的研究。其对于礼经的考试曾道自己的主张："古者大学之教，以格物致知为先，而其考校之法，又以九年知类通达、强立不反为大成。今《乐经》亡而《礼经》阙，二戴之《礼》已非正经，而又废其一。经之为教已不能备，而治经者类皆舍其所难而就其易，仅窥其一而不及其余。若诸子之学同出圣人，诸史则该古今兴亡治乱得失之变，皆不可阙者。而学者一旦岂能尽通？若合所必当读之书而分之以年，使之各以三年而共通其三四之一。凡《易》《诗》《书》各一科，而子年、午年试子；《周礼》《仪礼》及二《戴记》为一科，而卯年试之；《春秋》及《三传》为一科，而酉年试之。"义各二道。① 概言之，依朱熹之意，"经"载"理"，而当时礼经多缺失，若要通达礼经，需要对礼经的考试加以改革，以此来促进礼经的研习。于此可见，朱熹非常重视三礼，欲通过科举制度的改革来实现自己的礼学思想主张。虽然此为"私议"，并未上奏，却"天下诵之"，其思想主张影响很大。

礼经学的渐兴为朱熹礼学的重塑提供了直接的思想助力。

第四节　赓续前贤　理礼交融

朱熹礼学的形成与创新除了受外在时代文化背景的影响之外，亦是得益于对前人重礼思想的承续和理礼交融下内在学理自身的演进。

就如前文所分析，随着时代的更迭和各种社会因素、文化因素的影响，世俗的伦理制度必然面临着沿承与改革，新的价值理念和伦理秩序的重整已然迫在眉睫，随着宋代新儒学的兴起，儒者对礼学的重视亦是必然。礼学经

① （宋）朱杰人等编，《朱子全书》第 23 册，上海古籍出版社、安徽教育出版社 2002 年版，第 3359 页。

范仲淹、欧阳修、孙复、胡瑗、石介、李觏、王安石、周敦颐、张载、二程等诸位学者的继承、阐释、发展和沉淀，于朱熹时期便兆显中兴之势。朱熹一方面接续前面思想家重礼的思想，决心对宋礼进行重整；另一方面，他结合理学体系进行理论的转生，以其理学为思想支撑，使礼学的发展达到了一个新的高度。据此，朱熹礼学体系的建立可以说是不仅一脉相承而且有所开拓创新。

一、推明治道　以礼治世

从思想内在渊源来看，朱熹对礼学的重视和其礼学体系的构建继承了其之前诸位学者的礼学思想。

经学于宋代出现变革，朱熹认定范仲淹、欧阳修、胡瑗、孙复、石介为宋代新儒学发展的先驱，其曾言：

> 理义大本复明于世，固自周程，然先此诸儒亦多有助。旧来儒者不越注疏而已，至永叔原父孙明复诸公，始自出议论，如李泰伯文字亦自好。此是运数将开，理义渐欲复明于世故也。自范文正以来已有好议论，如山东有孙明复，徂徕有石守道，湖州有胡安定，到后来遂有周子程子张子出。故程子平生不敢忘此数公……数人者皆天资高，知尊王点霸，明义去利。但只是如此便了，于理未见，故不得中。①
>
> 如二程未出时，便有胡安定、孙泰山、石徂徕，他们说经虽是甚有疏略处，观其推明治道，直是凛凛然可畏！②

据上我们可以看出，以上诸贤对经学的解说主要内容体现为“推明治道”，使理义复明于世。

从范仲淹开始便不再泥古注疏，常对经论发表自己的“议论”。胡瑗、孙复、石介等思想家皆以“推明治道”为思想宗旨来发展完善儒家思想。基

① （宋）黎靖德编：《朱子语类》卷 129，中华书局 1986 年版，第 3089—3090 页。

② （宋）黎靖德编：《朱子语类》卷 83，中华书局 1986 年版，第 2174 页。

于此，这几位思想家除了积极复兴、发展新儒学之外，于礼极为重视，他们对儒家的礼学思想的阐发和宋代礼学思想体系的构建作出了积极的努力和巨大的推动，其对宋礼的重建具有开创性的贡献。他们的这种学术精神和学术思想对朱熹影响颇深。具言之：

范仲淹为庆历新政的推动者，特别重礼，其曾言："善国者，莫先育材。育材之方，莫先劝学。劝学之要，莫尚宗经。宗经则道大，道大则才大，才大则功大……天下之制存乎《礼》。"① 范仲淹认为天下之制都在《礼》中。范仲淹对礼之思想的论述，其理论渊源在于他的学术之长。作为仁宗时期庆历新政的推动者，他在学术研究上以《春秋》学和《易》学见长，故其对礼学的思想的理解和阐述也烙印了他的学术思想特征。范仲淹认为"礼"为"伦理"之大，为万化之纲纪"之节"，而"礼"之始生于"太一"，其极限"无体"，其用，能使无常有序，能齐同万物而无私，与乾元相配，统乾道，贯通了天道和人道的所有人事。范仲淹对"礼"的安邦定国和政治、秩序的功用非常重视。通过范仲淹庆历新政的推动，"礼"开始从章句训诂中解脱出来，进而转向安邦定国之用。

宋初三先生对礼学的推进亦作出了积极的贡献。孙复作为新儒学推动者之一，其学术思想深受欧阳修的影响，其对《春秋》之研究颇有造诣。孙复亦是主张不惑传注，不泥经注，对于"治道"极为推重，主张推经治道。欧阳修对其称许道："不惑传注，不为曲说乱经。其言简易，明于诸侯大夫功罪，以考时之盛衰，而推见王道之治乱，得于经之本义为多。"② 孙复亦道："所谓夫子之道者，治天下，经国家，大中之道也。"(《孙明复小集·上孔给事书》)，而在"治道"中，其对"礼"之治世之功用尤为强调："夫仁义礼乐，治世之本也，王道所由兴，人伦所由正。舍其本，则何所为哉?"③

---

① （宋）范仲淹：《范仲淹全集·范文正公文集·上时相议制举书》卷10，四川大学出版社2007年版，第237页。

② （清）黄宗羲原著，全祖望补修：《宋元学案·泰山学案》卷2，中华书局1986年版，第101页。

③ （清）黄宗羲原著，全祖望补修：《宋元学案·泰山学案》卷2，中华书局1986年版，第99页。

他认为，礼为治世之本。王道的兴盛、人伦的导正，皆离不开“礼”的规范。

作为宋代礼学酝酿时期的重要人物——胡瑗，亦对礼学的推动作出了突出贡献。其自幼研习儒家经典，被称为奇才，其育人方式独特，旨在使世人“明体达用”。胡瑗说：“臣闻圣人之道……君臣父子。仁义礼乐，历世不可变者，其体也……举而措之天下，能润泽其民，归于皇极者，其用也。”（《安定胡先生》，《五朝名臣言行录》卷120）刘彝对其师的评价是：“以明体达用之学授诸生”①，“非安石比也。”② 胡瑗以“明体达用”来育人，推动了政教、礼乐的发展。胡瑗对礼的认识为：“民之于礼也，如兽之于囿也，禽之于绁也，鱼之于沼也。岂其所乐哉？勉强而制尔。民之于侈纵奔放也，如兽之于山薮也，禽之于飞翔也，鱼之于江湖也。岂有所使哉？情之自然尔。”③ 其认为礼为勉强所制，情之自然使人侈纵奔放，故礼是用来制情的，此思想主张对程颐、朱熹的礼学思想产生了较大的影响。

石介以儒家之“礼”作为区分佛、道之关键，其言：“《周》礼明王制，《春秋》明王道，可谓尽矣。执二大典以兴尧、舜、三代之治，如运诸掌。”④ 其认为，《周礼》可以“明”王制，《春秋》可以“明”王道，依仗此二典，三代之治就能得到很好的运用。又言：“君臣、父子，皆出于儒也；礼乐、刑政，皆出于儒也；仁义、忠信，皆出于儒也。”⑤ 言外之意，石介认定儒家思想区别其他思想的最明显的特征就是礼乐，这种思想主张后来也被朱熹所继承。

李觏认为“礼”为人道之准则，是圣人实现“内圣外王”的重要途径。李觏言：

---

① （清）黄宗羲原著，全祖望补修：《宋元学案·泰山学案》卷1，中华书局1986年版，第25页。

② （清）黄宗羲原著，全祖望补修：《宋元学案·泰山学案》卷1，中华书局1986年版，第25页。

③ （宋）李觏：《李觏集·与胡先生书》卷28，中华书局1981年版，第317页。

④ （宋）石介：《徂徕石先生文集·二大典》卷7，中华书局1984年版，第77页。

⑤ （宋）石介：《徂徕石先生文集·宗儒名孟生》卷7，中华书局1984年版，第82页。

> 或问圣人之言礼，奚如是之大也？曰：“夫礼人道之准，世教之主也，圣人之所以治天下国家、脩身正心无他，一于礼而已矣。”曰：“尝闻之礼乐刑政天下之大法也，仁义礼智信天下之至行也。八者并用，传之者久矣。而吾子一本于礼，无乃不可乎？”曰；“是皆礼也！……曰乐，曰政，曰刑，礼之支也。而刑者又政之属矣。曰仁，曰义，曰智，曰信，礼之别名也。是七者盖皆礼矣。”

以李觏之意，礼之初是为了节制人性之欲，而礼之本则是人伦日常之规范的需要。“乐、政、刑”是礼之分支，三者是“礼之大用也，同出于礼而辅于礼者也”。[①] 而“仁义智信”皆为“礼”之别名，是“礼之大旨也，同出于礼而不可缺者也”。[②] “礼”囊括了生活、政治、人伦、道德的方方面面。李觏认为“礼”如果成为抑制人之性情的一种强制性规范，必然导致“先王之道不得复用，天下之人将以圣君贤师为仇敌。”[③] 这与胡瑗的认识相异，但是对于礼之本体的形而上的探求，李觏并没有非常明确的见解。

除此之外，苏洵、苏轼、苏辙也一致认为礼对国家政治、人伦纲常有重要的作用。其言：“君子以礼治天下之分……”[④] “礼之大意，存乎明天下之分，严君臣、笃父子、形孝弟而显仁义也……今使礼废而不修，则君臣不严，父子不笃，孝弟不形……”[⑤] “古之圣人，其御天下也，礼行而民恭，则役使如意：义行而民服，则劳苦而不怨；信行而民用情，则上下相知而教化易行。”[⑥] “为之君臣、父子、兄弟者，礼也。礼之所不及，而兵及焉。”[⑦] 概而言之，三苏认为，礼的功用是明天下之分，礼兴则民恭、国定，礼对于个人

---

① （宋）李觏：《李觏集·礼论第一》卷2，中华书局1981年版，第7页。

② （宋）李觏：《李觏集·礼论第一》卷2，中华书局1981年版，第7页。

③ （宋）李觏：《李觏集·与胡先生书》卷28，中华书局1981年版，第317页。

④ （宋）苏轼：《苏轼文集·礼义信足以成德论》卷2，中华书局1986年版，第47页。

⑤ （宋）苏轼：《苏轼文集·礼以养人为本论》卷2，中华书局1986年版，第49页。

⑥ （宋）苏辙：《苏辙集·栾城应诏集·礼义信足以成德论》卷1，中华书局1990年版，第1341—1342页。

⑦ （宋）苏洵：《嘉祐集·乐论》，曾率庄、金成礼笔注，上海古籍出版社1993年版，第152页。

修养以及国家政治秩序的稳定有着重要的意义。

综上，前面几位宋儒对礼学的重视可窥见一斑。但是亦可看出其并没有将礼深入地融入宋代新儒学思想，尤其是宋代推重的性理思想，故而并没有将礼学形成系统的理论体系。在接续前人礼学的思想基础上，王安石于此实现了超越，其开始在礼与人之心性之间的关系方面进行探索，并将礼学建立在心性论的基础上，对宋代礼学性理思想内容的拓展作出了一定的贡献，这在一定程度上对朱熹礼学的心性层面的阐扬产生了很大影响。

王安石曾言："荀卿之不知礼也！其言曰'圣人化性而起伪'，吾是以知其不知礼也。知礼者贵乎知之意，而荀卿盛称其法度节奏之美，至于言化，则以为伪也，亦乌知礼之意哉？故礼始于天而成于人，知天而不知人则野，知人而不知天则伪。圣人恶其野而疾其伪，以是兴焉。"① 概言之，王安石认为，荀子并不知礼，礼并不是来自于"圣人化性起伪"，礼之本乃源于天之道，源于人之性。由于人之后天不能知天、知人，故需要圣人依据天道、人之本心来制礼，通过礼来认识本性，认识天。其认为圣人之情与世人之情相悖。世人所注重的，圣人并不以之为重，世人以之为乐的，圣人则以之为悲，圣人内求而世人外求。故圣人以照见本性为乐，而世人以欲求为乐："世之所重，圣人之所轻；世之所乐，圣人之所悲。非圣人之情与世人相反，圣人内求，世人外求，内求者乐得其性，外求者乐得其欲，欲易发而性难知，此情性之所以正反也。衣食所以养人之形气，礼乐所以养人之情也。"② 由于世人惯于外求，人之欲求就很容易产生。而人之本性却难了知，世人要随学圣人。礼乐本质上本于人心，为天下之中经，是用来养人之神，正人气，归人之正性。故学礼可修养人之性情，使人反求诸心，以正其性，了悟本心："礼者，天下之中经；乐者，天下之中和。礼乐者，先王所以养人之神，正人气而归正性也。"③ 而对于"性"与"情"之间的关系，王安石说道："性情一也……喜、怒、哀、乐、好、恶、欲未发于外而存于心，性也；喜、怒、哀、乐、好、恶、欲发于外而见于行，情也。性者情之本，情

① （宋）王安石：《王文公文集·礼乐论》卷29，上海人民出版社1974年版，第337页。
② （宋）王安石：《王文公文集·礼乐论》卷29，上海人民出版社1974年版，第334页。
③ （宋）王安石：《王文公文集·礼乐论》卷29，上海人民出版社1974年版，第333页。

者性之用，故吾曰性情一也。”① 其认为“性”“情”本一，“喜、怒、哀、乐、好、恶、欲”之未发存于心为“性”，已发流用为“情”，“性”为“情”之本，“情”为“性”之用。对于“性”与“情”的善恶问题，他说：“彼曰情恶无它，是有见于天下之以此七者而入于恶，而不知七者之出于性耳。故此七者，人生而有之，接于物而后动焉。动而当于理，则圣也、贤也；不当于理，则小人也。彼徒有见于情之发于外者为外物之所累，而遂入于恶也，因曰情恶也，害性者情也。是曾不察于情之发于外而为外物之所感，而遂入于善者乎？盖君子养性之善，故情亦善；小人养性之恶，故情亦恶。”② 王安石认为“性”“情”之善恶源于后天的“接于物”，情因“接于物”而后有动，情之动与理相当则为圣贤，不与理相当则为小人。情之发被物所累，就会入于恶，而情之恶反过来又害性。但如果养性之善，那么情亦善，亦正。所以，君子养性之善，已发之情也善；而小人养性之恶，故已发之情也恶。故其认为通过学礼对个人性情的修养有很大助益，进而起到可以安邦定国的作用。

总之，王安石以心性论为思想基础来阐发其礼学观点，其对礼之心性情方面的阐释，尤其对“性”“情”之间关系的阐发，对朱熹礼学思想的心性层面的完善产生了深远的影响。

总而言之，基于宋代先贤士大夫担当意识的觉醒，他们皆关注经中“治道”的内容，皆意识到“礼”的重要性，强调了“礼”在安邦定国中重要的价值和意义。他们积极努力地对儒家伦理思想进行完善、复兴，企图以此来应对佛道思想的冲击，这得到了后人尤其是朱熹的认同和继承，成为朱熹复兴礼学的重要思想渊源和精神动力。

而朱熹礼学思想体系真正得到转生和重构，最主要、最根本的思想助力则是礼理关系的提出。

---

① （宋）王安石：《王文公文集·性情》卷27，上海人民出版社1974年版，第315页。

② （宋）王安石：《王文公文集·性情》卷27，上海人民出版社1974年版，第315页。

二、以理释礼　礼理贯通

朱熹礼学思想体系的构建和完善亦是学理自身的演进，理礼关系的提出直接促使了朱熹礼学思想实现了新的超越。

众所周知，自东汉佛教传入中国，从魏晋南北朝至宋代以来，儒释道三教一直处于并行的局面。儒家的思想地位受到佛教和道教的双重冲击，面对这种局面，儒学思想家自唐朝起就开始着力完善儒家的性理方面的理论。中唐时期，以韩愈为代表的思想家开始对儒家思想进行改造和完善，着重发展了儒家的心性思想以此来抵制佛教和道教的冲击，捍卫“道统”。而通过前面阐述我们不难体会到，宋初儒者虽然极力强调通过复兴儒家伦理礼法来抗衡佛老思想，但仍囿于韩愈的论点之中，即单纯的倡明儒学，推重礼法传统，并没有将儒家礼法赋予时代的新特色。此举显然已经不足以适应当时的社会历史现状和文化语境。于宋代，鉴于现实和学理的双重需求，“礼”作为儒家重要的伦理道德规范，尤其于宋代，鉴于现实和学理的双重需求，其理论依据亟待完善。于是，北宋一些儒家知识分子开始在前人的基础上更加大规模、深入地对儒家思想体系进行发展、改造和完善，通过诸位宋儒的努力，理学体系得以转生。

理学家在前人的基础上，于理论上进行深入探研与创新。主要体现为，其一，以“天理”作为终极价值之本体，取代了以往的“天命”观；其二，入佛而又反佛。即通过对佛教思想吸收、借取、转换而充盈、挺显儒家思想，进而反之、批之。这两点在朱熹思想中体现得尤为明显。通过这两面的努力，理学渐兴。随着宋代理学的兴起，理学家进而把礼学与理学结合起来，以此来复兴礼学。于此，礼与理的关系也逐渐被诸多宋儒深入论证。故此，从思想学理角度而言，礼学的推进不仅是历史客观的产物，也是宋代理学思想之学理内在逻辑的自然演进。

“理”之概念及理与礼的关系其实于先秦时期就已提出，理含义多为条理、义理、秩序等，常常用以表示“礼”之内涵和外延。

例如《管子·心术上》中如此提及：“因人之情，缘义之理，而为之节文者也。故礼者，谓有理也。理也者，明分以谕义之意也。”这里的“理”指道理、条理、义理。荀子亦常常论“理”与“礼”之间的关系，《荀子·礼论》中云："礼之理诚深矣，坚白异同之察，入焉而溺；其理诚大焉，擅作典制辟漏之说，入焉而丧；其理诚高焉，暴慢恣睢轻俗以为高之属，入焉而队。……礼者，人道之极也。"荀子其所言之"理"亦指礼之道理、义理。《礼记》中的《仲尼燕居》中云："礼也者，理也；乐也者，节也。君子无理不动，无节不作。不能《诗》，于礼缪；不能乐，于礼素；薄于德，于礼虚。"《乐记》中提到："礼也者，理之不可易者也。乐统同，礼辨异，礼乐之说，管乎人情矣。穷本知变，乐之情也；著诚去伪，礼之经也。礼乐偩天地之情，达神明之德，降兴上下之神，而凝是精粗之体，领父子君臣之节。是故，大人举礼乐，则天地将为昭焉。"郑玄对此注解道："理，犹事也。"孔颖达认为："礼见于貌，行之则恭敬理事也，言事之不可改易也。"(《礼记正义》)"理，谓道理。言礼者，使万事合于道理也。"(《礼记正义》)此理的概念，亦是道理的意思。《韩非子·解老》中也有明确解释："道者，万物之所然也，万物之所稽也。理者，成物之文也。物有理，不可以相簿。故理之为物之制，万物各有理，而道尽稽万物之理。"这里理的含义与规律的意思相似，理，即万物之所然。

由此可见，先秦时期就已经有以"理"释"礼"的思想倾向，但其"理"并不具形而上之内涵，其内涵多为人道之伦理规范层面的彰显，并没有拔升到天理之层面。

"理"的天理内涵的概念于宋代逐渐被正式提出来。而正如前文所论及，理的提出也是为礼学思想来服务的。宋明理学体系的建立是基于复杂的社会现状，故此，"理"之概念的提出实则是指向社会伦理秩序的重整。所以理学的建立从其出发点来看，实则为伦理道德的合法性和永恒性服务的，以此为礼学体系提供了完善、有力的理论依据。正如李泽厚在《宋明理学片论》提出，理学的构建是由下而上的，而不是从上而下推演。所以理学必然会由宇宙论而指向伦理学。① 亦有学者指出："如果说，理学伦理道德观念的浓重，就其理论性质而言，表现为在向本体性理论层面升越中，具有了永恒、合理的品质，那么，就其实践的范围言，则表现为'三纲五常礼之大

---

① 李泽厚：《宋明理学片论》，《中国社会科学》1982 年第 1 期。

体'之外的广泛的生活层面的浸润，使理学的生活方式中处处充盈着伦理的特质。"[①] 从道德实践层面讲，理学现实的落脚点为"礼"。那么理和礼的关系从这一点也可以厘清，"礼"的终极思想依据源于"理"，"礼"形而上维度的完善是随着理学思想体系的逐渐建立、渐然完备而完成的，理最终成为礼的形而上的依据。如此，礼的践行便因此具有了自觉性："对儒家所主张的伦理制度道德规范的永恒性、合理性及其实践过程中应有充分自觉性的论证，是理学最根本的、最终的理论目标，理学的全部论题都直接或间接地支撑着这一目标，然而直接显示此目标的命题却是——'礼即理'，直接阐释论证此命题的理论观念却是——理之必然、当然、所以然。这一命题及其论证，使儒家伦理观念在理学中获得了丰富的本体性内涵。"[②]

唐君毅先生对宋明之"理"的内涵界定则为："宋明理学之言理，主要者是言性理，由此以及于天理。宋明儒之言天理，非只视为外在之物质之天地构造之理……真正之天理，当是由心性之理通上去，而后发现之贯通内外之人我及心理之理。"[③] 唐君毅先生认为，宋明理学体贴出来的"天理"是由性理而贯通的天道的，是融贯天道、人道之理。其实这也是宋代理学的基本逻辑脉络和最明显的思想特征。宋"理"概念的提出，便为儒家的伦理制度重新确立了宇宙论、心性论双重依据。礼与理的关系被深度论证其实经历了一个循序渐进的过程。

周敦颐率先提出"礼，理也。"[④] 其言："礼，理也；乐，和也。阴阳理而后和，君君、臣臣、父父、子子、兄兄、弟弟、夫夫、妇妇，万物各得其理，然后和。故礼先而乐后。"[⑤] "德：爱曰仁，宜曰义，理曰礼，通曰智，守曰信。"[⑥] 周敦颐认为"礼"即"理"，然而这个理还不是"天理"之理，而是伦理纲常之理，是"性理"。其以"无极"（太极）为宇宙万物的本源，"无极"动而生阴阳，阴阳变化生五行，即"金、木、水、火、土"，人之产生

① 崔大华：《儒学引论》，人民出版社2000年版，第602页。

② 崔大华：《儒学引论》，人民出版社2000年版，第602页。

③ 唐君毅：《中国哲学原论·导论篇》，中国社会科学出版社2005年版，第32页。

④ （宋）周敦颐：《周敦颐集·通书》，中华书局1990年版，第25页。

⑤ （宋）周敦颐：《周敦颐集·通书》，中华书局1990年版，第25页。

⑥ （宋）周敦颐：《周敦颐集·通书》，中华书局1990年版，第29—30页。

亦是无极之生化使然。其言："无极而太极。太极动而生阳，动极而静，静而生阴。……阳变阴合，而生水、火、木、金、土……五行之生也，各一其性。无极之真，二五之精，妙合而凝。'乾道成男，坤道成女'，二气交感，化生万物……惟人也，得其秀而最灵。形既生也，神发知矣。五性感动，而善恶分……"① 周敦颐以太极（无极）作为万物生成之本源，以无极而立人极："天以阳生万物，以阴成万物。生，仁也，成，义也。"② "无极"，为万物，包括人性在内的形而上之本，是宇宙万物所以然之"理"，亦为礼之本源。

于此可见，虽然从周敦颐这里，"礼"以"天理"为本体、为形而上之依据没有明确、系统地提出来，但已经有了基本的理论雏形。

张载作为宋明理学的奠基者，对礼的重视也很明显，其言："其学尊礼贵德，乐天安命。"（《宋史·列传第一百八十六·道学一》）"礼即天地之德也，如颜子者，方勉勉于非礼勿言，非礼勿动。勉勉者，勉勉以成性也。礼非止著见于外，亦有无体之礼。盖礼之原在心，礼者圣人之成法也，除了礼天下更无道矣。"③《宋元学案》也指出，张载："以礼为体。"④ "子厚以礼教学者，最善，使学者先有所据守。"⑤ 张载以"礼"作为自己学术的重点，并把"礼"贯穿到生活实践和教学过程中。依张载之意，"礼"的产生有其合理的自然依据，其言："生有先后，所以为天序；小大、高下相并而相形焉，是谓天秩。天之生物也有序，物之既形也有秩。知序然后经正，知秩然后礼行。"⑥ 礼本于天，以天序为依据。天生发万物都是有秩序的，事物一经成型，秩序便形成，天地万物这种自然的秩序是"礼"的来源。而这个天便是"太虚"。张载说："由太虚，有天之名；由气化，有道之名；合虚与气，有性之名；合性与知觉，有心之名。"⑦ "大虚（太虚）即礼之大一（太一）也。今

---

① （宋）周敦颐：《周敦颐集》，《太极图说》，中华书局 1990 年版，第 3—5 页。

② （宋）周敦颐：《周敦颐集》，《通书·顺化第十一》，中华书局 1990 年版，第 22 页。

③ 《宋史·列传第一百八十六·道学一》。

④ （清）黄宗羲原著，全祖望补修：《宋元学案·横渠学案上》卷 17，陈金生、梁运华点校，中华书局 1986 年版，第 663 页。

⑤ （宋）程颢、程颐：《二程集》，中华书局 2004 年版，第 8 页。

⑥ （宋）张载：《张载集·正蒙·动物篇第五》，中华书局 1978 年版，第 19 页。

⑦ （宋）张载：《张载集·正蒙·太和篇第一》，中华书局 1978 年版，第 9 页。

天之生万物，其尊卑小大，自有礼之象，人顺之而已，此所以为礼。或者专以礼出于人，而不知礼本天之自然。”（卫湜《礼记集说》卷五十八）“太虚”是产生万物的本源，是天地万物的自然之理。“礼”之最终本源亦是“太虚”，这即是“礼”之宇宙论基础。如其言：“礼本于天，天无形，固有无体之礼。”又言：“礼不必皆出于人，至如无人，天地之理自然而有，何假与人？天之生物便有尊卑大小之象，人顺之而已，此所以为礼也。”① 于宋代，张载可以说是将礼提升到天道性命的哲学高度的第一人。②

二程继承了这一思想，进一步把礼之形而上依据归结于体贴出来的“天理”。二程首先提出“天理”这个概念，“天理”是二程自己体贴出来的，以其作为万物的本源。如程颢说：“吾学虽有所受，天理二字却是自家体贴出来的。”③ “万物皆只是一个天理。”④ “天者理也”⑤ “有道有理，天人一也，更不分别。”⑥ “理便是天道也。且如说皇天震怒，终不是有人在上震？只是理如此。”⑦ 天理即是天道、人道的规律，是天人合一的所以然。如此，“天理”成为形而上的万物存在的所依。“天理”的提出，完善了儒家有关天道、性命的理论，将天下所有之形而下的万物皆赋予了形而上的价值意义，使儒家天人合一的价值观有了宇宙论的依据。天理如此亦成为人道伦理道德的依据，程颢言：“礼者，理也，文也。理者，实也，本也。文者，华也，末也。”“为君尽君道，为臣尽臣道，过此则无理。”程颐说：“凡眼前无非是物，物物皆有理。如火之所以热，水之所以寒，至于君臣父子间皆是理。”⑧ “人伦者，天理也。”⑨ “视听言动，非理不为，即是礼，礼即是理也。”⑩ “父子君

① （宋）张载：《张载集·正蒙·太和篇第一》，中华书局1978年版，第9页。
② 余敦康：《内圣外王的贯通——北宋易学的现代阐释》，学林出版社1997年版，第348—349页。
③ （宋）程颢、程颐：《二程集》，中华书局2004年版，第425页。
④ （宋）程颢、程颐：《二程集》，中华书局2004年版，第30页。
⑤ （宋）程颢、程颐：《二程集》，中华书局2004年版，第132页。
⑥ （宋）程颢、程颐：《二程集》，中华书局2004年版，第20页。
⑦ （宋）程颢、程颐：《二程集》，中华书局2004年版，第290页。
⑧ （宋）程颢、程颐：《二程集》，中华书局2004年版，第247页。
⑨ （宋）程颢、程颐：《二程集》，中华书局2004年版，第394页。
⑩ （宋）程颢、程颐：《二程集》，中华书局2004年版，第30页。

臣，天下之定理，无所逃于天地之间”[①]“天而在上，泽而处下，上下之，尊卑之义，理之当也，礼之本也。”[②]程颐进一步提出礼之心性论依据，云：“仁、义、礼、智、信五者，性也。”[③]把性又归于天理：“性即理也，所谓理，性是也。天下之理，原其所自，未有不善。”[④]其以“理”代替了天的概念，把“礼”归为性，而又把性上升为天理，与此同时赋予了“礼”之宇宙论和心性论依据，并贯通了天道性命。程颐与张载的区别也在这里，故此可见，礼与理的关系实于二程时正式被提出来并被系统论证。

前人对礼理关系的逐步论证为朱熹礼学思想体系的重新激活与完善创新提供了强大的思想助力。朱熹礼学体系的构建正是与理学体系相应，通过理学思想的完善而转生。

朱熹基于前人理论的积淀，继承了二程“天理”的概念，并在此思想基础上加以发展完善，构建了一套完整的理学体系。其所有的思想都统摄在以“天理”为中心的思想体系下，“理”成为本体宇宙论之依据，其亦将“礼”置于天理的视域下予以推重，以“理”作为“礼”的最高依据，以天道性命贯通为思想价值理路，在理学思想的观照下，开显礼之天道和人道层面，贯通了礼之天理和性理层面。其以天理为礼学的逻辑起点，拓展了其“礼”的形而上的维度，从心性层面激活了礼的精神维度，使“礼”实现了升华，得到了全新的重现，以此获得了较完备的形而上理论支撑和本体论依据，呈现出独特的理学特色。

朱熹礼学思想在理学形成中得到真正重塑，不得不肯认，朱熹对于礼学理论的贡献确与理学发展密不可分。

有鉴于此，下面将朱熹礼学置于其理学的视域下，以天道性命贯通为逻辑理路，从解读朱熹礼之观念内涵开始来逐步分析梳理其礼学的学理特点及其价值和影响。

---

① （宋）程颢、程颐：《二程集》，中华书局2004年版，第77页。

② （宋）程颢、程颐：《二程集》，中华书局2004年版，第749页。

③ （宋）程颢、程颐：《二程集》，中华书局2004年版，第30页。

④ （宋）程颢、程颐：《二程集》，中华书局2004年版，第30页。

第二章　朱熹礼观念的提出及其基本内涵

第一节　礼观念的提出

朱熹对礼观念的解读，一是对传统礼学概念的继承；二是针对当时二程后学“以理易礼”、陆九渊玄谈心性的思想和永嘉学派偏执事功的思潮。

一、对传统礼学概念的继承

朱熹礼学观念的提出是对传统礼学概念的继承。探讨朱熹礼的哲学思想，对礼之概念的厘清显然是必不可少的。厘定传统礼之内涵，再去观照朱熹礼学，对其礼学的梳理分析就会有章法可寻。

关于礼的起源，《说文》中云：“礼者，履也。所以事神致福也，从示从豊。”王国维亦是如此观点，其通过对古文字的考释发现，礼字最早是指以器皿盛两串玉献祭神灵，后来也兼指以酒祭献神灵，再后来则将一切祭祀神灵之事统称为礼。刘师培在《古政原始论·礼俗原始论》中提到：“礼字从示，足证古代礼制悉该于祭祀之中，舍祭礼而外，固无所谓礼制也。”① 由此可见，礼起源于远古祭祀活动，起初并没有很系统的理论依据，后经不断发展、充实，成为儒家一套完整的道德文化体系。儒家之“礼”经历了由单一的“礼仪”“礼制”不断发展、充盈而变为“礼学”的过程。

儒家对“礼”的具体含义论述颇多。

如《论语·学而》中云：“礼之用，和为贵。”“恭近于礼，远耻辱也。”

---

① 刘师培：《古政原始论》，《刘申叔遗书》，江苏古籍出版社 1997 年版，第 678 页。

《论语·先进》中云："为国以礼。"《孟子·公孙丑上》中云："辞让之心，礼之端也。"《孟子·告子上》中云："恭敬之心，礼也。"《荀子·富国》中云："礼者，贵贱有等，长幼有差，贫富轻重皆有称者也。"《礼记·乐记》中云："乐者为同，礼者为异，同则亲，异则相敬。"《礼记·哀问》中亦云："民之所由生，礼为大。非礼，无以节事天地之神也。非礼，无以辨君臣、上下、长幼之位也。非礼，无以别男女、父子、兄弟之亲，昏姻疏数之交也。君子以此为尊敬然。"司马光亦曾对"礼"明确诠释道："纪纲是也。"①

由上观之可概而言之，儒家之"礼"从外在形式主要体现为对心、行为、社会秩序的一种规范。而外在形式又彰显着礼之本质内涵。据此，礼实际上涵盖了形式与价值内容两个层面。如果说礼制重在凸显礼的形式，那么礼学则兼含了形式和价值意义，使礼制有了思想理论支撑。

通过对传统礼学的梳理，礼之内涵可准确归为三面，其一为典章制度，即刑法制度、国典朝章等；其二为礼仪规范，如人与人之间应遵循的行为规则、仪节等；其三为礼义，即礼之典章规范所承载的价值内容。前两面为礼之形式，第三面为礼之灵魂，而第三面可衍生出礼之起源、本质、规律等。然而这三面并不是孤立存在毫无瓜葛的，事实上无论是礼之典章制度、礼仪规则，还是礼义，这三者都是互融互含。礼仪规范与典章制度的制定往往互相参照，而礼义是由前二者所承载、所显。朱熹礼之观念内涵正是沿承了此儒家传统礼的思想特点，兼具形式和价值内容，形式体现着价值内容，并在新的历史文化语境下使之呈现出新的时代文化特点。

二、对三种思潮的反思

朱熹对礼之观念的提出亦主要是针对陆九渊空谈性理的学风、二程后学的"以理训礼"的思想倾向和永嘉学派偏执事功的思潮，对其反思并欲纠其弊。

朱熹极力反对"以理易礼"。在"礼"和"理"孰轻孰重的问题上，他经历了由"重理"到"重礼"的思想转变。阮元认为："朱子中年讲理，固

① （宋）司马光：《资治通鉴》卷1。

已精实；晚年讲礼，尤耐繁难。诚有见乎理必出于礼也。……故理必附于礼以行。空言理，则可彼可此之邪说起矣。"① 可见，朱熹"不以理易礼"是晚年定论。

在1170年朱熹与林用中的书信中提到："程子言敬，必以整齐严肃、正衣冠、尊瞻视为先，又言未有箕踞而心不慢者，如此乃是至论。而先圣说克己复礼，寻常讲说，于'礼'字每不快意，必训作'理'字然后已，今乃知其精微缜密，非常情所及耳。"② 这封信是朱熹大约40岁时写的。据此，我们可以看出，朱熹那时是赞成程颐的"以理训礼"的思想。而时隔20多年后，朱熹的思想有所转变。从他和赵致道的通信中可以看出此思想的转变。赵致道言："不曰理而曰礼者，盖言理则隐而无形，言礼则实而有据。礼者，理之显设而有节文者也，言礼则理在其中矣。"③ 朱熹对此非常赞同，其言："礼便是节文升降揖逊是也。但这个'礼'字又说得阔，凡事物之常理皆是。"④ 在这段时间，朱熹认为"复礼"就是"复理"，对"复礼"开始给予相当的重视。随后便渐渐开始明确地主张"不以理易礼"。其关键性的转折点便是对陆九渊于"克己复礼"解读的指斥。陆九渊认为"克己复礼""不但只是欲克去那利欲忿懥之私"⑤，而且"只是有一念要做圣贤"⑥。对此朱熹表示非常不满，认为："此等议论，恰如小儿则剧一般，只管要高去，圣门何尝有这般说话!"⑦ 朱熹认为，如果只重视"克己"而忽略"复礼"的话，势必会流于空头悬说，易使践履功夫无处着落。

而最为体现其"不以理易礼"的礼学态度便是朱熹对二程后学的批评。其对二程后学"以理易礼"的思想倾向提出了诸多的批判。通过宋代诸多学

---

① （清）阮元：《书东莞陈氏学蔀通辨后》续集，卷3，中华书局1993年版，第1062页。

② （宋）朱熹：《朱文公文集》第20册，上海古籍出版社、安徽教育出版社2002年版，第1969页。

③ （宋）朱熹：《朱文公文集》第23册，上海古籍出版社、安徽教育出版社2002年版，第2865页。

④ （宋）黎靖德编：《朱子语类》卷75，中华书局1986年版，第2545页。

⑤ （宋）黎靖德编：《朱子语类》卷130，中华书局1986年版，第3437页。

⑥ （宋）黎靖德编：《朱子语类》卷130，中华书局1986年版，第3437页。

⑦ （宋）黎靖德编：《朱子语类》卷130，中华书局1986年版，第3437页。

者对礼之思想之重视和沿革，到张载和二程这里礼学体系已逐渐丰富、系统。但是很可惜的是，程颐的“四藏”说并没有得到弟子们的继承和落实，于二程弟子这里，对二程的“克己复礼”的思想解读上出现“以理易礼”的倾向，于此轻视甚至完全忽视了礼的外在约束作用。因此，结合当时社会文化背景，尤其是基于当时重理轻礼的思想倾向，朱熹欲纠其弊，于此便愈加明确主张“不以理易礼”。我们从他对二程后学“克己复礼”思想的批评中能明显体会其此坚定礼学态度。

朱熹与永嘉学派在学术上也有很大分歧。永嘉学派对制度设计上非常重视，坚持制度的合理性和自觉性，认为制度独立于天理。而朱熹认为所有的礼法制度都来源于天理，制度是天理的派生，天理是至高无上的，是第一位的。为学者应着重体会身心，体认天理，而不是只囿于制度，本末倒置。

故此，朱熹欲纠二程后学和陆九渊忽视礼用、永嘉学派太过忽视天理之弊端，在其特定的历史文化语境之下，继承了儒家传统礼学之思想精髓，基于自身深厚礼学学术基础，通过对前贤“以理释礼”思想的继承和发扬，于理学视域下，提出了自己独特的礼学观念，使其礼具备了本体论和本源论的支撑，贯通了天道性命，天理与人文，使礼于体用层面均得到了彰显，并以此为理论依据和思想特色，驳斥了上述偏执的礼学思潮。

第二节　礼为“天理之节文，人事之仪则”

朱熹对礼之内涵的阐发含摄了礼之价值内容与形式两面，形式体现为具细的礼文、制度，其一一彰显着天理，彰显着天道、人道的价值内容。依朱熹之意，不能将礼等同于僵固的繁文缛节的外在形式，礼是一一彰显着宇宙人道之大本大源，其言：“许多琐细制度，皆若具文，且是要理会大本大原。曾子临死叮咛说：‘君子所贵乎道者三：动容貌，斯所远暴慢矣；正颜色，斯近信矣；出辞气，斯远鄙倍矣。笾豆之事，则有司存。’上许多正是大本大原。”① 钱穆对朱熹之礼学的评价更为透辟：“贵能通其大本。”②

① （宋）黎靖德编：《朱子语类》卷 84，中华书局 1986 年版，第 2179 页。

② 钱穆：《朱子学提纲》，三联书店 2002 年版，第 176 页。

朱熹以“天理”为终极依据来明确礼之大本，以此规定礼之内涵，在对《论语》的“礼之用，和为贵”的注释中，他对“礼”作出了明确解释，其曰：

> 礼者，天理之节文，人事之仪则也。和者，从容不迫之意。盖礼之为体虽严，而皆出于自然之理，故其为用，从容而不迫，乃为可贵……愚谓严而泰，和而节，此理之自然，礼之全体也。①

又如《乐记》中：“乐胜则流，礼胜则离。”朱熹云：

> 礼乐者，皆天理之自然。节文也是天理自然有底，和乐也是天理自然有底。然这天理本是笼统一直下来，圣人就其中立个界限，分成段子；其本如此，其末亦如此；其外如此，其里亦如此，但不可差其界限耳。才差其界限，则便是不合天理。所谓礼乐，只要合得天理之自然，则无不可行。②

由此我们可以看出，朱熹认为“礼”即为“天理之节文，而人事之仪则”③，对于这个概念的含义，他进一步解释道：

> 所以礼谓之“天理之节文”者，盖天下皆有当然之理。今复礼，便是天理。但此理无形无影，故作此礼文，画出一个天理与人看，教有规矩可以凭据，故谓之“天理之节文”。有君臣，便有事君底节文；有父子，便有事父底节文；夫妇长幼朋友，莫不皆然，其实皆天理也。④
>
> “礼者，天理之节文”。节谓等差，文谓文采。等差不同，必有以文行之……圣贤于节文处描画出这样子，令人依本子去学。譬如小儿

---

① （宋）朱熹：《论语集注》，上海世纪出版集团2007年版，第6—7页。

② （宋）黎靖德编：《朱子语类》卷87，中华书局1986年版，第2964页。

③ （宋）黎靖德编：《朱子语类》卷6，中华书局1986年版，第101页。

④ （宋）黎靖德编：《朱子语类》卷42，中华书局1986年版，第1079页。

学书，其始如何便写得好。须是一笔一画都依他底，久久自然好底。[①]

依朱熹之见，"理"为形而上的绝对存在，无有行迹，以礼而承载的三纲五常等伦理制度、规则则是天理之显化。圣人于天理之"节文"处以品节文章的形式而制成礼文使之成为世人的道德行为准则规范，以此彰显形而上之天理，体现自然天理之和。

对于"节文"的解释，《礼记·檀弓下》中道："辟踊，哀之至也；有算，为之节文也。"孔颖达于此解释言："抚心为辟，跳跃为踊。孝子丧亲，哀慕至懑，男踊女辟，是哀痛之至极也。若不裁限，恐伤其性，故辟踊有算，为准节文章。"[②]《坊记》中还提到："礼者，因人之情而为之节文，以为民坊者也。"郑玄注"节文"："此'节文'者，谓农有田里之差，士有爵命之级。"[③]据此可知，节文实际包含两个层面，一是差等；二是规则、制度。如此，礼彰显天理的方式体现为等级，形显而为天理之规则、人事之制度。礼便是"定上下，辨民志。"[④]以有形有相的节文方式彰显无形无相的天理，规范着世人的言行举止和起心动念。因此，通过朱熹对礼之观念的阐释，可将其礼划分为两个层面：其一是天地自然之礼；其二是人文伦常之礼。人文伦常之礼依天地自然之礼为依据，为朱熹礼学的主要内容。

我们知道，中国的礼文化彰显着浓厚的人文精神，不仅重视人与人、人与社会的关系，也关注人与自然的关系。[⑤]这是中国礼文化独特而更有价值意义的一面。"自然"与"人文"作为一对概念较早见于《周易》，其内涵在《易》中有明确的体现。《周易·彖传》曰："刚柔交错，天文也；文明以止，人文也。观乎天文，以察时变；观乎人文，以化成天下。"天地之间有阴阳交错，此为天文，人文以天文为依据，人道据此而形成人类社会的种种

---

① （宋）黎靖德编：《朱子语类》卷36，中华书局1986年版，第963页。

② 参见《礼记正义》，《十三经注疏》（标点本），北京大学出版社1999年版，第314页。

③ 《十三经注疏》整理委员会整理：《礼记正义》第4册，北京大学出版社2000年版，第1635页。

④ （宋）黎靖德编：《朱子语类》卷70，中华书局1986年版，第1785页。

⑤ 张自慧：《礼文化的价值与反思》，学林出版社2008年版，第115页。

秩序规则，以人文大化天下。“天文”对应“自然”，在此我们这里取自然界及其自然界的运行规律、法则之义；此处的“人文”即与人道相通，是相对于“自然”而言，即人类社会的运行规律、法则。“自然”是客观存在的维度；而“人文”主要体现了价值维度。

一、天地自然之礼

朱熹通过太极阴阳义理的逻辑架构以此从上而下构建了礼学体系，将天道与天理人道之间贯穿了一条礼秩观，他认为自然界本然有一个天地自然之礼，这是天理于自然界运行的规则，从而使由天理分殊而来的人伦逐渐明确、规范、等级化。这种思想亦是对先秦礼学思想的继承与发扬。

先秦儒家认为，太极、阴阳、四时在演化的过程中形成一个自然之礼，如《系辞传》中云：“天尊地卑，乾坤定矣。卑高以陈，贵贱位矣。”《礼记·乐记》中亦云：“天高地下，万物散殊，而礼制行矣。”①“乐者，天地之和也；礼者，天地之序也。和，故百物皆化；序，故群物皆别、乐由天作，礼以地制。”②“是故夫礼，必本于大一，分而为天地，转而为阴阳，变而为四时，列而为鬼神。其降曰命，其官于天也。夫礼必本于天，动而之地，列而之事，变而从时，协于分艺，其居人也曰养，其行之以货力、辞让、饮食、冠昏、丧祭、射御、朝聘。”③意为礼本于天地，本于“大一”，“大一”即太极，为宇宙万物的终极依据。“大一”为未分之气，分而为天地，为阴阳，成四时，列为鬼神。天地二形既分，天气运转为阳，地气运转为阴，制礼者贵左象阳，贵右法阴，阳时行赏，阴时行罚。阴阳消长形成四时，阳长为春夏，阴长为秋冬，制礼者法之，则有吉凶之礼。四时变化而生万物，皆鬼神之功，制礼者，陈列鬼神以为教。故圣人作礼法天而下以教民。④由于太极、阴阳、四时的演化，天地之间便形成一个自然之礼，圣人依据此自然之礼而制成人伦之礼，主要体现为“三礼”：《仪礼》《礼记》《周礼》。

---

① 《礼记集解》（十三经清人注疏），中华书局 1989 年版，第 616 页。

② 《礼记集解》（十三经清人注疏），中华书局 1989 年版，第 616 页。

③ 《礼记集解》（十三经清人注疏），中华书局 1989 年版，第 616 页。

④ 参见《礼记正义》，《十三经注疏》（标点本），北京大学出版社 1999 年版，第 707 页。

朱熹继承了先秦时期的礼学思想，又融合宋代理学的特点，通过太极阴阳义理的架构和理气理路来诠释天地本有的自然之礼。

“太极”一词语出《系辞传》和《庄子·大宗师》篇。《系辞传》中云：“易有太极，是生两仪，两仪生四象，四象生八卦，八卦定吉凶，吉凶生大业。”《庄子·大宗师》则曰：“夫道……神鬼神帝，生天生地；在太极之先而不为高，在六极之下而不为深。”而这里的“太极”在易学的视野中解释为“气”或“元气”。于宋代，易学之象学派一般亦以“气”来解释“太极”，数学派易学家则融合心、理、气的“数”来解释“太极”。与前人以气释太极不同，朱熹认为：“太极只是一个理字。”① 他认为“太极”为阴阳化生万物所以然之理，非气，非物化，无形状，无方所，不仅是宇宙万物的本源，更是宇宙万物的本体。朱熹通过对“太极”之阐释以此明确礼之本体。

朱熹确立了以“太极”为本体的宇宙本体论，其言：“有太极，则一动一静而两仪分；有阴阳，则一变一合而五行具。”② 太极动而生阴阳，阴阳五行交错化生万物。

依朱熹之见，宇宙间万物皆禀一个太极，太极主导地位的确立为宇宙万物的价值立法，此为“理一”；而阴阳之气交感化生万物，万物由于气禀之异又存在着“分殊”。宇宙万物皆禀一个太极之理，万物以太极、天理为本体，为终极依据，于这一层面是平等的；但是具体到形而下的万物对其太极之理的具体体现却是有异同、亲疏、差等、秩序的。于此，朱熹言：

> 天地之间，理一而已。然“乾道成男，坤道成女，二气交感，化生万物。”则其大小之分，亲疏之等，至于十百千万而不能齐也。……而人物之生，血脉之属，各亲其亲，各子其子，则其分亦安得而不殊哉！③

① （宋）黎靖德编：《朱子语类》卷 41，中华书局 1986 年版，第 2 页。

② （宋）朱杰人等编：《朱子全书》第 13 册，上海古籍出版社、安徽教育出版社 2002 年版，第 72—73 页。

③ （宋）朱杰人等编：《朱子全书》第 13 册，上海古籍出版社、安徽教育出版社 2002 年版，第 145—146 页。

朱熹通过太极阴阳义理的架构说明了多彩多样的万事万物所呈现的秩序性，天地之间本然有一个太极之理所形成的自然秩序。对于自然秩序，朱熹解释道：

> 因其生而第之以其所当处者，谓之叙；因其叙而与之以其所当得者，谓之秩。天叙便是自然底次序，君便教他居君之位，臣便教他居臣之位，父便教他居父之位，子便教他居子之位。秩，便是那天叙里面物事，如天子祭天地，诸侯祭山川，大夫祭五祀，士庶人祭其先，天子八，诸侯六，大夫四，皆是有这个叙，便是他这个自然之秩。①

“叙”就是以太极为主宰的自然次序，即万物本身的差异性；而“秩”则为由此差异性而遵循的秩序。这个自然秩序即是天地自然之礼，天地自然之礼是天理的体现，此礼属于先天自然存在之维，绝非人为所设，故此朱熹言：“天地之礼，自然而有，何假于人？天之生物，便有尊卑、大小之象，人顺之而已。”②

万物本然分殊形成的天地自然之礼不仅为太极之理的体现，亦是人文伦常之礼的本体依据。朱熹说：

> 天叙天秩，人所共由，礼之本也。③

天地自然之礼本身包含着秩序性，是三纲五常之源，由于这种秩序性使以此为根据的人文伦常之礼兼具了实然性和必然性，如此人文伦常之礼本身便包含着先天的等级差别，与天地自然之礼相契相通。

二、人文伦常之礼

人文伦常之礼是朱熹礼学的主要内容。其以“三纲五常”为大体。

---

①（宋）黎靖德编：《朱子语类》卷78，中华书局1986年版，第2019页。

②（宋）张载：《张载集·经学理窟·礼乐》，中华书局1978年版，第264页。

③（宋）朱熹：《四书章句集注》卷1，中华书局1983年版，第60页。

三纲的雏形源于先秦时期。自周朝起实行了分封制，血缘关系之“亲亲”被拓展为君王、上下的政治等级关系——“尊尊”，于此确立了“天子—诸侯—卿大夫—士”具有上下尊卑性质的等级关系，由此便也有了国家政治结构中君臣、上下关系。如孔子《论语·颜渊》中言：“君君，臣臣，父父，子子。”意为君要合乎为君之道；臣要合乎臣之道；父要合乎为父之道；子要合乎子之道。于不同的角色中人要各安名分，且这种等级对应的关系是情感双向的，并非生硬地强制。孟子基于此，总结出“五伦”关系：“圣人有忧之，使契为司徒，教以人伦：父子有亲，君臣有义，夫妇有别，长幼有叙，朋友有信。”(《孟子·滕文公上》) 孟子亦注重“五伦”关系情感的双向性，如对于君臣关系，孟子言：“君之视臣如手足，则臣视君如腹心；君之视臣如犬马，则臣视君如国人；君之视臣如土芥则臣视君如寇仇。”对于父子亲情关系，则道：“继之以怒，则反夷矣。‘夫子教我以正，夫子未出于正也’，则是父子相夷也。父子相夷，则恶矣。古者易子而教之，父子之间不责善。责善则离，离则不祥莫大焉。”(《孟子·离娄上》) 此意为，君臣之间、父子之间的关系皆是双向的，所谓唯有君贤，方能臣忠，唯有父慈，方能子孝，其特别强调情感的自觉。继而荀子基于社会现实层面，以“群分”思想为基础，对“五伦”进行了概括划分，《荀子·王制》中云：“君臣、父子、兄弟、夫妇，始则终，终则始，与天地同理，与万世同久，夫是之谓大本。”由此，荀子将“尊尊”放在“亲亲”之前，从而由以往的注重血缘的亲情关系转而变为重视严格的尊卑等级秩序，突出了人与人关系的公共性和社会性。

而“五常”的理念，是由孔子提出“仁”，以此赋予人心伦理道德意义开始肇显，继而孟子基于此最先明确概括出儒学四德传统标准性德目，其曰：“恻隐之心，仁也；羞恶之心，义也；恭敬之心，礼也；是非之心，智也。仁义礼智，非由外铄我也，我固有之也，弗思耳矣。”(《孟子·告子上》)“君子所性，仁义礼智根于心。”(《孟子·尽心上》) 其提出了“仁义礼智”四德。及至汉代，董仲舒最终把“信”纳入四德中，于此正式确立了“五常之道”。同时董仲舒吸收韩非子之思想，并以阴阳、五行、天命之说为思想依据，将“三伦”提升为“三纲”，并沿革了三纲本于天数的思想。《春秋繁露·基义》中道：“君臣、父子、夫妇之义，皆取诸阴阳之道。阴阳有别，故君臣、父子、夫妇便有差等，前者为主、后者次，前主动、后顺从。是故仁义制度之数，尽取于天。天为君而覆露之，地为臣而持载之；阳为夫而生之，阴为妇而助之；春为父而生之，夏为子而养之。王道之三纲，可求于天。”其以天地阴阳之道为三纲之本。继而在此基础上，东汉《白虎通义》中提出“三纲六纪”之说，并将其绝对化：“三纲者，何谓也？谓君臣、父子、夫妇也。六纪者，谓诸父、兄弟、族人、诸舅、师长、朋友也。《含嘉》曰：君为臣纲，父为子纲，夫为妻纲。”“三纲”统领“五常”“六纪”，由此，人伦关系由先秦的对内在情感自觉性的重视而逐渐转换为一种对人身的绝对服从，其强制色彩增强。故此，有学者指出，三纲“它的源头却是来自法家的韩飞。所以，它不是儒家思想的固有产物，而是战国后期至汉代，儒法合流，专制君权与儒家思想相互妥协的产物。”① 由此，“三纲五常”之说的正式提出促使儒家伦理传统发生了根本性的转变：“从单一的理想价值系统，变成了理想价值与工具价值合一的结构。也就是说，儒家是借助君权来行道，而专制君主则把儒学变成了‘儒术’并成为其进行统治的工具。”② 先秦和汉代“三纲五常”的思想内在情感自觉性和天道的至高绝对性的思想特点皆对宋代学者于“三纲五常”的阐发产生了深远的影响。而与汉代天地阴阳神秘压迫色彩有别的是，宋代学者是通过赋予礼之天理的内涵，来论证礼之天道本然秩序性和自然性的特征，于此试图消解汉礼之神秘性和压迫性。

如前文所言，张载认为，天生发万物都是有秩序的，事物一经成型，秩序便形成，天地万物这种自然的秩序便是人伦秩序，人伦源于天道的秩序性，而这个天便是“太虚”。而程颐亦禀成天道秩序性的思想，认为物聚所形成的大小、高下、美恶之分是人伦秩序产生的根源。这个根源的所以然就是“天理”：“夫物之聚，则有大小之别，高下之等，美恶之分，是物畜然后有礼……天而在上，泽而在下，上下之分，尊卑之义，理之当也，礼之本也。”③ 又言：“《书》言天叙、天秩。天有是理，圣人循而行之，所谓道也。

① 邹昌林：《试论儒家礼教思想的人文价值》，《湖南大学学报》1996 年第 4 期。

② 张自慧：《礼文化的价值与反思》，学林出版社 2008 年版，第 241 页。

③ （宋）卫堤：《礼记集说》卷 58，文渊阁四库全书电子版。

圣人本天，释氏本心。”① 概而言之，其认为为儒家天秩天序是区别佛教的本质所在。他对唐代不能脱离夷狄之风予以批评，其认为主要原因为：“三纲不振，无父子、君臣、夫妇之法。”（卫堤：《礼记集说》卷 58）三纲不兴，就会导致社会尊卑无序，上下不分，社会政治动乱。在此基础上他进一步提出：“礼只是一个序，乐只是一个和。”② 认定天地之间这个“序”其实即是天地自然之理，即天理。因此，礼在这一层面具有永恒的合法性：“人往往见礼坏乐崩，便谓礼乐亡，然不知礼乐未尝亡也。如国家一日存时，尚有一日之礼乐，盖由有上下尊卑之分也。除是礼乐尽亡，然后国家始亡，虽盗贼至所为不道者，然亦有礼乐。”③ 天地之间的秩序显而化之为人的人伦秩序，因此有君臣父子夫妇上下之分，并不随着国家社会之变更而变更。

张载和二程的礼秩观对朱熹礼学产生了深刻的影响，“三纲五常”之思想也于朱熹时真正完成。同时在理学视域下，朱熹沿承了先秦和汉代“三纲五常”的思想内在情感自觉性和天道的至高绝对性。其主要体现为，他承续了孔孟之旨，以“仁”作为五常之本，但同时因受董仲舒和宋代诸贤的影响，特别强调爱有差等，努力抬升“三纲五常”的地位，并以“天理”赋予其神圣性和绝对性。

朱熹言：

> 然而仁莫大于父子，义莫大于君臣，是谓三纲之要，五常之本，人伦天理之至，无所逃于天地之间。④

“三纲”即：“君为臣纲，父为子纲，夫为妻纲”；“五常”即：“仁、义、理、智、信”⑤。

朱熹主张三纲五常不容分割，其言：

---

① （宋）程颢、程颐：《二程集》，中华书局 2004 年版，第 274 页。

② （宋）程颢、程颐：《二程集》，中华书局 2004 年版，第 225 页。

③ （宋）程颢、程颐：《二程集》，中华书局 2004 年版，第 225 页。

④ （宋）王瑞明、张全明：《朱熹集》，巴蜀书社 1992 年版，第 508 页。

⑤ （宋）朱熹：《四书章句集注》卷 1，中华书局 1983 年版，第 59 页。

> 然而纲纪不能以自立，必人主之心术公平正大，无偏党反侧之私，然后纲纪有所系而立。君心不能以自正，必亲贤臣、远小人，讲明义理之归，闭塞私邪之路，然后乃可得而正也。①

朱熹认为纲纪不能自立，需以人心为依据，人心之五常常显，心底公平正大，纲纪便立。如此三纲五常透显出内心情感的自觉：

> 夫君臣之义，父子之恩，天理民彝之大，有国有家者所以维系民心、纪纲政事本根之要也。②

而为了论证“三纲五常的合法性”，朱熹又从天理的高度对三纲五常予以了强化，并以此作为礼之大体。他说：

> 仁义礼智，岂不是天理。君臣、父子、兄弟、夫妇、朋友，岂不是天理。③
>
> 三纲五常，礼之大体。④

如此，在朱熹那里，“三纲五常”以自然秩序为依据，是天理的体现，不仅具有内在情感的自觉性，更具有宇宙层面的永恒性、合法性。君君臣臣，父父子子，夫妇……其所以然皆是太极，落实于人伦便有了君臣之礼，父子之礼，夫妇之礼……朱熹言：

> 夫天下之事莫不有理，为君臣者有君臣之理，为父子者有父子之理，为夫妇、为兄弟、为朋友以至于出入起居、应事接物之际，亦莫

① （宋）朱杰人等编：《朱子全书》第20册，上海古籍出版社、安徽教育出版社2010年版，第585—586页。

② （宋）朱杰人等编：《朱子全书》第21册，上海古籍出版社、安徽教育出版社2010年版，第1086页。

③ 王瑞明、张全明：《朱熹集》，巴蜀书社1992年版，第3045页。

④ （宋）朱熹：《四书章句集注》卷1，中华书局1983年版，第59页。

不各有理焉。有以穷之，则自君臣之大以至事物之微，莫不知其所以然与其所当然。①

因此人遵守“三纲五常”就是契合天理，所谓：“仁莫大于父子，义莫大于君臣，是谓三纲之要，五常之本，人伦天理之至，无所逃于天地之间。”②

不仅如此，朱熹认为“三纲五常”更是治道之本：

三纲五常，天理民彝之大节，而治道之本根。③

人道之大经，政事之根本。④

辨贤否以定上下之分，核功罪以公赏罚之施。⑤

因此，废“三纲五常”即为大逆不道：

废三纲五常这一事，已是极大罪名。⑥

臣子无说君父不是底道理。⑦

这种以“三纲五常”为绝对性的思想范式一直延续到明代的科举考试，如《五经大全》《四书大全》极力宣扬“君为臣纲、父为子纲、夫为妻纲”

---

① （宋）黎靖德编：《朱子语类》卷18，中华书局1986年版，第398页。

② （宋）朱杰人等编：《朱子全书》第20册，上海古籍出版社、安徽教育出版社2002年版，第633页。

③ （宋）朱杰人等编：《朱子全书》第20册，上海古籍出版社、安徽教育出版社2002年版，第657页。

④ （宋）朱杰人等编：《朱子全书》第20册，上海古籍出版社、安徽教育出版社2002年版，第656页。

⑤ （宋）朱杰人等编：《朱子全书》第20册，上海古籍出版社、安徽教育出版社2002年版，第658页。

⑥ （宋）朱杰人等编：《朱子全书》第20册，上海古籍出版社、安徽教育出版社2002年版，第656页。

⑦ （宋）朱杰人等编：《朱子全书》第20册，上海古籍出版社、安徽教育出版社2002年版，第656页。

的尊卑秩序。

三纲五常为礼之大体，于三纲五常具显出人文伦常之礼。人文伦常之礼的特点便是由三纲五常决定的。

朱熹认为以“三纲五常”为体的人文伦常之礼不仅是天理的体现，亦为人性之固有。“礼”之体的内在价值规定为“仁”，是人性之本有和自觉，因此礼便亦具有内在自觉性。此即是对先秦礼与心性关系的继承和完善。正如秦家懿先生所指出：“在朱熹的论述中，很少有对礼的适当性的讨论，更多的是对礼仪的讨论。大概是因为他认为，礼的适当性包含在仁、义、礼、智和信这五常之中，已经有了充分的讨论，不需要专门的探讨了。”① 据此，依朱熹之意，礼的自觉与适当性安置心性的五常之中。

“礼”在孔子时代其实已经有了内化的开端。孔子定义“礼”为“仁”之外化，即礼的力量源于人之内心，由良心、本心自觉而产生。如孔子云：“人而不仁，如礼何！人而不仁，如乐何!”（《论语·八佾》）人因“仁”而“礼”，礼的本质便是“仁”。由此，“礼”便有了内在精神价值基础。而孟子时代，周文疲敝，导致礼坏乐崩，所以孟子面临更加沉重的历史使命。据此，为拯救时弊，让“礼”成为人们自觉遵守的道德规则，其对“礼”之内化做了进一步的努力。我们知道，孔子罕言天命与性命，而子思、孟子正是在孔子仁学思想基础上对性命和天道作了系统、明确的阐发。孟子沿承了孔子对仁、礼本质上的内在关系的主张，并在孔子思想的基础上建立了四端说，形成“尽心—知性—知天”的思想体系，充分发展了孔子的心性论思想。其曰：“君子所性，仁义礼智根于心。”（《孟子·尽心上》）“仁义礼智，非由外砾我也，我固有之，仁义礼智是天之所与我者，君子所性，仁义礼智根于心，人之所不学而知者，其良知也；所不虑而能者，其良能也。”（《孟子·尽心上》）“仁义礼智信”皆是根于心，为本性固有之，不假外求的。因此，若能在后天保养，心之“礼”便能时时显发。所谓“睟然见于面，盎于背，施于四体，四体不言而喻。”（《孟子·尽心上》）于此孟子还提出性善论的思想，礼的再次深度内化亦正是在性善论的基础上而展开的。孟子认为每

① ［加］秦家懿：《朱熹的宗教思想》，曹剑波译，厦门大学出版社 2010 年版，第 97 页。

个人内心的本性皆为善，故而人人皆可成尧舜。其言："孩提之童，无不知爱其亲也；及其长也，无不知敬其兄也。亲亲，仁也；敬长，义也。此无他，达之于天下也。"（《孟子·尽心上》）言外之意，每个人一出生都具备仁义孝悌的品质，这是我们心性所本然含具的。因此可以说，"礼"就是性德的彰显，"礼"即为人人本具的"恭敬之心""辞让之心"。由此，孟子将"礼"深深地根植于人内心之中，礼成为众人成圣作贤的自觉和内在的生命根基。

据此，性善论成为孟子礼学思想得以展开和推广的强有力的理论依据。孟子的性善论愈发突出了人之主体性，揭示了人之为人的根本价值意义，区别了与禽兽的生存价值的不同。人人内心本具善性，人人都可以成为尧舜，那么成就道德，实现"礼"，也有了内在的价值支撑。

朱熹正是继承了先秦礼学内化的思想传统，特别推崇孟子的四端说和性善论。在此基础上，其亦于太极阴阳义理的架构和理气的理路下进一步将"礼"内化，依他之见，"礼"于人道的合法性的确立，除了基于天地自然之礼外，还源于"太极"对人性的落实。"太极"以"继善成性"的方式将天理，将礼下贯到人心，成为众人成圣的内在所依，人性之理本于"太极"，本然有礼。

"继善成性"语出《易传》："一阴一阳之谓道，继之者善也，成之者性也。"孟子性善说与"继善成性"的思想是宋明理学论性与善的理论来源。朱熹在解释《太极图说》中引入了"继善成性"之说。他认为："孟子亦只是大概说性善，至于性之所以善处也少说得，须如说'一阴一阳之谓道，继之者善也，成之者性也'处，方是性与天道耳。"① 朱熹注《系辞上传》曰："一阴一阳之谓道，继之者善也，成之者性也。"② "道具于阴而行乎阳。继，言其发也；善，谓化育之功，阳之事也，成，言其具也；性，谓物之所受，言物生而有性，而各具是道也，阴之事也。周子、程子之书言之备矣。"③ 其

① （宋）黎靖德编：《朱子语类》卷 28，中华书局 1986 年版，第 726 页。

② （宋）朱杰人等编：《朱子全书》第 1 册，上海古籍出版社、安徽教育出版社 2002 年版，第 126 页。

③ （宋）朱杰人等编：《朱子全书》第 1 册，上海古籍出版社、安徽教育出版社 2002 年版，第 126 页。

认为，“继善成性”揭示了“太极”如何落实到人物为性的过程，道为阴阳发动循环之理；继，即是天道之发动；善为道体之初的界定，即道体未成形质时的称谓；成，为道体凝聚而形成万物；“而性是就人物上说”① 万物各个秉成天理为性。“继之者善”是太极、天理之发动，阴阳五行之气化之初；“成之者性”是阴阳五行气化流行化生万物，万物秉成天理为而性。“继善成性”为天人性命贯通奠定了宇宙论基础，天理以此落实到人性，为人心之德，体现为“仁义礼智”。对此，朱熹又糅合宋代“天理”与“气”的思想加以阐发，其言：

> 然其气虽有不齐，而得之以有生者，在人物莫不皆有理；虽有所谓同，而得之以为性者，人则独异于物。故为知觉，为运动者，此气也；为仁义，为礼智者，此理也。知觉运动，人能之，物亦能之；而仁义礼智，则物固有之，而岂能全之乎！②

朱熹认为宇宙万物皆禀气而生，太极以继善成性的方式使万物人事皆含天理。但人与物不同，人心全禀“仁义礼智”之力，物则不全。如此，朱熹的心性论在继承孔孟思想的基础上，通过太极之“继善成性”与理气的思想将礼纳入心，为礼之产生寻找内在依据。

礼如此不仅为天道之显化，而且内化为人之性，为人性自觉，朱熹道：

> 人物各循其性之自然，则其日用事物之间，莫不各有当行之路，是则所谓道也……道者，日用事物当行之理，皆性之德而具于心，无物不有，无时不然，所以不可须臾离也。若其可离，则为外物而非道矣。③
>
> 盖道者自然之路，德者人之所得，故礼者道体之节文，必其人之有德，然后乃能行之也。④

① （宋）黎靖德主编：《朱子语类》卷 28，中华书局 1986 年版，第 725 页。

② （宋）黎靖德编：《朱子语类》卷 4，中华书局 1986 年版，第 61 页。

③ （宋）朱熹：《四书章句集注》，中华书局 1983 年版，第 17 页。

④ （宋）朱熹：《四书或问》，上海古籍出版社、安徽教育出版社 2001 年版，第 96—97 页。

据此，礼贯通了天道与人道，上通天理下入人心，发现于人言行举止之间，一一彰显着天理、性德。

因此，以朱熹之所诠，人文伦常之礼不仅以天理为本体依据，以“三纲五常”为大体，在形而上层面具有永恒性、绝对性，其亦是由人心之德自然流出，不假外求，循性而为，契合天道，具有内在的本然性和自觉性。所谓：“盖天命之性，仁、义、礼、智而已。循其仁之性，则自父子之亲，以至于仁民而爱物，皆道也；循其义之性，则自君臣之分，以至于敬长尊贤，亦道也；循其礼之性，则恭敬辞让之节文，皆道也，则是非邪正之分别，亦道也。盖所谓性者，无一理之不具，故所谓道者，不待外求而无所不备。”①

人文伦常之礼不仅内化为人性之德，且外化礼文，成为人之行事之规则，天道之所载。朱熹言：“道之显者谓之文，盖礼乐制度之谓。”②礼的外化即体现为人道所遵循的人事的准则、礼仪规范、典章制度等，以品节文章而具显：

> 礼即理也，但谓之理，则疑若未有形迹之可言；制而为礼，则有品节文章之可见矣。人事如五者，固皆可见其大概之所宜，然到礼上方见其威仪法则之许也。节文仪则，是曰事宜。③

礼文是圣人依据天地自然之礼而制成，圣人之心因与天理契合，故能依天地之间的自然秩序制礼。朱熹言：

> 天叙有典，敕我五典五惇哉！天秩有礼，自我五礼有庸哉！许多典礼，都是天叙天秩下了，圣人只是因而敕正之，因而用出去而已。凡其所谓冠昏丧祭之礼，与夫典章制度，文物礼乐，车舆衣服，无一件是圣人自做底。都是天做下了，圣人只是依傍他天理行将去。如推

① （宋）朱熹：《四书或问》，上海古籍出版社、安徽教育出版社 2001 年版，第 47 页。

② （宋）朱熹：《四书章句集注》，中华书局 1983 年版，第 11 页。

③ （宋）朱杰人等编：《朱子全书》第 23 册，上海古籍出版社、安徽教育出版社 2002 年版，第 2893 页。

个车子，本自转将去，我这里只是略扶助之而已。①

圣人制礼是顺应天道之所然，顺遂人之本性。故外在礼文与心性之礼贯通为一：

> 礼乐者，皆天理之自然。节文也是天理自然有底，和乐也是天理自然有底。然这天理本是儱侗一直下来，圣人就其中立个界限，分成段子；其本如此，其末亦如此；其外如此，其里亦如此，但不可差其界限耳。才差其界限，则便是不合天理。所谓礼乐，只要合得天理之自然，则无不可行也。②

天地自然之礼是天理自然之彰显，是天理自然之和的体现，故此，圣人依此制成的人文伦常礼文亦非强迫，本然合天理，本然契合人之本性，能与天地自然之礼、心之礼感应接通。

总而言之，朱熹对礼之观念的阐发统摄在理学思想体系之下，呈现出独特的理学特色。依他之见，礼包含天地自然之礼与人文伦常之礼两个层面。天理自然运行，在太极阴阳义理的逻辑架构下，自然界本然存在着一个天地自然之礼。而人之内心禀得天理，体现为四德，人之心本然具有性礼。圣人因其心与天理自然相合，故能依据自然之礼而制成礼文。如此，礼文与天理、性礼本然贯通。

而通过对朱熹礼观念的厘定，我们也可总结出，天地自然之礼、人文伦常之礼是由“天理”与“心性”两个层面来彰显。统观朱熹礼学思想体系，天理是朱熹礼学的逻辑起点，心性是朱熹礼学内化的依据，这两面互融互通。由此落实到践行又体现了天道与人道的融贯，自然与人文的统一。

---

① （宋）黎靖德编：《朱子语类》卷 78，中华书局 1986 年版，第 2020 页。

② （宋）黎靖德编：《朱子语类》卷 87，中华书局 1986 年版，第 2253 页。

第三章　礼与天理：朱熹礼学的逻辑起点

朱熹以“天理”作为礼的本源、本体，但“礼”与“理”如何圆融贯通是朱熹面临的一个难题，即如何把形而下之礼与形而上之理和谐地统一起来，这是必须要解决的。正如前文所提到，宋代诸多儒家学者皆致力于此，但及至二程此问题亦尚未完全解决。然而这一问题关涉着礼之形而上的思想依据的确立，否则在朱熹理学的视野中，礼的内化和落实就会缺乏合法性。

而亦如前文已提及，朱熹重整礼学主要的具体现实因缘之一就是为纠弊二程后学以理易礼、陆九渊玄谈心性以及事功派偏执礼仪制度而忽视身心涵养的为学之风。朱熹认为，无论是二程后学的以理易礼还是陆九渊将礼完全心性化、玄谈化，都没有将礼落入实处，此皆遭到朱熹的否定和指斥。据此，他提出天理与礼不能等同，“理”无形无相，需作礼文以此作为人们生活社会中的规范，强调礼的可实践性、功效性。正如张寿安先生所言言：“礼学是实学，不可抽象空谈。礼学研究一定得循制度、仪文进行。”[①] 这一语其实亦是朱熹对礼的理解。但也为避免过分强调礼之用而使礼与天理过分疏离无法融贯，他对事功学派也极力反对，所以朱熹并不是一味陷溺于对礼文制度的执着。事功学派将礼实现的目的归为事功，朱熹认为其思想弊端在于缺乏天理的价值层面观照而忽略了个人价值追求和德性的修养。

有鉴于此，朱熹继承前贤的“礼来自理”这一思想，融汇理学与经学，

① 张寿安：《十八世纪礼学考证的思想活力：礼教论争与礼秩重省》，北京大学出版社 2004 年版，第 14 页，

从“天理”出发，以天理为其礼学的逻辑起点，置“礼”于太极阴阳义理的思想逻辑架构之下。他通过对《太极图说》的独特解读和领悟，以“无极而太极”之思想解决了二程存留的本源和本体统一的问题，从而有力圆释了礼上溯之天道生成下贯人道之落实。其又通过对佛教思想的借鉴与反思，以理气为理路，通过“理一分殊”的思想，以深厚的学理基础系统、深入地论证了礼与理的关系，使礼学自然地统摄到理学思想体系之下。其通过形而上之“理”的构建，进而对形而下之礼的阶位进行了提升和确立，以此确证了“礼”的形而上之合法性，完善了礼学的形而上理论依据，证成了礼之通体贯用、实理性的思想特点，在赋予礼之天理特征的同时，又强调了礼的事用功能、实理性，以此为礼的来源、制定及践行的合理性提供了宇宙理论依据，回应、纠正了上述两种偏执的思潮。朱熹将此礼学的思想特点落实于治礼之中，使其礼学彰显了具有理学色彩的儒家伦理性特点。

第一节　礼贯体用

通过前面对朱熹礼之观念的厘定与解读可知，“礼”为天理的具而形显，兼具外在的形式与内在的价值内容，即涵具体与用。

朱熹著作中关于“体”和“用”的这对概念出现多次。朱熹有时从形而上角度来诠释“体”，指事物的本质，“用”指形而下的现象层面，比如功用：“体是这个道理，用是他用处”（《朱子语类》，第101页）；有时从形而下角度来诠释“体”，指事物的形体，如：“且如扇子有柄，有骨子，用纸糊，此便是体；人摇之，便是用。”① 用指功用。为了不混淆概念，在这里，我们所言的礼体取形而上层面的礼之本质、本体之义，礼之用取礼形而下层面的形式和功用之义。

礼理的具体关系又体现为礼贯体用，即礼之体用是互贯互通的，礼体含摄礼用，礼用一一彰显礼体。礼的这一思想特点实则是在太极阴阳义理和理气理路下彰显的，在此理路下朱熹完善了“理一分殊”的思想，以此深入

① （宋）黎靖德编：《朱子语类》卷6，中华书局1986年版，第101—102页。

了礼理互为彰显的思想特点。

一、对前贤“理一分殊”的反思

“理一分殊”作为朱熹整个思想体系的逻辑框架，为其宇宙论、心性论、功夫论的思想纲领，在其礼学建构之中亦发挥了重要的作用，扮演了重要的角色。此理论其实是在北宋五子思想的反思基础上而完善起来的。

众所周知“理一分殊”是北宋五子思想的核心概念和基本命题，是程颐通过对张载思想的吸收而率先提出的。程颐认为，“理一分殊”为《西铭》之核心思想，发前人之未发。朱熹于此非常赞同，他认为，《西铭》的主要思想为“理一分殊”，万物的形成及其千变万化是以太极为终极依据，是阴阳二气的交感使然。宇宙万物因乾道和坤道的作用而从一而异。

朱熹的“理一分殊”思想是对北宋五子思想的继承和发展，但同时亦受佛教思想的影响，对此进行了反思和吸收。

对北宋五子“理一分殊”而存在的问题，朱熹进行了反思，认为五者皆具片面性。首先，朱熹认为，周敦颐由于判认太极与万物存在着先后顺序，故而没有完全把人事提高到本体论的高度；而邵雍因把太极与人心看作体和用，将其分为两截，而疏忽分殊作用，以此忽略了人事之主体性。

朱熹对张载和二程的思想反思最多。

张载《正蒙·太和篇》道：

> 太虚不能无气，气不能不聚而为万物，万物不能不散而为太虚。循是出入，是皆不得已而然也。①

张载认为宇宙万物之流行皆因“一气”，气由太虚到万物循环往复流行，由无形无迹到有形有相，又从有回归无。而这其间有一个生生不灭的神。

朱熹对此进行了反驳，认为张载虽然以此说明了清虽兼浊，虚中含实，太虚包含万物，但不足以说明分殊中包含“理一”，万物中彰显太虚之理。

① （宋）张载：《正蒙》，《张载集》，中华书局1978年版，第9页。

于此，朱熹指出："谓清为道，则浊之中果非道乎？客感客形与无感无形，未免有'两截之病'。"① 其认为张载并没有将太虚和万物的关系融贯起来，于是造成了两截的弊端，其言："惑者别立一天，疑即是横渠。"② 依朱熹之意，张载虽把人事置于天道中，但终究不能说明宇宙万事万物对太虚的含摄，这在一定程度上亦弱化了人事的主体能动性，将天道孤悬起来。由此可见，张载虽与周敦颐、邵雍的思想相异，但在朱熹眼里皆同样对人事的主体性没有予以足够的重视。

及至二程，为了疏解这种弊端，在"理一分殊"的基础上强调了人心中的"仁"本体地位，提出"识仁"之说。然而对此朱熹亦颇有微词，其言："明道言学者须先识仁一段说极好，只是说得太广，学者难入。"③ 朱熹认为，明道主张"万物一体为仁"，欲将孔孟之"仁"提到本体论之高度，但所说太高，忽略了分殊、事用的层面。

同时，朱熹对伊川之学亦有更多相悖之言：

> 伊川之学，于大体上莹彻，于小小节目上犹有疏处。康节能尽得事物之变，却于大体上有未莹处④
>
> 沈元用问尹和靖，伊川先生易传下处最切要，尹云体用一源，显微无间，此是最切，俊举问李先生，先生曰，尹说固好。然须是看得六十四卦三百八十四爻都有下落处，方是说得此话。⑤

朱熹认为伊川之学的思想核心为"体用一源，显微无间"，但并没有充分、完善地解释"理一分殊"。伊川较为强调理一、仁体，而对象数易学予以排斥。朱熹却认为"体用一源，显微无间"需"看得六十四卦三百八十四爻都有下落处"。故此，朱熹言：

---

① （宋）黎靖德编：《朱子语类》卷 99，中华书局 1986 年版，第 533 页。
② （宋）黎靖德编：《朱子语类》卷 99，中华书局 1986 年版，534 页。
③ （宋）黎靖德编：《朱子语类》卷 97，中华书局 1986 年版，第 1437 页。
④ （宋）黎靖德编：《朱子语类》卷 100，中华书局 1986 年版，第 2542 页。
⑤ （宋）黎靖德编：《朱子语类》卷 100，中华书局 1986 年版，第 2542 页。

言理甚备，象数却欠在[①]

故程子之言，发明理一之义多，而及于分殊者少，盖抑扬之势，不得不然，然亦不无少失其平矣。唯其所谓只是一理，而天人所为各自有分，乃为全备而不便，而读者亦莫之省也。[②]

程先生只说得一理[③]

朱熹认为，伊川太过注重仁体，强调“理一”，而忽略分殊，如此，对宇宙万物的生成与构造就不能系统地讲明。

而陈荣捷先生对伊川和朱子体用论的差异曾道：“‘正所谓体用一源，体虽无迹，中已有用’。此与程颐所倡说者大不相同。在程颐，只重体用合一，而在朱子，体用交织为一有机整体，为一有秩序构造，亦为一充满活力之关联。”[④] 此说确然。正依陈先生之意，朱熹于“一源”“显微”之概念的阐发与伊川“体用一源”之说并不完全相同。伊川只强调体用一源，而朱熹则是区分了体和用，同时强调“体一”因“用”而显，由此形成了理一因分殊而彰显的相互循环的关系。

通过对北宋五子思想的反思，朱熹总结了北宋五子思想的片面性，以“太极”“理”为“一”，为宇宙万物之本，为阴阳化生万物所以然之理，确立了以“太极”为本源、本体的宇宙生成论。在理气的理论下，他通过对佛教“理事无碍”思想的借鉴，完善了“理一分殊”的思想。进而，他通过“理一分殊”把形而上无行迹之天理与经验层面结合在一起，将天理自然、合理地落实到现实的人道伦理生活秩序之中，落实于生活实践关系之中，使礼具备了“礼贯体用”的思想特点。

二、礼上贯天理下贯人事

具言之，朱熹认为阴阳本于太极，阴阳之气交合作用生成万物，万物

① （宋）黎靖德编：《朱子语类》卷 67，中华书局 1986 年版，第 1651 页。
② （宋）黎靖德编：《朱子语类》卷 67，中华书局 1986 年版，第 1651 页。
③ （宋）黎靖德编：《朱子语类》卷 67，中华书局 1986 年版，第 1651 页。
④ 陈荣捷：《朱学论集》，《新儒家范型・论程朱之异》，学生书局 1982 年版。

皆禀赋一个太极。

在朱熹那里，“太极”即是“天理”，为宇宙万物形而上之规律：

> 理也者，形而上之道也。①
>
> 太极只是天地万物之理。在天地言，则天地中有太极；在万物言，则万物中各有太极。②

而“太极”“理”皆是形而上的逻辑抽象的概念，万物则为形而下的物化层面。如此便面临着一个问题：无形抽象的天理如何派生有形具显的万物？

为了解决这一问题，朱熹继承了张载“气本论”思想，提出气禀的思想，认为形而下具体的万物由气禀而形显分殊，以此来化解抽象之理与具体之物的两截疏离。

我们知道，宋代对气阐释比较多的为张载，其言：“太虚无形，气之本体，其聚其散，变化之客形尔。”③“太虚”无形无迹，充盈着气，是气之本然，而宇宙万物一切的聚散变化皆是气之使然。由此，他主张“气”为宇宙万物的本体。二程继承了张载的气本论思想，亦以“气”作为宇宙万物生成的基本物质基础。而与之不同的是，二程以体贴出来的“天理”为“气”运行的所以然，即理为气之本。如伊川说：“离了阴阳更无道，所以阴阳者道也。阴阳，气也。气是形而下者，道是形而上者。形而上者则是密也。”④依伊川之见，“气”便是阴阳，所以阴阳之气者为太极，为理，理无形以气而形显。

朱熹对理气的关系的阐发直至晚年才得以定论。朱熹对“气”的阐发是从哲理角度出发的，其理气思想的提出正是继承了二程和张载的思想，并

---

① （宋）朱杰人等编：《朱子全书》第 23 册，上海古籍出版社、安徽教育出版社 2002 年版，第 2755 页。

② （宋）黎靖德编：《朱子语类》卷 1，中华书局 1986 年版，第 1 页。

③ （宋）张载：《正蒙·太和篇第一》，《张载集》，中华书局 1978 年版，第 7 页。

④ （宋）程颢、程颐：《二程集》，中华书局 2004 年版，第 162 页。

在其思想的基础上进行了更为详尽的阐释和发展完善，他对张载气本论和二程的理气说予以继承、吸收并加以圆释，把宇宙万物及人事都统摄在理气逻辑视域下。

依朱熹之见，“气”的内涵特点是“无造作”“无计度”①。有了“气”，形而上之“理”才能有“安顿”的“方所”，天理“动静变化”“发育流行”便有了载体。“气”的概念的提出解决了朱熹理学的形而下的世界和形而上的世界如何贯通的问题。其言：

> 天之生此人，无不与之以仁义礼智之理，亦何尝有不善？但欲生此物，必须有气，然后此物有以聚而成质。②
>
> 人物之生，同得天地之理以为性，同得天地之气以为形。③
>
> 以本体言之，则有是理，然后有是气，而理之所以行，又必因气以为也。④
>
> 月星辰风雷，皆造化之迹。天地之间，只是此一气耳。⑤

朱熹认为，天地万物本于太极，太极以阴阳之气而形显，天地造化只是一气。如此，正是“气”使人事、万物有了分殊，且千差万别：

> 以其理而言之，则万物一原，固无人物贵贱之殊；以其气而言之，则得其正且通者为人，得其偏且塞者为物，是以或贵或贱而有所不能齐。⑥

---

① （宋）黎靖德编：《朱子语类》卷 1，中华书局 1986 年版，第 3 页。

② （宋）朱熹：《朱文公文集》卷 74，四川教育出版社 1996 年版，第 3893 页。

③ （宋）朱杰人等编：《朱子全书》第 6 册，上海古籍出版社、安徽教育出版社 2002 年版，第 358 页。

④ （宋）朱杰人等编：《朱子全书》第 11 册，上海古籍出版社、安徽教育出版社 2002 年版，第 934 页。

⑤ （宋）黎靖德编：《朱子语类》卷 63，中华书局 1986 年版，第 2086 页。

⑥ （宋）黎靖德编：《朱子语类》卷 4，中华书局 1986 年版，第 59 页。

不仅如此，朱熹还认为，在现实层面理气不离不杂，缺一不可：

所以程子云，论性不论气，不备，论气不论性，不明，而某于太极解亦云二所谓太极者，不离乎阴阳而为言，亦不离乎阴阳而为言。①

气与理本相依②

既有理，便有气，既有气，则理又在气之中。③

太极之彰显不离乎阴阳之气，理必须借助气的物质形式方可发用流行于天地之间，而阴阳之气依据太极而运行、形显。于根本处言之，万物皆秉承同一天理，但无气，理又无处承载，气之运行形成形而下之器，并使万物形具理存，理气既是形上与形下的关系，也是体用关系。

而太极以“月映万川”的形式映射于宇宙间每一事物中，其主导地位的确立为宇宙万物的价值立法，宇宙之间只是一理。因此，万物虽因气禀而有异，却皆有相同的根本价值取向，即万物虽殊却皆一一彰显着太极之理：

人人有一太极，物物皆有一太极。④

自太极至万物化生，只是一个道理包括，非是先有此而后有彼。但统是一个大源，由体而达用，从微而至著耳。⑤

自下推而上去，五行只是二气，二气又只是一理。自上推而下来，只是此一个理，万物分之以为体，万物之中又各具一理，所谓“乾道变化，各正性命”，然总又只是一个理。⑥

问：“理性命章注云：自其本而之末，则一理之实而万物分之以为体，故万物各有一太极，如此则是太极有分裂乎？”曰：“本只是一太

① （宋）黎靖德编：《朱子语类》卷4，中华书局1986年版，第67页。

② （宋）黎靖德编：《朱子语类》卷59，中华书局1986年版，第1383页。

③ （宋）黎靖德编：《朱子语类》卷92，中华书局1986年版，第2374页。

④ （宋）黎靖德编：《朱子语类》卷94，中华书局1986年版，第2409页。

⑤ （宋）黎靖德编：《朱子语类》卷94，中华书局1986年版，第2372页。

⑥ （宋）黎靖德编：《朱子语类》卷94，中华书局1986年版，第2374页。

极，而万物各有察受，又自各全具一太极尔，如月在天，只一而已，及散在江湖，则随处而见，不可谓月已分也。”①

至于所以为太极者，又初无声臭之可言，是性之本体然也。天下岂有性外之物哉！然五行之生，随其气质而所禀不同，所谓“各一其性”也。各一其性，则浑然太板之全体，无不各具于一物之中，而性之无所不在，又可见矣。②

太极非是别为一物，即阴阳而在阴阳，即五行而在五行，即万物而在万物，只是一个理而已。因其极至，故名曰太极。③

自男女而观之，则男女各一其性，而男女一太极也；万物而观之，则万物各一其性，而万物一太极也。盖合而言之，万物统体一太极也；分而言之，一物各具一太极也。④

据上述材料可见，无形迹的“太极”作为万物的根源产生“阴阳”二气，而“阴阳”二气变化运行形成“五行”，即金、木、水、火、土，于此“五行”因气禀之殊而形成各具特性的万物，于此便有了等级名分，如上下、尊卑、男女、君臣……而“太极”之理便是自上而下存在每一事物、每一人事中，由微而显，通体而达用。

如此“理”“气”不离不一的相依关系形成了千变万化的宇宙万物。从宇宙万物的具体生成、存在来看，万物因气各有禀赋，呈现个体之不同；而太极存在每一事物之中，万物虽以多样性的形式存在，但天地万物因皆具形上之道之太极故具共同性。如此宇宙万事万物，因天理而各自尽其性，各自实现着自己的价值，正所谓：

---

① （宋）黎靖德编：《朱子语类》卷94，中华书局1986年版，第2409页。

② （宋）朱杰人等编：《朱子全书》第16册，上海古籍出版社、安徽教育出版社2002年版，第72—73页。

③ （宋）黎靖德编：《朱子语类》卷94，中华书局1986年版，第2371页。

④ （宋）朱杰人等编：《朱子全书》第16册，上海古籍出版社、安徽教育出版社2002年版，第74页。

> 则为马之性，又不做牛之性；牛则为牛之性，牛不做马之性。物物各有个理。①

宇宙之间万事万物便是“理一分殊”。

朱熹的“理一分殊”蕴涵两层面哲学含义：其一,万物由理一派生，统一于一个宇宙本体；其二，因气禀万物虽一，呈现却不同。人事千差万别，人们于社会中具有各异的等级名分。朱熹以此使其理学思想成为圆融有机的统一整体，一以贯之，宇宙、万物人事推演的模式即是“理一分殊”。“理”为体，“分殊”为用，“理一”包含着“分殊”，“分殊”又透显着“理一”：

> 天覆地载，万物并育于其间而不相害，四时日月，错行代明而不相悖，所以不害不悖者，小德之川流，所以并育并行者，大德之敦化，小德者全体之分，大德者万殊之本。②
>
> 小德川流是说小细底，大德较化是那大底。大底包小底，小底包大底。③
>
> 说体、用，便只是一物。不成说香匙是火箸之体，火箸是香匙之用！如人浑身便是体，口里说话便是用。不成说话底是个物事，浑身又是一个物事！万殊便是这一本，一本便是那万殊。④
>
> 如一所屋，只是一个道理，有厅，有堂；如草木，只是一个道理，有桃，有李；如这众人，只是一个道理，有张三，有李四，李四不可为张三，张三不可为李四。如阴阳，《西铭》言理一分殊，亦是如此。

万物因气禀而有分殊，每个不同的个体有各自的职责和功能，但因“理一”，万物虽有别，却本出一源，同禀一个天理，发用虽不同，却殊途而道归，万事万物各安其位，各尽其性，各行其道，并不相妨害。因此进而

---

① （宋）黎靖德编：《朱子语类》卷 62，中华书局 1986 年版，第 1491 页。
② （宋）黎靖德编：《朱子语类》卷 94，中华书局 1986 年版，第 2408 页。
③ （宋）黎靖德编：《朱子语类》卷 94，中华书局 1986 年版，第 2409 页。
④ （宋）黎靖德编：《朱子语类》卷 27，中华书局 1986 年版，第 677 页。

言之，宇宙万物和谐必须是以个体的个性实现为前提，个体的分殊亦以宇宙万物的和谐为根本归宿。于此，推演于人伦处，人有长幼、男女、尊卑、贵贱、愚贤，人道本然具有等级秩序……所谓君君臣臣父父子子，各安其分，各正其位。因此，为君、为臣、为子、为父皆应尽其本分，如此便有了礼。但朱熹认为，人之为人并不仅限于此，虽气禀使人与人，人与群体、社会有一定的疏离，但礼含摄着理一，礼的制定除了辨等级外，更旨在于这种先天的差等基础上消除这种疏离，去“私”为“公”，由“小我”升华为“大我”。

“气”不仅为礼产生存在的依据，亦为其实现的现实依托。气不仅是物质载体，亦是人言行举止的介质：

> 凡人之能言语动作，思虑营为，皆气也，而理存焉。故发而为孝弟忠信仁义礼智，皆理也。①

朱熹认为，依礼而发的礼之行为亦为气之运行使然，其承载了天理之所然，有了气，“礼”之行为才得以实行，礼之理才得以实现。故而，理亦存于人之言语动作和思想，进而以仁义礼智等德性流用显发于外。

据此可概言之，“天理”“礼”互彰互显，理为总名，为一，为礼之逻辑起点；而礼为天理件数，礼文有千差万别，可谓“礼仪三百，威仪三千”，但这繁多纷杂的礼文虽千头万绪却以一道贯之，是天理所承载的伦理规则的具而显化，承载着天理的全部内容，一一亦皆禀得、彰显、实现着天理，朱熹说道：

> 须知天理只是仁义礼智之总名，仁义礼智便是天理之件数。②
>
> 礼是那天地自然之理。理会得时，繁文末节皆在其中。“礼仪三百，威仪三千”，却只是这个道理。千条万绪，贯通来只是一个道理。夫子

---

① （宋）黎靖德编：《朱子语类》卷4，中华书局1986年版，第65页。

② （清）黄宗羲原著，全祖望补修：《宋元学案》，中华书局1986年版，第1528、1531、1534页。

所以说“吾道一以贯之”，曾子曰“忠恕而已矣”，是也。盖道理出来处，只是一源。散见事物，都是一个事物作出底。一草一木，与他夏葛冬裘，渴饮饥食，君臣父子，礼乐器数，都是天理流行，活泼泼地。哪一件不是天理中出来！见得透彻后，都是天理。理会不得，则一事个自是一事。①

于此，礼便是天理流行处，是活泼泼的，散发着天理的生机，并非人为的勉强。由此，“气”的提出使礼从形而上的无形无相之理中显化出来。

对朱熹“礼”所蕴示的内涵特点，陈淳总结道：

文公曰：“礼者，天理之节文，人事之仪则。”以两句对言之，何也？盖天理是人事中之理，而具于心者也。天理在中而著见于人事，人事在外而根于中。天理其体而人事其用也。“仪”谓容仪而形见于外者，有粲然可象底意，与“文”字相应。“则”谓法则、准则，是个骨子，所以存于中者，乃确然不易之意，与“节”字相应。文而仪后，节而后则，必有天理之节文，而后有人事之仪则。言须尽此二者，意乃圆备。②

若以形而上者言之，则冲漠者固为体，而其发于事物之间者为之用；若以形而下者言之，则事物又为体，而其理之发见者为之用。不可既谓形而上者为道之体、天下达道五为道之用也。③

问：“先生昔曰：‘礼是体。’今乃曰：‘礼者，天理之节文，人事之仪则。’似非体而是用。”曰：“公江西有般乡谈，才见分段子，便说道是用，不是体。如说尺时，无寸底是体，有寸底不是体，便是用；如秤，无星底是体，有星底不是体，便是用。且如扇子有柄，有骨子，用纸糊，此便是体；人摇之，便是用。”杨至之问体。曰：“合当底

① （宋）黎靖德编：《朱子语类》卷41，中华书局1986年版，第1049页。

② （宋）陈淳：《北溪字义》卷上，中华书局1983年版，第20页。

③ （宋）朱杰人等编：《朱子全书》第22册，上海古籍出版社、安徽教育出版社2002年版，第2226页。

是体。”①

简而概之，以陈淳之意，在太极阴阳义理和理气的思想逻辑下，礼既上通天理之体，又下贯人事之用。天理于人事中著见，人事则根于天理。礼以形而下的方式含摄、体现了形而上的绝对之理。此解可谓深抵朱熹之意。

如此，礼之体则为天理层面，礼之用则为人事层面，其意含两面：其一，从形而上角度来讲，礼之天理的内涵为体，礼文为用；其二，从形而下角度来讲，礼文所蕴含的礼义为体，而礼文于实际发用为用。于此，进而言之，礼之概念也彰显了个别与共相的关系，体现了朱熹的理学特征：“由个别抽象出一般，由殊相而达于共相，这是用中觅体的过程。共相并非撇开具体事物，而是需要一物一物相格，分辨其形而下的体用关系，这又是遍体及用。”②“礼”为个别，为具体，可称之为殊相，而此殊相中含摄、通达共相之天理，即礼贯体用。这也是通过礼可以复天理的根本理论依据。

而理礼虽互彰互显，却绝不能混为同一阶位。这主要是由“理”“气”逻辑先后关系决定的。朱熹认为，在逻辑上“理”先“气”后，其言：

以本体之一言则有是理然后有是气。③

未有这事，先有这理。④

因为理从逻辑上是先于万物存在的，故此儒家的伦理道德的形上依据之理是恒常不变的终极存在：

未有君臣，已先有君臣之理在这里。⑤

① （宋）黎靖德编：《朱子语类》卷6，中华书局1986年版，第101—102页。

② 景海峰：《朱子哲学体用观发微》，《深圳大学学报》（人文社会科学版）1995年第4期。

③ （宋）朱杰人等编：《朱子全书》第6册，上海古籍出版社、安徽教育出版社2002年版，第934页。

④ （宋）黎靖德编：《朱子语类》卷95，中华书局1986年版，第2436页。

⑤ （宋）黎靖德编：《朱子语类》卷95，中华书局1986年版，第2436页。

未有父子，已有父子之理。①

天理逻辑为先，天地之间本然有自然之礼，有三纲五常之理，以此为基，落实到人道，圣人依据自然之礼，开显了儒家的伦理道德，并依此制成规则、礼文。如此，“先有理后有气”思想的提出，决定了理逻辑先于气，理逻辑先于礼，礼之天理的本体具有绝对至高性。朱熹对于礼之天理层面相当重视和强调，其以天理的优先至高性凸显了礼形而上的特点。由此，在理学视野下，朱熹为儒家人伦之礼确定了以理为本体的宇宙论依据，既彰显了礼之活泼泼的天理本质，亦使礼体成为“不可犯”的人事道德的绝对所依。

综上，朱熹通过太极阴阳义理架构和理气关系既明确了礼形而上之本体，又凸显了礼之事用的功能。其欲以“理一分殊”的思想理路来处理个人与群体、差别与和谐、人道与天道的关系。他通过“理一”到“分殊”的思想逻辑理路，开显了宇宙万物的生成方式，由此规划了人伦的道德世界的等级位分；又通过“分殊”到“理一”的思想理路，指引出人之成圣之路。“理一”通过“分殊”而显化，亦通过“分殊”落实人道，具显成道德规范，成为人之现实生活中的道德规导，赋予人之为人的终极价值追求。

朱熹对“理一分殊”理论的完善使礼学和理学得到了合理的圆融自洽，使礼贯通体用。既突出了“天理”的大公无私，彰显了礼之体，亦延续了儒家之礼差等之爱的重人伦思想传统。对礼与理关系的阐释无疑是朱熹理论的一大创新贡献：“既给予礼学以本体提升，又以本体之理为观照去追求礼的更广泛的普世效应。”②

第二节　礼为天理之实

一、天理赋予礼实在性

在理学视域下，朱熹之礼的特点不仅体现为通体贯用，还体现为具有

① （宋）黎靖德编：《朱子语类》卷 95，中华书局 1986 年版，第 2436 页。

② 孙以楷：《朱子理学——礼学的本体提升与普世效应》，龙念主编《朱子学研究》，安徽大学出版社 2008 年版，第 77—84 页。

实在性。

将天理实理化，推重道德伦理，通过重礼来区别、排斥佛老思想，进而复兴儒家思想之正统地位是宋明儒者的共同所向。朱熹亦是如此。他虽通过对佛教思想借鉴，完善、深化了“理一分殊”的思想，以此圆释、贯通了“天理”与“礼”之间的关系。但是为了保证儒家伦理特征的纯洁性，其对佛教和儒家思想做了本质的区别。朱熹认为“儒重礼，而佛视人伦为幻”。他通过反思佛教“真如佛性”的空性思想，强调了儒家“理一分殊”思想的重要性，完善、强化了“天理”的实理性特点，以此来确证、凸显礼的实在性。

具而言之，礼的实理性特征主要体现为两方面：

其一，礼是宇宙间万事万物本然存在的秩序性的体现，彰显了儒家伦理秩序性思想特征。前文已分析，宇宙万物存在的方式为“理一分殊”，朱熹在突出“理一”的同时亦特别强调“分殊”，其言：

> 圣人未尝言理一，多只言分殊。盖能于分殊中，事事物物，头头项项，理会得其当然，然后方知理本一贯。不知万殊各有一理，而徒言理一，不知理一在何处。圣人千言万语教人，学者终身从事，只是理会这个。要得事事物物，头头件件，各知其所当然，而得其所当然，只此便是理一矣。①

他认为佛教与儒家相异的关键点在于，儒家有“分殊”，而佛教无“分殊”，佛教将一切都空掉了，故使人易荒废下达的着实功夫，最终落入虚无。朱熹对此直言道：

> 余之始学，亦务为儱侗宏阔之言，好同而恶异，喜大而耻小。于延平之言，则以为何为多事若是？心疑而不服。同安官余，反复思之，始知其不我欺矣。盖延平之言曰：‘吾儒之学所以异于异端者，理一分

① （宋）黎靖德编：《朱子语类》卷 27，中华书局 1986 年版，第 677—678 页。

殊也。理不患其不一，所难者分殊耳。’此其要也。[①]

朱熹认为“理一分殊”是儒家区别“异端”思想的本质所在。

如前文所言，宇宙间万事万物各有其性，本然差等，天理本然蕴含了宇宙万事万物的秩序性、等级性，于人伦体现便是“三纲五常”，是礼之大体，为天道秩序的承载。由此，在“理一分殊”的逻辑理路下，朱熹通过太极阴阳义理以此从上而下构建了礼学体系。

据此，宇宙间万事万物各有其性，本然差等，天理本然蕴含了宇宙万事万物的秩序性、等级性，于人伦体现便是“三纲五常”，是礼之大体，为天道秩序的承载，是实理。由此，在“理一分殊”的逻辑理路下，朱熹通过太极阴阳义理以此从上而下构建了礼学体系。

朱熹言：

盖有是实理，则有是天；有是实理，则有是地。如无是实理，则便没这天，也没这地。凡物都是如此……[②]

道理则同，其分不同。君臣有君臣之理，父子有父子之理。[③]

“三纲五常”体现了天理的终极实在性，所以不能改变：

三纲五常，礼之大体，三代相继，皆因之而不能变。[④]

“三纲五常”落实到人道则有了君君臣臣、父父子子等所体现的不同分位且实有的伦理规则，具而显现成为“礼文”，使由天理分殊而来的人伦逐渐明确、规范、等级化。如此，礼因天理之分殊具有秩序性而“实”。

其二，礼是天理的外化，是实有此理，最终是以内化的方式承担着儒

① （宋）朱熹：《朱文公文集》卷37，四川教育出版社1996年版，第1536页。

② （宋）黎靖德编：《朱子语类》卷64，中华书局1986年版，第1576页。

③ （宋）黎靖德编：《朱子语类》卷6，中华书局1986年版，第99页。

④ （宋）朱熹：《四书章句集注》卷1，中华书局1983年版，第59页。

家“内圣外王”的价值诉求和价值理想。“礼”的这种道德价值使命的赋予及价值内容实在性的规定即源于“太极”。朱熹通过对太极为实理的强调以此来确证礼为实礼。

朱熹说：

> 无极是有理而无形。如性，何尝有形？太极是五行阴阳之理皆有，不是空底物事。若是空时，如释氏说性相似。①

依朱熹所见，万事万物都禀得一理，太极阴阳之理是儒家伦理道德的终究依据，囊括了仁、义、礼、智、忠、孝、节、悌等诸多实有的道德价值概念，“太极”无形而有理，并非“空底物事”：

> 实理者，合当决定是如此。为子必孝，为臣必忠，决定是如此了。②

而礼之规文仪则虽有差等，但其中皆含“太极”理，以形而下的方式含摄、体现了形而上绝对之太极的一切。太极实有此理。故而礼亦为实。其言：

> 明道谓克己则私心去，自能复礼，虽不学礼文而礼意已得。如此等语也说忒高了，孔子说克己复礼便都是实。③

据此，朱熹认为，儒家根本之理为“实”，而佛教与之反是，其以空为体，其理“虚”。故而朱熹指出儒家之重礼是与佛教最本质且明显的区别。其言：

---

①（宋）黎靖德编：《朱子语类》卷94，中华书局1986年版，第2367页。

②（宋）黎靖德编：《朱子语类》卷64，中华书局1986年版，第1577页。

③（宋）朱杰人等编：《朱子全书》第15册，上海古籍出版社、安徽教育出版社2002年版，第1453页。

圣门所谓闻道，闻只是见闻玩索而自得之之谓；道只是君臣父子、日用常行当然之理，非有玄妙奇特、不可测知，如释氏所云豁然大悟、通身汗出之说也。如今更不可别求用力处，只是持敬以穷理而已……且所谓天理复是何物，仁、义、礼、智岂不是天理？君臣、父子、兄弟、夫妇、朋友岂不是天理？若使释氏果见天理，则亦何必如此悖乱、殄灭一切，昏迷其本心而不自知耶？①

朱熹以此为基，对佛教空无的思想进行了一系列批判：

若是空时，如释氏说性相似。又曰：释氏只见得个皮壳，里面许多道理，他却不见。他皆以君臣父子为幻妄。②

问："彼大概欲以空为体，言天地万物皆归于空，这空便是它体。"曰："他也不是欲以空为体，它只是说这物事里而本空，着一物不得。"③

佛说万理俱空，吾儒说万理俱实。④

释氏虚，吾儒实。释氏二，吾儒一。⑤

吾之所谓道者，君臣、父子、夫妇、昆弟、朋友当然之实理也。彼（指上文所提"释氏"）之所谓道，则以此为幻为妄而绝灭之，以求其所谓清净寂灭者也。人事当然之实理，乃人之所以为人而不可以不闻者，故朝闻之而夕死，亦可以无憾。若彼之所谓清净寂灭者，则初无所效于人生之日用，其急于闻之者，特夫死之将至，而欲倚是以敌之耳。⑥

问："所以唤做礼，而不谓之理者，莫是礼便是实了，有准则，有著实处？"曰："只说理，却空去了。这个礼是那天理节文，教人有准则

① （宋）朱杰人等编：《朱子全书》第 23 册，上海古籍出版社、安徽教育出版社 2002 年版，第 2226 页。

② （宋）黎靖德编：《朱子语类》卷 94，中华书局 1986 年版，第 2367 页。

③ （宋）黎靖德编：《朱子语类》卷 126，中华书局 1986 年版，第 3015 页。

④ （宋）黎靖德编：《朱子语类》卷 17，中华书局 1986 年版，第 380 页。

⑤ （宋）黎靖德编：《朱子语类》卷 126，中华书局 1986 年版，第 3015 页。

⑥ （宋）朱熹：《四书或问》，上海古籍出版社、安徽教育出版社 2001 年版，第 180 页。

处。佛老只为元无这理，克来克去空了……”①

朱熹指斥佛教以空为体，不重人伦，无复礼的功夫，易使得宇宙人道万事皆落入虚妄，导致人伦秩序失序。而儒家与之相反，其强调实理，强调礼之践行。于此落实到实践，儒家能着实，而佛教往往落入空虚。据此他反对佛教的空头涵养，认为道即在日常人伦功夫处。朱熹说：

> 某旧见李先生时，说得无限道理，也曾去学禅。李先生云：“汝恁地悬空理会得许多，而面前事却又理会不得！道亦无玄妙，只在日用间著实做功夫处理会，便自见得。”后来方晓得他说，故今日不至无理会耳。②

朱熹以礼之实理性将儒佛两者思想对比，以揭佛教思想之弊端，来凸显儒家的入世价值所在。

据此，朱熹通过对礼秩的强调以及对太极为实有此理的肯认确证了礼的实理性特点，由此彰显出儒家与佛老思想于人伦层面差异的本质所在，极力反对“以理易礼”。

二、反对以理易礼

朱熹认为，人道伦常秩序本然存在，徒言理一，往往让人无从着手，礼既为天理之实理，人就应该遵循实有的伦理规范，各安其位，各尽其性，依礼文着实而行，将礼落到人伦实处。如此才能所言所行皆彰显天理之实，于分殊中体达天理。他很强调礼之分殊——“节文”的一面。其言：

> 万物皆有此理，理皆同出一原。但所居之位不同，则其理之用不一。如为君须仁，为臣须敬，为子须孝，为父须慈。物物各具此理，

---

① （宋）黎靖德编：《朱子语类》卷 41，中华书局 1986 年版，第 1048 页。

② （宋）黎靖德编：《朱子语类》卷 110，中华书局 1986 年版，第 2556 页。

而物物各异其用，然莫非一理之流行也。①

而前文已提及，朱熹礼学观念的提出因缘之一即是针对二程后学“以理训礼”的学风。二程后人虽受程颢“以礼归仁”的思想影响很深，但诸多产生了偏执，没有将礼真正落入实践处，有将天理架空的嫌疑。主要体现为有的不注重“天秩天序”，有的“礼”与“仁”“理”完全等同，忽视礼文的外在约束作用，以念虑论礼，朱熹于此提出了诸多批判，他对礼为天理之实理的着重强调亦是主要体现于此。概而言之：

其一，朱熹指斥二程后学，只注重“理一”，而忽视甚至否定了由分殊而来的“天秩天序”。

如作为二程门人的吕大临，其思想深受程颢“以礼归仁”的影响，提出：

仁者以天下为一体，天秩天序莫不具存。人之所以不仁，己自己，物自物，不以为同体。胜一己之私，以反乎天秩天序，则物我兼体。虽天下之大，皆归于吾仁术之中。一日有是心，则一日有是德。又曰：有己则丧其为仁，天下非吾体。忘己则反得吾仁，天下为一人。故克己复礼，昔之所丧，今复得之。非天下归仁者与安仁者以天下为一人而已。凡厥有生，均气同体。胡为不仁，我则有己。立己与物，私为町畦。胜心横生，扰扰不齐。大人存诚，心见帝则。初无吝骄，作我蟊贼。志以为帅，气为卒徒。奉辞于天，孰敢侮予。且战且徕，胜私窒欲。昔焉寇仇，今则臣仆。方其未克，窘我室庐，妇姑勃蹊，安取厥余。亦既克之，皇皇四达，洞然八荒，皆在我闼。孰曰天下不归吾仁。痒屙疾痛，举切吾身。一日至之，莫非吾事。颜何人哉，希之则是。②

① （宋）黎靖德编：《朱子语类》卷18，中华书局1986年版，第398页。

② （宋）朱杰人等编：《朱子全书》第7册，上海古籍出版社、安徽教育出版社2002年版，第413页。

简言之，吕大临认为“天秩”“天序”皆为“仁”。天下万事万物都可以归于“吾仁术之中”。而对于如何“体仁”，吕大临亦似乎更偏重“克己”之功，认为“有己则丧其为仁”“忘己则反得其仁”。朱熹对吕大临的这番言论也提出质疑，说道：

> 吕氏专以同体为言，而谓天下归仁为归吾仁术之中。又为之赞，以极言之，则不免过高而失圣人之旨。抑果如此，则夫所谓克己复礼而天下归仁者，乃特在于想象恍惚之中，而非有修为效验之实矣。①

朱熹认为吕大临此说太极端，“不免过高而失圣人之旨”，以至于使得“克己复礼”缺乏实践性，易流于“想象恍惚之中”而缺乏“修为效验之实”。

二程的优秀门人游酢同样受程颢影响比较大，其修养功夫也主张偏重“体达本心之仁”，忽视先天的礼秩：

> 孟子曰：“仁，人心也。”则仁之为言，得其本心而已。心之本体则喜怒哀乐之未发者是也。惟其徇己之私则汩于忿欲，而人道熄矣。诚能胜人心之私，以还道心之公，则将视人如己，视物如人，而心之本体见矣。自此而亲亲，自此而仁民，自此而爱物，皆其本心，随物而见者然也，故曰克己复礼为仁。礼者，性之中也。且心之本体一而已矣，非事事而为之，物物而爱之，又非积日累月而后可至也。一日反本复常，则万物一体，无适而非仁矣。故曰：“一日克己复礼，天下归仁焉”。天下归仁，取足于身而已，非有藉于外也，故曰“为仁由己，而由人乎哉”。颜渊请事斯语，至于非礼勿动则不离于中，其诚不息而可久矣，故能三月不违仁。虽然，三月不违仁者，其心犹有所操也。至于中心安仁，则纵目之所视，更无乱色。纵耳之所听，更无奸声。

① （宋）朱杰人等编：《朱子全书》第6册，上海古籍出版社、安徽教育出版社2002年版，第801页。

无思也，无为也，寂然不动，感而遂通天下之故。则发育万物，弥纶天地，而何克己复礼，三月不违之足哉？此圣人之能事，而对时育万物者，所以博施济众也。仁至于此，则仲尼所不敢居，而且罕言也。然则仁与圣乌乎辨，曰：仁，人心也，操之则为贤，纵之则为圣。苟未至于纵心，则于博施济众未能无数数然也。①

游酢认为万物一体，“礼者”为“性之中也”，心“诚”便能体“仁”，便能复礼。心若能“诚”“无思”“无为”“寂然不动”便能“感通天下万物”，“三月不违仁”便是“克己复礼”。为学者并不需要事事而为之，日积月累而成之，只唯在一心。对此朱熹亦严厉地批评道：

游氏之说以为视人如己，视物如人，则其失近于吕氏，而无天秩天序之本，且谓人与物等则其害于分殊之义为尤甚。以为非必积日累月而后可至，一日反本复常则万物一体，无适而非仁者，则又陷于释氏顿悟之说，以启后学侥幸躐等之心。以为安仁则纵目所视而无乱色，纵耳所听而无奸声，则又生于庄周、列御寇荒唐之论。②

朱熹认为游酢和吕大临一样，“视人如视己”“视物如视人”，以“无天之秩天序”为本，此种观点实则是受异端影响。还指出游酢释“非礼勿动”，只不过将“中”“诚”等好字拼凑总聚，于此暴显出了种种晦涩之处。

在朱熹看来，游酢和吕大临所论的“视人如己、视物如人”，就是只认识到理一的合同之处，而没有体会到儒家所论的别异分殊之处，没有将合同的亲亲原则与别异的尊尊原则明确辨析，由此失去了对天秩天序的分殊之理的正确认识。

其二，朱熹批评二程后学，将礼与“仁”“理”完全等同，忽视了礼用的约束作用，以念虑为礼，有将心性修养功夫陷入悬空的嫌疑。

---

① （宋）游酢：《游酢文集》，延边大学出版社1998年版，第110页。

② （宋）朱杰人等编：《朱子全书》第6册，上海古籍出版社、安徽教育出版社2002年版，第801页。

首先朱熹指斥了二程后学将“仁”与礼等同。

如二程的弟子常与二程论及“克己复礼”之旨：

明道尝论克己复礼，韩持国曰：“道上更有甚克，莫错否?”曰：“如公所言，只是说道也。克己复礼乃所以为道也。”又韩持国尝论：“克己复礼以谓克，却不是道。”先生言：“克便是克之道。”持国又言：“道则不须克。”先生言：“道则不消克，却不是持国事，在圣人则无事可克，今日持国须克得己，然后复礼。”又曰：“非礼勿视，非礼勿听，非礼勿言，非礼勿动，积习尽有功，礼在何处。”又曰：“非礼勿视，非礼勿听，非礼勿言，非礼勿动，一于礼之谓仁，仁之于礼非有异也。”又曰：“克己则私心去，自能复礼，虽不学文而礼意已得。”①

概言之，二程弟子韩持国认为“道”不须克，若言“克”则不是道。而程颢认为，除了圣人之外，其余众人都须“克己”，唯有“克己”才能真正“复礼”。但是程颢在阐述“四勿”的同时，又认为“仁”与“礼”无异。对此钱穆先生曾指出，朱熹偶有将克己复礼分作两项说的时候，乃“依违于明道之说而未达十分之定见。”② 朱熹最终还是觉得，程颢所论的“克己则私心去，自能复礼；虽不学礼文，而礼意已得。”③ 认为这个“说得不相似”“说得忒高了”。在朱熹看来，克己、复礼“是合掌说底”④，不能执于一偏。

同样程门的另一位得意弟子杨时也受程颢之影响，而太过注重“求仁”之学。在其论及“克己复礼为仁”时说道：

仁，人心也。学问之道，求其放心而已。放而不知求，则人欲肆而天理灭矣。杨子曰：“胜己之私之谓克。”克己所以胜私欲而求放心

① （宋）朱杰人等编：《朱子全书》第7册，上海古籍出版社、安徽教育出版社2002年版，第410—412页。

② 钱穆：《朱子新学案》，九州出版社2011年版，第600页。

③ （宋）黎靖德编：《朱子语类》卷41，中华书局1986年版，第1456页。

④ （宋）黎靖德编：《朱子语类》卷41，中华书局1986年版，第1456页。

也。虽收放心，闲之为艰，复礼所以闲之也。能常操而存者，天下与吾一体耳，孰非吾仁乎？颜渊其复不远，庶乎仁者也，故告之如此，若夫动容周旋中礼，则无事乎复矣。①

杨时亦认为天地万物为一体，体仁之道求放心而已。若能收回“放心”则无“复礼”之事。若能体“仁”，就能“动容周旋皆中礼”。朱熹对此亦是同样批评道：

以为先克己而后复礼以闲之，则其违圣人之意远矣。②

盖道者自然之路，德者人之所得。故礼者道体之节文，必其人之有德，然后乃能行之也。今乃以礼为德，而欲以凝夫道，则既误矣。而又曰：“道非礼，则荡而无止；礼非道，则梏于仪章器数之末，而有所不行。”则是所谓道者，乃为虚无恍惚元无准则之物，所谓德者，又不足以凝道而反有所待于道也，其诸老氏之言乎，误益甚矣。③

朱熹认为“礼”为道之节文，有德者方能行之，但是儒家的道不是老子所谓的“虚无恍惚元无准则之物”。如果判认礼与道依赖而成，则不免有流于道家之流的倾向。而杨时的弟子张九成受其师影响，论“克己复礼”也谈道：“己者，何也？人欲也。礼者，何也？天理也。灭天理，穷人欲，何由而得仁？灭人欲尽天理，于是乃为仁。”④朱熹认为这是杜撰学问、脱空狂妄之论，只以念虑论礼，而没有强调“居处恭，执事敬”“坐如尸，立如齐”⑤

① （宋）朱杰人等编：《朱子全书》第7册，上海古籍出版社、安徽教育出版社2002年版，第415页。

② （宋）朱杰人等编：《朱子全书》第6册，上海古籍出版社、安徽教育出版社2002年版，第801页。

③ （宋）朱熹：《四书或问》卷3，上海古籍出版社、安徽教育出版社2001年版，第96—97页。

④ 张九成：《因与石月先生论仁遂作克己复礼为仁说》，《横浦集》卷19，文渊阁四库全书1138册，上海古籍出版社1987年版，第426页。

⑤ （宋）黎靖德编：《朱子语类》卷58，中华书局1986年版，第1857页。

等具体应该履行的礼，实际上就不是真正践礼，也就不能真正理解、体达礼的内涵和作用。

再者，朱熹批评了二程后学将“理”与“仁”完全等同的倾向。

如范祖禹虽然与程颢思想主张有所不同（程颢把“礼”归于“仁”，而范祖禹则以理释礼），但是二者都过分侧重“礼”之践行的内在功夫，而忽视礼文的外在规范作用。范祖禹认为：

> 克己，自胜其私也，胜己之私则至于理。礼者，理也，至于理则能复礼矣。有不善未尝不知，知之未尝复行，克己也。不迁怒，不贰过，复礼也。夫正与是出于理，不正不是则非理也。视听言动无非礼者，正心而已矣。为仁由己，在内故也。克己复礼，时天下之善皆在于此矣。天下之善在己，则行之一日可使天下之仁归焉。夫不勉而中，不思而得，则非子多及，而尧舜修身以治天下，亦惟视听言动无非礼而已矣。①

简而言之，范祖禹主张“至于理则能复礼”，有“非礼者”只需“正心”即可。他虽然对“礼”很重视，但是不难看出他是把践礼完全等同为“正心”，朱熹对此表示强烈的不满，指斥道：“范氏之说则其疏甚矣。”②

谢良佐同样也继承了程颢的“识仁”之功夫，他虽然强调“礼”，但是他也认为“至理”便能“复礼”，其曰：

> “礼者，摄心之规矩。循理而天，则动作语默无非天也。内外如一，则视听言动无非我矣。”或问：“言动非礼则可以正，视听如何得合礼？”曰：“四者皆不可易，易则多非礼，故仁者先难而后获。所谓难者，以我视、以我听、以我言、以我动也。仰面贪看鸟，回头错应

① （宋）朱杰人等编：《朱子全书》第7册，上海古籍出版社、安徽教育出版社2002年版，第412—413页。

② （宋）朱杰人等编：《朱子全书》第6册，上海古籍出版社、安徽教育出版社2002年版，第801页。

人，视听不以我也，胥失之矣。”或问：“视听言动合理，而与礼文不相合，如何?”曰：“言动犹可以礼，视听有甚礼文。以斯视、以斯听，自然合理，合理便合礼文，循理便是复礼。”或问：“求仁如何下工夫?”曰：“如颜子视听言动上做亦得，如曾子颜色容貌上做亦得。出辞气者，犹佛所谓从此心中流出。今人唱一诺，若不从心中出，便是不识痛痒。古人曰心不在焉，视而不见，听而不闻，食而不知其味，不见不闻不知味，便是不仁，死汉不识痛痒了。又如仲弓出门如见大宾，使民如承大祭，但存如见大宾如承大祭底心在，便长识痛痒。”又曰：“一日克己复礼天下归仁焉，只就性上看。”又曰：“克己须从性偏难克处克将去，克己之私则心虚见理矣。”①

概言之，谢良佐认为“礼”是“摄心之规矩”。“视听言动”皆由心流出，因此，他认为“克己复礼”只从心性上看即可，将心性之偏处克去，自能见“天理”。然而对此，朱熹评论道：

然必以理易礼而又有“循理而天自然合礼”之说焉，亦未免失之过高而无可持循之实。盖圣人所谓礼者，正以礼文而言，其所以为操存持守之地者密矣。若曰循理而天，自然合然，则又何规矩之可言哉。其言克己之效则又但克己之私则心虚见理，则是其所以用力于此者，不以为修身践履之当然，特以求夫知之而已也。②

朱熹认为，谢良佐对“礼”的这种定位显然也是“以理易礼”。朱熹认为圣人所言之礼主要体现为礼文，如果只重视心对天理的体认，而忽略礼之明文规矩，就会违背圣人真实之意。因此可看出，依朱熹之意，吕大临和谢良佐都是忽视礼文的重要性，有违圣人之意，皆未免“所论失之过高而无可

① （宋）朱杰人等编：《朱子全书》第7册，上海古籍出版社、安徽教育出版社2002年版，第413—414页。

② （宋）朱杰人等编：《朱子全书》第6册，上海古籍出版社、安徽教育出版社2002年版，第801页。

持循之实。”①

程颐的直传弟子尹焞也有“以理易礼”的倾向：

> 弟子问仁者多矣，唯对颜子为尽。问何以至于仁，曰复礼则仁矣。礼者，理也，去私欲则复天理。复天理者，仁也。礼不可以徒复，唯能克己所以复也。又问克己之目，语以视听言动者。夫然，则为仁在内，何事于外乎？盖难胜莫如己私，由乎中而应乎外，制其外所以养其中。视听言动必以礼，而其心不正者未之有也，是之谓复天理。颜子事斯言而进乎圣人，他弟子所不能及也。②

虽然朱熹认同尹焞所论“由乎中而应乎外，制其外所以养其中”“视听言动必以礼，而其心不正者未之有也”的思想主张，但是朱熹认为这也是“庶几近之”，有“以理易礼”的嫌疑，特别是“以复礼为仁”之说，是“亦失程子之意矣”③，对此朱熹评议道：

> 其只说复理而不说“礼”字。盖说复礼，即说得著实；若说作理，则悬空，是个甚物事？④

朱熹认为要注重“复礼”之功，践履之功才能着实。否则只偏重“理”，心之功夫易“悬空”，往往使得践履的功夫无所着落。所以关于礼学方面，《四书章句集注》中并没有采用尹焞之说。

总起来看，程门的后人确实都偏重“礼”践行的内在功夫，即于“克己复礼”的功夫上更偏重于“克己”，过于注重，甚至过分偏执内心对

① （宋）朱杰人等编：《朱子全书》第6册，上海古籍出版社、安徽教育出版社2002年版，第801页。

② （宋）朱杰人等编：《朱子全书》第7册，上海古籍出版社、安徽教育出版社2002年版，第415—416页。

③ （宋）朱杰人等编：《朱子全书》第6册，上海古籍出版社、安徽教育出版社2002年版，第801页。

④ （宋）黎靖德编：《朱子语类》卷41，中华书局1986年版，第1475页。

“仁”“天理”的体悟。这些思想虽然在一定程度上也对朱熹礼学的重建产生了一定的积极影响，但是这种一味注重礼之内心的涵养而忽视外在礼文实在性的思想主张，往往容易使人践礼时落入顽空，最终便成空头涵养。因此，在“礼”与“理”的关系上朱熹极力反对“以理易礼”，认为儒家之礼是实有此理，如果“以理易礼”便会忽视礼先天内在的秩序性、实理性，忽视礼之节文的价值意义，而最终使心无所着落，废弃了修养功夫，落入悬空。

对此，朱熹更认为程颐的思想并没有“以理易礼”，其真正的观点是“礼之属乎天理，以对己之属乎人欲，非以礼训理，而谓直可以此易彼也。”①

具而言之，他认为程颐虽然认同“礼即理”，但他并不是把礼完全等同于天理，并没有忽视礼仪，而是很重视礼对视听言动的约束，其“四箴”说，更是强调了践礼之功是兼内外的，如程颐言：“由乎中而应乎外，制于外所以养其中也。”② 即其认为“克己复礼”需内外相交。又如程颐说道：“凡人须是克尽已私，只有礼时，方始是仁处。”③ 朱熹于此注曰：“克己复礼为仁，言克尽己私，皆归于礼，是乃仁也。”④ 朱熹认为程颐是主张礼、理要均等重视，绝不能任一偏弃。但是其门人直接“以理易礼”，是失之过高而大失于程子的本意。

据此，朱熹极力主张要把“复礼”做到功夫实处。其曰：

> 等差不同，必有文以行之，圣贤于节文处描画出这样子，令人依本子去学。譬如小儿学书，其始如何便写得好。须是一笔一画都依他

---

① （宋）朱杰人等编：《朱子全书》第6册，上海古籍出版社、安徽教育出版社2002年版，第800页。

② （宋）朱杰人等编：《朱子全书》第7册，上海古籍出版社、安徽教育出版社2002年版，第411—412页。

③ （宋）朱杰人等编：《朱子全书》第7册，上海古籍出版社、安徽教育出版社2002年版，第411—412页。

④ （宋）朱杰人等编：《朱子全书》第7册，上海古籍出版社、安徽教育出版社2002年版，第411—412页。

底，久久自然好去。①

正淳问：“程子曰：‘礼，即理也。不是天理，便是人欲。’尹氏曰：‘礼者，理也。去人欲，则复天理。’或问不取尹说，以为失程子之意，何也?”某之意，不欲其只说复理而不说“礼”字。盖说复礼，即说得着实；若说作理，则悬空，是个甚物事？②

此又似说义，却为见得仁。又况做事只要靠着心。但恐己私未克时，此心亦有时解错了。不若日用间只就事上仔细思量体认，哪个是天理，哪个是人欲。著力除去了私底，不要做，一味就理上去做，次第渐渐见得，道理自然纯熟，仁亦可见。③

只是这个道理，有说得开朗底，有说得细密底。“复礼”之“礼”，说得较细密。“博文、约礼”，“知崇、礼卑”，“礼”字都说得细密。知崇是见得开朗，礼卑是要确守得底。④

朱熹认为“礼”“理”密不可分，“礼”既非悬空亦非被动僵化，是持守用力节文处，理需通过礼的落实才能与实践结合起来。他虽强调“克己复礼”为心性功夫，“克己”与“复礼”非两截功夫，非克己之外别有复礼之功，但又极力申明“克己复礼”的功夫不能以“理”代替“礼”，“克己”是克除己私，但“克己”之后还有“精细功夫”，还要“复礼”，这种心性功夫并不是空头涵养，而是有道德价值内容的，其价值内容的承载者即为伦理规则，为实有的礼文。“克己复礼”必须有“持守节文处”，如果完全以“理”易之，势必会使百姓在日常生活中缺乏具体的事相来落实道德行为，致使道德行为落空。朱熹将礼定义为“天理”的节文意义正是为了让人们可以通过有形的、具体的礼仪规则来一步一步有次第地切实践行道德行为，最终通过切实笃定地践行礼仪而明达天理。如果只一味地空谈心、理，只顾“克己”，以“理”训“礼”，复理不复礼就会使心陷入悬空，容易将心与天理解错。

① （宋）黎靖德编：《朱子语类》卷36，中华书局1986年版，第963页。

② （宋）黎靖德编：《朱子语类》卷41，中华书局1986年版，第1065页。

③ （宋）黎靖德编：《朱子语类》卷41，中华书局1986年版，第1043页。

④ （宋）黎靖德编：《朱子语类》卷41，中华书局1986年版，第1174页。

故而朱熹认为学者要重视礼之践履的功夫，只有将礼落到实处，次第行持，心对天理的体悟才能有的放矢。

由此，朱熹特别重视礼文，他在《家礼》序言中写道：

> 凡礼有本有文，自其施于家者言之，则名分之守、爱敬之实，其本也。冠婚丧祭，仪章度数者，其文也。其本者，有家日用之常，礼固不可以一日而不修；其文，尤皆所以纪纲人道之始终，虽其行之有时，施之有所，然非讲之素明，习之素熟，则其临事之际，亦无以合宜而应节，是亦不可以一日而不讲且习焉者也。三代之际，礼经备矣，然其存于今者，宫庐器服之制，出入起居之节，皆已不宜于世，世之君子虽或酌以古今之变，更为一时之法，然亦或详或略，无所折中，至或遗其本而务其末，缓于实而急于文，自有志好礼之士，犹或不能举其要而因，于贫窭者，尤患其终不能有以及于礼也。熹之愚，盖两病焉。是以尝独究观古今之籍，因其大体之不可变者，而少加损益于其间，以为一家之书。大抵谨名分、崇爱敬，以为之本。至其施行之际则又略浮文务本实，以窃自附于孔子从先进之遗意。诚愿得与同志之士熟讲而勉行之。庶几古人所以修身齐家之道，谨终追远之心，犹可以复见，而于国家所以崇化导民之意，亦或有小补云。(《家礼》序)

意为礼文承载着由理而显达的爱敬之义，体现了圣人之意，体现了天理的内涵。对礼文的现实践行无论是对于个人的修养，还是对于一国民风的改善，都是必不可少的。据此，礼文需要反复学习、讲解、实践才能越来越自如，而其里面的内涵也是需要通过一步步的切实学习和实践方能慢慢体悟。

除了对礼文的强调，朱熹还特别重视礼之器数。礼之器数不仅包括了礼器，亦指制度、服饰、礼仪等。他认为礼之器数承载了礼义，应予以足够重视，绝不能忽视之。如《礼记·郊特牲》中："传曰：礼之所尊，尊其义也。失其义，陈其数，祝史之事也。故其数可陈也，其义难知也。知其义而敬守之，天子之所以治天下也。”朱熹解释说：

> 此盖秦火之前，典籍具备之时之语，固为至论。然非得其数，则其义亦不可得而知矣。况今亡逸之余，数之存者不能什一，则尤不可以为祝史之事而忽之也。(《仪礼经传通解》卷一)
>
> 古者礼乐之书具在，人皆识其器数，却怕他不晓其义，故教之曰：“凡音之起，由人心生也。”又曰：“失其义，陈其数者，祝、史之徒也。”今则礼乐之书皆亡，学者却但言其义，至于器数，则不复晓，盖失其本矣。①

朱熹认为，原汁原味之古礼因时代之变迁而遗失颇多，而礼器中承载了礼之本，要理解礼义，对礼之器数的认识就必不可少，如果不识礼之器数，就不能完全领会礼之义，为学者必须对礼器予以重视。这种思想主张其实也是他编撰《仪礼经传通解》的重要依据。

朱熹极力反对“以理易礼”，他虽通过理来诠释礼，但在构建礼学过程中，却极力防止让儒家伦理思想落入悬空。他主张为学者不仅要重视礼之形而上的层面的体悟，亦要兼顾礼之形而下的践行，注重礼的实理性。由此来看，清代判认朱熹只言理而不言礼，只是一面之词。值得注意的是，朱熹对礼为天理之实理的强调，亦可看出其为宗法制度做辩护的意图。并且，他把礼的实理性作为儒家与道家、佛家的本质区别，但认定佛教的根本思想为空无思想，由此破坏人伦，这一论断未免有失偏颇。后文会就此详尽分析，此不作赘言。

第三节　“礼贯体用”“礼为天理之实理”的落实

朱熹将“礼贯体用”和“礼之实理性”的思想落实于具体的治礼中。其治礼的参考主要集中在三礼上，即《仪礼》《礼记》《周礼》。

---

① （宋）黎靖德编：《朱子语类》卷87，中华书局1986年版，第2972页。

我们知道，《仪礼》《周礼》为圣人所作。《仪礼》为个人的修身之学，是一种以规范人心及其行为的礼仪规范，记载了礼仪、典礼等内容，以个人以及家族团体的礼仪制度为主，其主要分类为冠、昏、丧、祭、射、乡、朝聘；《周礼》则主要呈现为国家社会的各种制度、秩序，是一套治理国家社会秩序的规范，其主要分类为吉、凶、宾、军、嘉五礼；而《礼记》则主要阐述礼之意以及礼与理之间的关系，主要是为规范人心，是后人通过对礼之义的阐发结集而成。朱熹的《仪礼经传通解》编撰正是对三礼的整合。在礼学的编撰上朱熹选择以修养身心为主、主要载事的《仪礼》为本经，以承载礼义的《礼记》为传，以《周礼》为纲领，其特别重视《仪礼》。

前文已分析，礼是以天理为本体，然后由礼体开显出礼之用，礼仪制度并不是固着、僵化的。但是朱熹亦认为绝不能离开礼仪来空谈礼，空谈心性，礼之“天理”的意义与“礼仪制度”两者皆不能偏废。究其原因，其看到了所处时代，礼文散失，时人往往脱离礼文而悬空谈义理，作礼书也是脱离了文本的依据等礼学现状。据此，钱穆先生说：“朱子治经，最知重考据，于礼最多涉及。清儒考礼，其所用心，仅在故纸堆中。朱子治礼，则以社会风教实际应用为主。此不同也。”①

如朱熹言：

> 礼学律历皆极精深。盖其所著皆据本而言，非出私臆。②

他认为，礼文是对天道的承载，礼义从礼文中引申，研究、体悟礼义离不开礼文，离开礼文而空谈礼义，则会本末倒置，为学者如果脱离文本缺乏考据而玄谈义理，就会陷入臆断礼文的误区。而《仪礼》则是承载礼义和礼文的经典，学礼者应先学《仪礼》。故此，对于《仪礼》和《礼记》的地位作用，朱熹认为《仪礼》可做本经，《礼记》为枝叶，其《仪礼经传通解》也是以《仪礼》为准绳，有意突出《仪礼》的重要地位。朱熹极力主张

---

① 钱穆：《朱子新学案》，九州出版社 2011 年版，第 120 页。

② （宋）黎靖德编：《朱子语类》卷 84，中华书局 1986 年版，第 2884 页。

载理之《礼记》需以载事之《仪礼》落实，否则《礼记》之理无安着之处。他说：

> 《仪礼》，礼之根本，而《礼记》乃其枝叶。《礼记》乃秦汉上下诸儒解释《仪礼》之书，又有他说附益于其间。
>
> 读《礼记》，须先读《仪礼》。
>
> 学礼，先看《仪礼》。《仪礼》是全书，其他皆是讲说。如《周礼》《王制》是制度之书，《大学》《中庸》是说理之书。《儒行》《乐记》非圣人之书，乃战国贤士为之。
>
> 《礼记》只是解《仪礼》，如《丧服小记》便是解《丧服传》，惟《大传》是总解。
>
> 以载事之《仪礼》为经，以载理之《礼记》为传，学礼，先看《仪礼》。《仪礼》是全书，其他皆是讲说。《礼记》要兼《仪礼》读……《仪礼》皆载其事，《礼记》只发明其理。读《礼记》而不读《仪礼》，许多道理皆无安著处。①

《仪礼》和《礼记》一方面要结合起来，另一方面要以《仪礼》为本、为准则，《礼记》则为补传、为末，经传相分，以此为治礼依据，授教礼学，编修礼书。此因素除了是为对治空谈心性的学风之外，亦是对唐宋以来重《礼记》而轻视《仪礼》的反思。朱熹认为："今士人读《礼记》而不读《仪礼》，故不能见其本末。场屋中《礼记》义，格调皆凡下。盖《礼记》解行于世者，如方、马之属，源流出于熙丰。士人作义者多读此，故然。"②宋代思想学者多数都推崇"心性义理"，而《礼记》中《大学》与《中庸》正是以阐发心性之理为主，以至于当时的学士皆以研究《礼记》为主，而对《仪礼》并没有足够的重视。朱熹看到了这种礼学学风的弊端，据此，他对张载和二程关于礼的思想评论道："多不本诸《仪礼》，有自杜撰处。"③对王

① （宋）黎靖德编：《朱子语类》卷 87，中华书局 1986 年版，第 2225 页。

② （宋）黎靖德编：《朱子语类》卷 84，中华书局 1986 年版，第 2888 页。

③ （宋）黎靖德编：《朱子语类》卷 84，中华书局 1986 年版，第 2883 页。

安石存《礼记》而罢《仪礼》的做法批判道："自荆公废了学究科，后来人都不知道有《仪礼》。"① "荆公废《仪礼》而取《礼记》，舍本而取末也。"② 而对于司马光和吕大临的礼学思想则赞叹道："本诸《仪礼》，最为适古今之宜。"③ "集诸家之说补《仪礼》，以《仪礼》为骨。"④

朱熹作《乞修三礼劄子》一文上书朝廷，要求专设一机构来编撰礼书，其中便透显出其主张礼学经传分开的思想，并表达出自己对因轻视《仪礼》所带来的各种弊端的忧虑。

首先他认为：

> 《周官》一书，面为礼之纲领。至其仪法度数，则《仪礼》乃其本经。而《礼记》《郊特牲》《冠义》等篇，乃其义说耳。前此犹有三礼通礼学究诸科，礼虽不行，而士犹得以诵习而知其说。熙宁以来，王安石变乱旧制，废罢《仪礼》，而独存《礼记》之科，弃经任传，遗本宗末，其失已甚。而博士诸生，又不过诵其虚文，以供应举。至于其间亦有因仪法度数之实而立文者，则咸幽冥而莫知其源。一有大议，率用耳学臆断而已。若乃乐之为教，则又绝无师授，律尺短长，声音清浊，学士大夫莫有知其说者，而不知其为阙也。故臣顷在山林尝与一二学者考订其说，欲以《仪礼》为经，而取《礼记》及诸经史杂书所载有及于礼者，皆以附于本经之下，具列注疏诸儒之说。⑤

在朱熹看来，王安石废除《仪礼》而独留《礼记》，并在科举考试以及经学的授教中废除了《仪礼》，是"弃经任传，遗本宗末"。这会致使国家社会的治理无礼经可依据，教学上无文本可依，令今学人为学不注重文本。

其次，朱熹给李壁的书信中也提到：

---

① （宋）黎靖德编：《朱子语类》卷 84，中华书局 1986 年版，第 2883 页。
② （宋）黎靖德编：《朱子语类》卷 84，中华书局 1986 年版，第 2883 页。
③ （宋）黎靖德编：《朱子语类》卷 84，中华书局 1986 年版，第 2883 页。
④ （宋）黎靖德编：《朱子语类》卷 84，中华书局 1986 年版，第 2884 页。
⑤ （宋）朱熹：《朱文公文集》卷 59，四川教育出版社 1996 年版，第 687 页。

> 累年欲修《仪礼》一书，厘析章句而附以传记，近方了得十许篇，似颇可观。其余度亦岁前可了。若得前此别无魔障，即自此之后便可块然兀坐，以毕余生，不复有世间念矣。元来典礼淆讹处古人都已说了，只是其书衮作一片，不成段落，使人难看。故人不曾看，便为憸人舞文弄法，迷国误朝。若梳洗得此书头面出来，令人易看，则此辈无所匿其奸矣，于世亦非少助也。勿广此说，恐召坑焚之祸。①

朱熹已看到了忽视《仪礼》而导致学风本末倒置、迷国误朝的后果。其对于《仪礼》推崇于此可见一斑。

故而涉及对于礼文的解读，朱熹主张一定先要以古之礼文为依据来体悟身心性命，如此方能正确解读礼文制度，才能真正由此通其天理。他说道：

> 古礼既莫之考，至于后世之沿革因袭者，亦浸失其意而莫之知矣。非止浸我意，以至于名物度数，亦莫有晓者。差舛讹谬，不堪著眼。②
>
> 本朝陆农师之徒，大抵说礼都要先求其义。岂知古人所以讲明其义者，盖缘其仪皆在，其具并存，耳闻目见，无非是礼，所谓“三千三百”者，较然可知，故于此论说其义，皆有据依。若是如今古礼散失，百无一二存者，如何悬空于上面说义！是说得甚么义？须是且将散失诸礼错综参考，令节文度数一一着实，方可推明其义。若错综得实，其义亦不待说而自明矣。③

其认为不以古之礼文作依据，可谓流弊至今。礼义若不以古之礼文为根据而体悟解读，舍礼文而求义，就会出现“臆断”礼文的学风，使人落入悬空修养的弊端。唯有以古之礼文为依据，礼义一一才能着实。

然而于此我们更要注意的是，朱熹虽然推崇《仪礼》，但其真正目的仍

---

① （宋）朱熹：《朱文公文集》卷59，四川教育出版社1996年版，第687页。

② （宋）黎靖德编：《朱子语类》卷84，中华书局1986年版，第2181—2182页。

③ （宋）黎靖德编：《朱子语类》卷84，中华书局1986年版，第2877页。

旧是旨在主张要正确无误地体达礼仪中的圣人之意。其言：

> 今所集《礼书》，也只是略存古之制度，使后人自去减杀，求其可行者而已。①
>
> 周礼忒煞繁细，亦自难行。今所编《礼书》，只欲使人知之而已。②

朱熹认为，由于礼乐制度的散失，古之制度于现在的留存也是后来之人根据礼制于当今社会、世风是否可行而作的损减。因此，他认为今者编撰礼书应旨在为让世人着重体悟圣人之意，明了习礼要以通达礼义为前提。他强调：

> 且于义理上留心，制度名物少缓亦不妨也。③
>
> 经旨要子细看上下文义。名数制度之类，略知之便得，不必大段深泥，以妨学问。④
>
> 看礼书，见古人极有精密处，事无微细，各各有义理。然又须自家功夫到，方看得古人意思出。若自家功夫未到，只见得度数文为之末，如此岂能识得深意！如将一碗干硬底饭来吃，有甚滋味！若白地将自家所见揣摸他本来意思不如此，也不济事。兼自家工夫未到，只去理会这个，下梢溺於器数，一齐都昏倒了。如今度得未可尽晓其意，且要识得大纲。⑤

以朱熹之意，看礼书最主要是旨在追求背后所蕴含的义理，不能仅陷溺于礼事、礼器之中。推而言之，《仪礼》虽然没有直接阐述礼义，但是其中所记载的礼仪仪式所彰显的正是圣人于细微处所深藏的天理。也正如徐复观先生所说："朱元晦已经知道有考据学，但他不走这一条路，不仅因为

① （宋）黎靖德编：《朱子语类》卷84，中华书局1986年版，第2886页。
② （宋）黎靖德编：《朱子语类》卷84，中华书局1986年版，第2886页。
③ （宋）朱熹：《朱文公文集》卷59，四川教育出版社1996年版，第2817页。
④ （宋）黎靖德编：《朱子语类》卷11，中华书局1986年版，第374页。
⑤ （宋）黎靖德编：《朱子语类》卷84，中华书局1986年版，第2186页。

他要在伦理上落脚；即在知性活动上，他是要在事事物物上求出事事物物之理；这是清代考据家乃至新汉学家所根本没有的观念。求事事物物之理，在时代限制上，他主要不能不落在书本上；但他之落在书本上，是要攒到文字训诂的后面去找他所追求之理。”[①] 因此可见，朱熹对《仪礼》的重视最终真正的目的是为了让人们理会《仪礼》所承载的圣人之意，而这种礼学的精神和治礼主张正是体现在他编撰的礼书《仪礼经传通解》上。朱熹于编撰《仪礼经传通解》上主张礼文与义理相统一，就是旨在让学者通过礼文来体会背后所承载的天理、性理，而并非纯粹以对礼文的考证为依归。

由上，我们从朱熹对《仪礼》《礼记》的不同态度亦可体会到，朱熹之所以如此注重《仪礼》，就是基于礼贯体用、礼为天理之实理的礼学主张。仪礼制度中包含着天理，而现实中唯有通过礼事方能体达礼体之实理。如果架空礼文而空谈礼义，人往往就会陷入臆断。而要于礼用体达礼体之实理，虽重视礼仪制度但又不可单纯囿于礼仪制度而忽视身心修养，一定要以承载天理的礼经为依据去体悟圣人之意，不可执地耽着礼文，陷溺考据，忽视古礼背后作承载的礼义。

朱熹对《周礼》的学习和践行思想主张也是秉持此种观点。

对于处于内忧外患的北宋来说，《周礼》无疑是“改造世界”的最适合的思想指导工具。其中杨杰上书宋仁帝时提出了一个关于《周礼》最关键的一个问题：

> 圣上悯其若此，命儒臣以训释旨归，列之科选，使成周太平之迹，焕然着明于本朝，诚千百年希阔之遇也。然而执形器度数之学者，不知制作之所存；泥道德性命之说者，不能考合以适用，盖学礼者之所蔽。惟不执不泥，然后能尽变通以致用，上以副朝廷经术造士之意。[②]

此话正揭示出当时国家社会对于《周礼》思想的解读、理解和运用所

① 徐复观：《象山学术》，《中国思想史论集》，学生书局 2002 年版，第 36—37 页。

② （清）朱彝尊：《经义考》卷 120，中华书局 1998 年版，第 651 页。

面临的一个关键的问题，即“道德性命”与“形器度数”如何捡择的问题，这亦成为宋代思想家需致力解决的一个问题。对此王安石认为：

> 外作器以通神明之德，内作德以正性命之情。礼之道，于是为至礼至矣。[①] 王之所制，道有升降，礼有损益，则王之所制宜以时修之。……度量法则，王之所制也。书名虽未有，可以义制；声音虽未之有，可以理作。[②]

王安石主张“道德性命”与“形器度数”两者并重，而对两者重视的前提是要通达天理之道，如此方可称为“礼之至”。礼的制定与增损也应以此为基础。朱熹亦肯认此思想主张，主张治礼的前提是体达天理，但对于王安石熙宁变法，他却批评道：

> 若真有意于古，则格君之本、亲贤之务、养民之政、善俗之方，凡古之所谓当先而宜急者，曷为不少留意，而独于财利兵刑为汲汲耶？大本不正，名是实非，先后之宜又皆倒置，以是稽古，徒益乱耳，岂专渺茫不可稽考之罪哉！[③]

朱熹认为，王安石变法之所以失败在于他并没有真正实行其思想主张，即没有真正以天理为本，最终导致了大本不正。因此，朱熹认为，为学者应从大本处入手，首先要注重人之身心性命之修养，为政者更要以仁义道德为安邦立国之本。朱熹深受北宋推崇的《周礼》思想倾向的影响，他曾感叹道：“一部《周礼》却是看得天理烂熟也。”[④] 朱熹认为《周礼》虽然是治国

---

① （宋）王安石：《周官新义》文渊阁四库全书本91册，卷8，上海古籍出版社1987年版，第91页。

② （宋）王安石：《周官新义》文渊阁四库全书本91册，卷8，上海古籍出版社1987年版，第169页。

③ （宋）朱熹：《朱文公文集》卷70，四川教育出版社1996年版，第3382页。

④ （宋）黎靖德编：《朱子语类》卷90，中华书局1986年版，第3022页。

的制度名数之书，字字句句却是圣人之心的展现，其反复强调《周礼》中承载了天道之理，主张学习、践行《周礼》，一定要注重身心性命的修养，要旨在体会礼制背后所蕴含的天道性命之理。其言：

> 《周礼》一书，也是做得缜密，真个盛水不漏！①
>
> 如《周礼》一书，周公所以立下许多条贯，皆是广大心中流出。②
>
> 贤者识其大者，不贤者识其小者。大者如《周礼》所载，皆礼之大纲领是也。小者如《国语》所载，则只是零碎条目是也。③

对于《周礼》的作者其明确指出：

> 《周礼》是周公遗典也。后人皆以《周礼》非圣人书。其间细碎处虽可疑，其大体直是非圣人做不得！问《周礼》。曰："未必是周公自作，恐是当时如今日编修官之类为之。又官名与他书所见，多有不同。恐是当时作此书成，见设官太多，遂不用。亦如唐六典今存，唐时元不曾用。大抵说制度之书，惟《周礼》《仪礼》可信，《礼记》便不可深信。《周礼》毕竟出于一家。谓是周公亲笔做成，固不可，然大纲却是周公意思。某所疑者，但恐周公立下此法，却不曾行得尽。"④

朱熹认为，《周礼》是圣人之书，虽然不一定全是周公所作，但是大部分都是出自周公之手。《周礼》一书中的制度名数皆是圣人周公广大本心的流露，是圣人将天理烂熟于心，依据天理制定出来的。因此，《周礼》所载的礼文制度皆是天理的彰显，是完全可信、可行的。故此，其认为《周礼》之书广大精微，而为学者需于其中体会《周礼》中所承载的圣人之意和天道之理，这就需从身心修养下手，除此之外非有别解，其言：

---

① （宋）黎靖德编：《朱子语类》卷86，中华书局1986年版，第2912页。

② （宋）黎靖德编：《朱子语类》卷33，中华书局1986年版，第1195页。

③ （宋）黎靖德编：《朱子语类》卷47，中华书局1986年版，第1672页。

④ （宋）黎靖德编：《朱子语类》卷86，中华书局1986年版，第2912页。

《周礼》一书好看，广大精密，周家法度在里，但未敢令学者看。①

不敢教人学。非是不可学，亦非是不当学；只为学有先后，先须理会自家身心合做底，学《周礼》却是后一截事。而今且把来说看，还有一句干涉吾人身心上事否？②

圣人行事，皆是胸中天理，自然发出来不可已者，不可勉强有为为之。后世之论，皆以圣人之事有所为而然。《周礼》纤悉委曲去处，却以圣人有邀誉于天下之意，大段鄙俚。此皆缘本领见处低了，所以发出议论如此。如陈君举《周礼说》有“畏天命，即人心”之语，皆非是圣人意。③

领会身心，体悟圣人之意是学习、践行礼文制度的前提，而只有于礼之“纤悉委曲”处领悟、体会圣人之意，理会自家身心，进而在践行礼文制度的时候才不至于有偏，践礼才能合于天理。

而对于《周礼》的学习和对其义理的真正的体达，学者的内心需要有很高的道德境界。朱熹说：

理会《周礼》，非位至宰相，不能行其事。自一介论之，更自远在，且要就切实理会受用处。若做到宰相，亦须上遇文武之君，始可得行其志。④

张元德问《春秋》《周礼》疑难。曰：“此等皆无佐证，强说不得。若穿凿说出来，便是侮圣言。不如且研穷义理，义理明，则皆可遍通矣”。⑤

且如读书：《三礼》《春秋》有制度之难明，本末之难见，且放下未要理会，亦得。⑥

---

① （宋）黎靖德编：《朱子语类》卷 86，中华书局 1986 年版，第 2912 页。
② （宋）黎靖德编：《朱子语类》卷 86，中华书局 1986 年版，第 2911 页。
③ （宋）黎靖德编：《朱子语类》卷 130，中华书局 1986 年版，第 4059—4060 页。
④ （宋）黎靖德编：《朱子语类》卷 84，中华书局 1986 年版，第 2879 页。
⑤ （宋）黎靖德编：《朱子语类》卷 83，中华书局 1986 年版，第 2836 页。
⑥ （宋）黎靖德编：《朱子语类》卷 11，中华书局 1986 年版，第 289 页。

由于学习《周礼》贵在理会礼仪制度的背后所承载的天理和圣人之意，而对天理的体认，并非轻易臻至。故此研究《周礼》对身心修养境界的要求很高，其甚至认为，位非至宰相则不能真正完全理会通达《周礼》，故常言："某于此书素所不熟，未敢容易下语。"①

据此，朱熹极为反对永嘉学派严重偏执礼仪制度的思想倾向。其批评永嘉学派有好高之病，对《周礼》不深穷义理，没有完全领会其大道，如此以至于身心没处安顿。他指斥永嘉学派的思想，没有实现事和理的贯通，为"没头没尾"的学问，如其言：

> 至如君举胸中有一部《周礼》，都撑肠拄肚，顿着不得……只是他稍理会得，便自要说，又说得不着。今永嘉又自说一种学问，更没头没尾……大抵只说一截话，终不说破是个甚么；然皆以道义先觉自处，以此传授。②
>
> 似亦有好高之病，至谓义理之学不必深穷，如此则几何而不流于异端也耶？③

由此，朱熹对叶适亦多有不满，其认为叶适最欺世人，以此乱道，其指斥道：

> 言世间有一般魁伟底道理，自不乱于三纲五常。既说不乱三纲五常，又说别是个魁伟底道理，却是个甚么物事？也是乱道！他不说破，只是笼统恁地说以谩人。及人理会得来都无效验时，他又说你是未晓到这里。他自也晓不得。他之说最误人，世间呆人都被他瞒，不自知。④

① （宋）朱熹：《朱文公文集》卷7，四川教育出版社1996年版，第4778页。

② （宋）黎靖德编：《朱子语类》卷123，中华书局1986年版，第3864页。

③ （宋）朱熹：《朱文公文集》卷13，四川教育出版社1996年版，第3332页。

④ （宋）黎靖德编：《朱子语类》卷123，中华书局1986年版，第3872页。

不仅如此，朱熹还认为古今时代不同，政治社会条件和时风差别都很大，对法度的使用变得很灵活，因法自道出，礼法制度应与天理贯通，但如果不理会礼之大本，就不能正确地变通，若急功近利则易偏于道：

古人见成法度不用于今，自是如今有用不得处。然不可将古人底析合来，就如今为可用之计……古人事事先去理会大处正处，到不得已处方有变通。今却先要去理会变通之说。①

据此，朱熹认为礼学学问的根基为心性之学，为学者应该于经体道，以此反省身心，不能舍经而只重史。朱熹对永嘉学派过度“重史轻经”的为学态度极为不满，其言：

问：“器远所学来历。”曰：“自年二十从陈先生，其教人读书，但令事事理会。如读《周礼》，便理会三百六十官如何安顿。读《书》，便理会二帝三王所以区处天下之事。读《春秋》，便理会所以待伯者予夺之义。至论身已上工夫，说道：‘形而上者谓之道，形而下者谓之器。器便有道，不是两样，须是识礼乐法度皆是道理。’”②

礼乐法度，古人不是不理会，只是古人都是见成物事，到合用时便将来使，如告颜渊行夏之时，乘殷之辂，只是见成物事，如学字一般，从小儿便自晓得。后来只习教熟，如今礼乐法度都一齐散乱，不可稽考，若着心费力在上面，少间弄得都困了。③

废经而治史，略王道而尊霸术，极论古今兴亡之变，而不察此心存亡之端。若只如此读书，则又不若不读之为愈也。④

此为朱熹针对曹叔远提的问题而对永嘉学派所作出的评论。其极力强调经的

① （宋）黎靖德编：《朱子语类》卷114，中华书局1986年版，第3613页。
② （宋）黎靖德编：《朱子语类》卷120，中华书局1986年版，第3785页。
③ （宋）黎靖德编：《朱子语类》卷120，中华书局1986年版，第3785页。
④ （宋）朱熹：《朱文公文集》卷53，四川教育出版社1996年版，第2529页。

重要性。朱熹认为，经之所载皆是圣人之意，历史只是古今兴变的演绎，天理之道在经不在史。由于礼乐制度散乱，为学者无法稽考其中所蕴含的真正义理所在，若只从事上理会，便很难体悟圣人之道。为学者应更重视经，通过经来修养身心。而永嘉学派陈傅良正是太过于注重名物制度而忽视经的作用，朱熹于此亦批评道：

> 向见伯恭亦有此意，却以《语》《孟》为虚着。《语》《孟》开陈许多大本原，多少的实可行，反以为恐流于空虚，却把《左传》做实，要人看。殊不知少间自都无主张，只见许多神头鬼面，一场没理会，此乃是大不实也。又只管教人看史书，后来诸生都衰了。①
>
> 向时有一截学者，贪多务得，要读《周礼》、诸史、本朝典故，一向尽要理会得许多没要紧底工夫，少刻身己都自恁地颠颠倒倒没顿放处，如吃物事相似：将什么杂物事，不是时节，一顿都吃了，便被他撑肠拄肚，没奈何他。②

其认为陈傅良舍经而执史，不于经中求理，如此于大本大源处并无理会，此实为“大不实”。如此不体会实理而徒学礼，就会穿凿附会，于现实生活中践礼时不得要领，不得究竟，最终身心无处安顿。

总之，朱熹主张礼之用是建立在礼之体的基础上的，绝不能本末倒置。他以《周礼》为切入点，主张为学者对于礼仪制度的理解上贵在体会其圣人之意，对礼经解读与实践一定要以体达圣人之意为基础，首先应当从身心性命下手，着重体会圣人之意、天道之理，而不应该急于在礼仪制度学习上取得立竿见影的效果。若是身心安顿好了，圣人之意自能体会，如此在体达礼仪制度所承载的天理时就不会出现偏差。若像永嘉学派那样割裂礼仪制度与天理，偏执制度，不仅是乱三纲五常的表现，更是歪曲了圣人之意和天道之理。

---

① （宋）黎靖德编：《朱子语类》卷120，中华书局1986年版，第3785页。

② （宋）黎靖德编：《朱子语类》卷11，中华书局1986年版，第347页。

但是朱熹在重视礼之本体的同时，亦绝不忽视礼之用。他并不是一味完全扬弃永嘉学派的思想主张。其也看到了永嘉学派重史重制所产生影响的积极一面，对此，朱熹予以吸收，以此来编撰礼书。于晚年，朱熹在编撰礼书《仪礼经传通解》的过程中，意识到“汉儒之学有补于世教者不小。”① 受永嘉学派影响，朱熹认识到了子史的重要性，在主张重经的前提下，亦主张不应忽视子史的作用，治礼应经史结合，如其言：

> 然《大学》所言格物致知只是说得个题目，若欲从事于其实，须更博考经史，参稽事变，使吾胸中廓然无毫发之疑，方到知止有定地位。不然，只是想象个无所不通底意象，其实未必通也。近日因修《礼书》，见得此意颇分明。②

由此可见，朱熹虽然主张以尊经为前提，但是晚年他有转向“汉儒考据”学风的倾向。他用经史文献对经典进行考证，并考辨制度和名物，既提倡治礼要符合义理又主张绝不能忽视文本，力求在礼用和礼体达到一个平衡。他说：

> 学者观书，先须读得正文，记得注解，成诵精熟。注重训释文意、事物、名义，发明经指，相穿纽处，一一认得，如自己作出来底一般，方能玩味反复，向上有透处。若不如此，只是虚设议论，如举业一般，非为己之学也。
>
> 字画音韵是经中浅事，故先儒得其大者多不留意。然不知此等处不理会，却枉费了无限辞说牵补而卒不得其本义，亦甚害事也。非但《易》学，凡经之说，无不如此。

通过以上梳理分析可知，天理是朱熹礼学的逻辑起点，在理学视域下，

---

① （宋）朱杰人等编：《朱子全书》第21册，上海古籍出版社、安徽教育出版社2002年版，第1709页。

② （宋）朱熹：《朱文公文集》卷63，四川教育出版社1996年版，第3065页。

朱熹证成的礼贯体用和礼为天理实理的礼学特点，并将这种礼学理路用于治礼中，诠释和沿承了传统儒家对现实人生之深切观照的价值思想品格，为人道伦理秩序理路之开展奠定了理论基础。这在一定程度上避免礼落入浮而无根、散而无神的僵化、固着的学说模式，在儒释道相容相争的学术局面下，对挺显儒家自身伦理特点奠定了坚实的理论基础。其对“礼”与“理”关系的重新解读和诠释也在一定程度上避免了二程后学、陆九渊心学将礼玄谈化和事功派将礼完全归于事用而缺乏形上的天理观照的两种偏堕的学风。值得注意的是，朱熹于礼学构建和其礼学著作所透显出来的思想主张，亦有与理学思想逻辑颇为矛盾的地方。如于理学中他主张天理高于一切，是至高无上的，但在礼学的阐发中，他为了避免礼流于空谈而过于强调礼的事用层面，主张重视《仪礼》重于《礼记》，有意着重突出礼之用的地位，此即体现了朱熹理论与现实的折中之处。

第四章　礼与心性仁及情：朱熹礼学心性层面的展开

通过前面分析我们知道，朱熹之礼是融通“天人之际”，是以太极阴阳义理为依据而展开的天人关系的道德价值映射，担负着实现天人合一的道德价值使命。有学者指出，宋代的思想特点“已转至夫子罕言的‘天道性命’议题，‘尽伦’、‘尽制’不是不重要，但圣王这些事业现在被认定只有建立在‘性命’的基础上，它们才可以具有更深刻的意义。”① 在宋代理学思想的价值体系下，礼之实现必然会有心性的参与，而朱熹礼学亦是沿承了此思想特点。朱熹礼学思想的构建就是在宇宙论与心性论的基础上完成的。

学界传统观点认为朱熹是理学家，其思想着重点就是理学，其思想逻辑起点为天理，但贯穿朱熹的所有的思想，无论是本体论，还是认识论，朱熹从来没有离开心而论理，天理最终还是要落实到心上，通过“穷理尽性”，达于天人合一的精神境界。② 理的形而上的设置从某一层面讲，就是为了从逻辑上来解释人心的来源，如何由人心开显出道心。故此离开心，理就无法谈起。“理本论”最终也主要是朱熹在继承、发展二程心性论的过程中确立的。据此，统摄在理学思想体系中的礼，其制定亦必然主要是指向人心，礼的设置旨在解决人性问题，正如李泽厚先生所言：“人性是联结、沟通‘天’、‘人’的枢纽，是从宇宙论到伦理学的关键。不是宇宙论、认识论，而是人性论才是宋明理学的体系核心。……宋明理学的‘天人合一’则

① 杨儒宾：《〈中庸〉〈大学〉变成经典的历程：从性命之书的观点立论》，李明辉编《中国经典诠释传统》（二），台湾喜玛拉雅研究发展基金会 2002 年版，第 154 页。

② 蒙培元：《论朱熹理学向王阳明心学的演变》，《哲学研究》1983 年第 6 期。

是‘心性之学’。”[①] 故此，在宋代理学思想中，于人道而言，礼不仅需以天理为逻辑起点，需有上承天道的宇宙论依据，“礼”更要落实到人性，在实践过程中更要追求内在的自觉性，否则礼的实现就会与人心脱节而缺乏内在动力，这就需要解决礼、天理、心三者如何圆融贯通的问题。宋代理学家皆致力于此，于朱熹时真正完成了这一使命。

依朱熹之见，礼并不是一套强制性的僵硬模式，它下贯人道，有着心性的内在自觉性。朱熹通过综合前贤礼学思想之精要，在顺承前贤礼学思想的同时，亦不乏创新，他在宏大的理学视域下，旁通、借取佛之思想，于心、性、仁及情层面重新解读和建构了“礼”。这在一定程度上激活了礼学思想内在的精神维度和内在的生命力。

第一节　礼与心

余时英先生曾言：“礼只是一种象征，它的本则藏在人的内心感应之中，离开了这个本，礼便失去其象征的意义了。”[②] 黑格尔亦曾言：“一个人做了这样或那样一件合乎伦理的事，还不能就说他是有德的；只有当这种行为方式成为他性格中的固定要素时，他才可以说是有德的。”[③] 人心是礼内在的生命力，决定了礼落实到人道根本的道德价值意义。心之本质和结构决定人之为人的价值和实现形式。顺此逻辑推而言之，心之本质和结构亦决定了礼之存在的价值意义及实现方式，礼之产生、存在方式与实现皆取决于人心之特质。有鉴于此，厘清朱熹对心之特质的阐发，礼与心的关系以及礼的心性层面的内在特质就会自然明了。于此，下面通过对人心的认识进而对礼与心的关系以及礼的特质逐一梳理、析之。

朱熹对心的界定我们可以从三个方面来认识：其一心为形气的物化；其二心为天理之所藏；其三心虚灵不昧，具有知觉、主宰之能力。

其一，朱熹认为形气之心是心之物质性的体现。从形气角度来看心，

① 李泽厚：《中国古代思想史论》，天津社会科学院出版社 2003 年版，第 212 页。

② 余时英：《士与中国文化》，上海人民出版社 1987 年版，第 93 页。

③ [德] 黑格尔：《法哲学原理》，范扬、张企泰译，商务印书馆 1961 年版，第 170 页。

心就如鸡心、猪心一般断然可见，朱熹言："凡物有心而其中必虚，如饮食中鸡心猪心之属，切开可见。人心亦然。"① 即此层面的心为物化的状态，是由精爽之气构成："心者，气之精爽。"② 气赋予了心之物质特性，其具体体现为心脏。其二，心体现为形而上价值意义之心，即天理寄寓之处。朱熹言："心者，人之神明，所以具众理而应万事者也。性则心之所具之理，而天又理之所从以出者也。"③ "性便是心之所有之理，心便是理之所会之地。"④ 天理以"气"为介质下贯于心为"性"，性如此便具有价值的决定性、规范性。此层面的心含具众理。对于心与理的关系朱熹形象地说道："心、性之别，如以碗盛水，水须碗乃能盛，然谓碗便是水，则不可。"⑤ "心以性为体，心将性做馅子模样。盖心之所以具是理者，以有性故也。"⑥ 一言蔽之，心、性有别又相贯通，天理如此通过心的物质存在得以寄寓，而心通过理的下贯被赋予价值和作用，如此人之为人的真正价值才能得以体现，亦如朱熹言："人之所以得名，以其仁也。言仁而不言人，则不见理之所寓；言人而不言仁，则人不过是一块血肉耳。必合而言之，方见得道理出来。"⑦ 其三，心体现为灵觉之本体层面的心。此为心之根本性特征。朱熹论心的作用通常是指心的此层面。朱熹常用"知觉""虚灵""神明""虚明"等词汇来形容心的特质，其言："虚灵自是心之本体，非我所能虚也。耳目之视听，所以视听者即其心也，岂有形象。然有耳目以视听之，则犹有形象也。若心之虚灵，何尝有物！"⑧ 此层面的心具有虚灵不昧的特质，因此具有知觉、主宰的作用，能进行道德实践，如耳目之所以能起用便是心的虚灵特质所使。

综上我们可以看出，心之第二、第三方面特质是从价值意义而论，是人之为人的根本价值所在，是道德实践的基础和根据。推而言之，此亦是

---

① （宋）黎靖德编：《朱子语类》卷 98，中华书局 1986 年版，第 2514 页。
② （宋）黎靖德编：《朱子语类》卷 5，中华书局 1986 年版，第 85 页。
③ （宋）黎靖德编：《朱子语类》卷 16，中华书局 1986 年版，第 349 页。
④ （宋）黎靖德编：《朱子语类》卷 16，中华书局 1986 年版，第 88 页。
⑤ （宋）黎靖德编：《朱子语类》卷 18，中华书局 1986 年版，第 411 页。
⑥ （宋）黎靖德编：《朱子语类》卷 16，中华书局 1986 年版，第 89 页。
⑦ （宋）黎靖德编：《朱子语类》卷 61，中华书局 1986 年版，第 1459 页。
⑧ （宋）黎靖德编：《朱子语类》卷 16，中华书局 1986 年版，第 87 页。

“礼”实现的内在心性基础和道德价值根基所在。有鉴于此，下面通过梳理此心之此两面的特质来分析、明确礼产生的必要性、价值意义和实现主体。

一、礼产生之必要性：心具众理与以礼制心

礼之设置因人心局限性而起，正如《道德经》中言：“故失道而后德。失德而后仁。失仁而后义。失义而后礼。”礼的产生的直接因素即为人心之仁德的丧失、败坏。人心之仁德是否丧失、败坏在理学视域中就是体现为心与理的关系如何。心、理有别，因此，心因心与理的张力而具有的局限性决定了礼产生的必要性，心与理的关系则决定了心与礼的关系。

统观朱熹理学思想，其最大的思想特色就是心与理的关系。朱熹认为，为学最主要的就是旨在解决两者的关系，而心与理的关系于心性层面而言，则又体现为心与性的关系。

通常意义上讲，以王阳明为代表的心学判认朱熹理学中的天理与心是两分的，也即是说其认为在朱熹理学中，心与性亦是两分。这种理解主要是基于其对朱熹的格物致知论透显出来的思想特征的认知而形成的。但是我们深入分析就会发现，此种理解不够全面与严谨。前文已讲到，朱熹理学最终是落实在人性本质的开显，即心性的修养功夫，其基本的线索就是天人关系的互动和张力，其最终目标就是天道与人道合一。无论是天道所衍生的自然主义，还是人道所衍生的人文主义最终都是旨在寻求人之本身的道德价值，宇宙论与心性论之间是相互印证、自上而下贯通的，即天道与人道于本然、应然层面是合一的，朱熹以此见解来圆释其理学思想。于此，朱熹对心和性的阐述中亦表达出心、性统一的一面，虽然这种统一仅限于本然、应然层面，但这决定了朱熹理学的哲学理路根本价值指向，进而确立了其礼学价值归属的根本落脚点。

具言之，朱熹承续了程颐和其师延平心与理、性贯通为一的思想，其认为心与理的本然关系是“心与理一”①。天理以“性”的方式下贯于人心。而心统于性。对于张载“心小性大”之说，朱熹指出：“心性则一，岂有小

① （宋）黎靖德编：《朱子语类》卷126，中华书局1986年版，第3015页。

大。"① 由此，他认为心与性不仅仅体现为像碗与水那样外在的关系，两者更有内在贯通的一面。其言："心者人之神明，所以具众理而应万事者也。性则心所具之理。"② 心本具性理，本具众理，心与理一。心与性、天理于本然贯通为一、圆融无碍：

> 问："心是知觉，性是理。心与理如何得贯通为一？"曰："不须去着实通，本来贯通。""如何本来贯通？"曰："理无心，则无着处。"③
>
> 心与性"此两个说着一个，则一个随到，元不可相离，亦自难与分别。舍心则无以见性，舍性又无以见心，故孟子言心性，每每相随说。仁义礼智是性，又言'恻隐之心、羞恶之心、辞逊、是非之心'，更细思量。"④

心与性相互依存，所谓"舍心则无以见性，舍性又无以见心"⑤，性即为心实现道德价值的前提。因此心的能动性和规范性因心与性的贯通而得以实现。

而如前文所述，朱熹以"仁义礼智"为性之四德，礼为性之一德，亦为内心本然具有：

> 礼是自家本有底，所以说个"复"，不是待克己了，方去复礼。⑥
>
> 礼却是始初有这意思，外面却做一个节文抵当他，却是人做底。虽说是人做，元不曾杜撰，因他本有这意思。⑦

据此，心性与天理于内在、本然层面贯通为一，心具有道德实践之本

① （宋）黎靖德编：《朱子语类》卷97，中华书局1986年版，第2502页。
② （宋）黎靖德编：《朱子语类》卷97，中华书局1986年版，第2502页。
③ （宋）黎靖德编：《朱子语类》卷5，中华书局1986年版，第85页。
④ （宋）黎靖德编：《朱子语类》卷8，中华书局1986年版，第88页。
⑤ （宋）黎靖德编：《朱子语类》卷8，中华书局1986年版，第88页。
⑥ （宋）黎靖德编：《朱子语类》卷41，中华书局1986年版，第1049页。
⑦ （宋）黎靖德编：《朱子语类》卷87，中华书局1986年版，第2255页。

体，人有成贤作圣的可能，如此推而言之，礼在人道的实现最终是指向性，礼之实现因心性之贯通而得以可能。此为人伦之礼在人心的实现，从而彰显天理内在的依据。质言之，礼之实现之前提便是“心”“理”“性”本然的相契、相通。

但此贯通仅仅还是天理本然层面，而非气禀之实然层面。因禀气之杂，人成贤作圣并非易事。于此，朱熹特为强调：“虽说心与理一，不察乎气禀物欲之私，是见得不真，故有此病。《大学》所以贵格物也。”① 有鉴于现实层面的心并不是时时事事纯任天理的客观事实，朱熹引入“气禀”说，以此来论证心的复杂性，揭示礼产生的必要性。

朱熹认为由于气禀，心与性于实然层面出现了分离：

> 问：“心之为物，众理具足。所发之善，固出于心。至所发不善，皆气禀物欲之私，亦出于心否？”曰：“固非心之本体，然亦是出于心也。”又问：“此所谓人心否？”曰：“是。”子升因问：“人心亦兼善恶否？”曰：“亦兼说。”②

依朱熹之意，心众理具足，故所发有善，然而受气禀之影响，心又有物欲之私、恶心之蔽，兼善恶。由此，在实然层面，心与性出现了分离，不能将其完全等同。故朱熹言：

> 心、性固只一理，然自有合而言处，又有析而言处。须知其所以析，又知其所以合，乃可。然谓性便是心，则不可；谓心便是性，亦不可。孟子曰“尽其心，知其性”，又曰“存其心，养其性”。圣贤说话自有分别，何尝如此儱侗不分晓！固有儱侗一统说时，然名义各自不同。③

---

① （宋）黎靖德编：《朱子语类》卷126，中华书局1986年版，第3016页。

② （宋）黎靖德编：《朱子语类》卷5，中华书局1986年版，第86页。

③ （宋）黎靖德编：《朱子语类》卷18，中华书局1986年版，第411页。

由于心与性不能混同，以气禀说为依据，朱熹将心分为两面，即人心与道心，其言：

人自有人心道心，一个生于血气，一个生于义理。①

由于气禀，心的生成一方面生于血气，一方面生于性理。朱熹认为心觉于性理为道心，觉于血气之欲则为人心：

此心之灵，其觉于理者，道心也；其觉于欲者，人心也。②

人心主要是指知觉之心和欲求之心：

掐着痛，抓着痒，此非人心而何？③
人心是知觉，口之于味，目之于色，耳之于声底。④
饥欲食，渴欲饮者，人心也。⑤

人心体现为感官的知觉和生理之欲求。由此，心具有局限性，常常为人欲所蔽，便需要道德规范之礼的出场来规范人心。

而道心便是性之本然、天理的全然展现，是仁义礼智之理，本然含摄礼：

道心乃“仁之于父子，义之于君臣，礼之于宾主，智之于贤者，圣人之于天道。”⑥

① （宋）黎靖德编：《朱子语类》卷62，中华书局1986年版，第1487页。
② （宋）黎靖德编：《朱子语类》卷62，中华书局1986年版，第1487页。
③ （宋）黎靖德编：《朱子语类》卷62，中华书局1986年版，第1487页。
④ （宋）黎靖德编：《朱子语类》卷78，中华书局1986年版，第2013页。
⑤ （宋）黎靖德编：《朱子语类》卷78，中华书局1986年版，第2011页。
⑥ （宋）黎靖德编：《朱子语类》卷62，中华书局1986年版，第1494页。

恻隐、羞恶、是非、辞逊，此道心也。①

虽然心有两面，但是朱熹认为心之两面实为一心，其道：

饥食渴饮，人心也；如是而饮食，如是而不饮食，道心也。唤做人，便有形气，人心较切近于人。道心虽先得之，然被人心隔了一重，故难见。道心如清水之在浊水，惟见其浊，不见其清，故微而难见。人心如孟子言“耳目之官不思”，道心如言“心之官则思”，故贵“先立乎其大者”。人心只见那边利害情欲之私，道心只见这边道理之公。有道心，则人心为所节制，人心皆道心也。②

饥欲食，渴欲饮者，人心也；得饮食之正者，道心也。须是一心只在道上，少间那人心自降伏得不见了。人心与道心为一，恰似无了那人心相似。只是要得道心纯一，道心都发见在那人心上。③

道心、人心实为一心，由此，心虽为气禀所拘，兼善恶，但人仍可变化气质，复心之清明，由人心复归道心，使人心全然彰显天理。朱熹言：

明德者，人之所得乎天，而虚灵不昧，以具众理而应万事者也。但为气禀所拘，人欲所蔽，则有时而昏；然其本体之明，则有未尝息者。故学者当因其所发而遂明之，以复其初也。④

天命之性，本未常偏。但气质所禀，却有偏处，气有昏明厚薄之不同，然仁义礼智，亦无缺一之理。⑤

人心所含天理，无一缺失。天命之性秉气无偏塞，是天理之奥，所发皆善，但因气禀，人亦有气质之性。如此本末有偏，而道心却发现于人心

① （宋）黎靖德编：《朱子语类》卷62，中华书局1986年版，第1487页。

② （宋）黎靖德编：《朱子语类》卷78，中华书局1986年版，第2011—2012页。

③ （宋）黎靖德编：《朱子语类》卷78，中华书局1986年版，第2011—2012页。

④ （宋）朱熹：《四书章句集注》，中华书局1983年版，第16页。

⑤ （宋）黎靖德编：《朱子语类》卷4，中华书局1986年版，第64页。

上，天命之性发现于气质之性上。如此，人可以变化气质，去除人心之私便可复天命之性，复归道心，使心之本体“理”得以彰显。进而言之，“仁义礼智”是天理于人心中的彰显，礼体现了道心的本质，人通过践行礼，可去心之私欲，唤醒心之礼，即可变化气质彰显道心。因此，于现实的礼之实践层面，礼对心发生作用主要是基于心与性的张力。

朱熹认为人之为人，就是要变化气质，回归天命之性。

依他之见，人、物之性虽一源，但人之性可明，而物之性不可通，其言：

> 人之性论明暗，物之性只是偏塞。暗者可使之明，已偏塞者不可使之通也。①

人作为天理所生万物中的至灵、至明者，虽为血气之性所束，受物欲所蔽，但是因其禀气相对清明，故有可明之理，这是人区别于其他万物的最重要之处。因此，在朱熹看来，心之回归天理，变化气质，实现儒家天人合一的最究竟之道德境界，是人一生中挺立自我价值的最重要使命。而礼正是为人心所设，以此来匡正人心，变化气质，实现心理合一，使得人心复归道心。礼之设定在人心和天理中搭建一座桥梁，使人从一个感性的肉体生命走向理性的道德生命成为可能。

综上，从朱熹对人心之特质和结构的阐发来看，人伦之礼是本于人心，针对人心之局限性而设定的。礼的制定是人心之必要，是众人之心彰显天理，实现人之为人的价值之必然。如此，朱熹通过心之特质和结构为礼的产生与实现奠定了内在心性论基础。

然而不能忽视的一点是，朱熹认为道心是天理之下贯使然，这也即是说，天理与心从生成论角度而言是有先后逻辑关系的。换言之，两者并不在同一阶位上，“天理”并不直接等同于“人心”，“人心”只是“天理”之衍生。因此，朱熹在确立“天理”的至高性的同时，亦难免使天理与心产生隔

① （宋）黎靖德编：《朱子语类》卷4，中华书局1986年版，第57页。

阂，这种隔阂一直潜存在其理学思想中，而“礼”作为天理之显化，三纲五常之载体，亦自然要被心所臣服。事实上这也是朱熹极力强调的，亦是对佛禅思想的区分和防备，以此避免礼与心落入悬空。但这也使人于践行礼时，在一定程度上易出现天理与人情的冲突和矛盾，以及价值尺度的模糊，后文会详尽分析，此不做过多赘言。

二、礼之实现的内在动力：心为礼之道德实践主体

礼之实现的内在前提是心本然具备道德实践的本体，而礼实现的内在动力和主体则取决于心之知觉、主宰性。心因具有知觉、主宰之作用而使礼于心上起用，如此，心具有道德实践理性，为礼之道德实践之主体。

如果按照康德的纯粹理性和实践理性的概念来表述的话更为清楚。康德分别提出了理论理性或思辨理性、实践理性以及判断力三种能力，但这三种能力在他那里并不是三个不同的理性，三者“其实只能是同一理性，只是在其运用中必须被区别开来罢了。”这个理性，康德在《实践理性批判》中称为“纯粹理性”，而《纯粹理性批判》中的知性则称为“思辨理性”或“理论理性”；作为道德实践的主体称为“实践理性”，作为审美判断的能力称为“判断力”。康德指出，实践理性和思辨理性“都是纯粹理性”。因此沿用康德观点就是纯粹理性不能发挥其实践理性的作用了，人就是丧失自律的能力，就会为恶而不善。但康德的道德哲学只说明人应该自我立法，对于人如何实现这一点其并没有很清楚地加以论述。而朱熹对心的界定则主要侧重心的本然价值的实现。心本然具有道德实践理性，本然具备天理，于心的道德实践能力，朱熹云：

> 此心本广大，若有一毫私意蔽之，便狭小了；此心本高明，若以一毫私欲累之，便卑污了。若能不以一毫私意自蔽，则其心开阔，都无此疆彼界底意思，自然能“致广大”；惟不以一毫私欲自累，则其心峻洁，决无污下昏冥底意思，自然能“极高明”。①

① （宋）黎靖德编：《朱子语类》卷 64，中华书局 1986 年版，第 1585 页。

人之本心，其体廓然，亦无限量，惟其拘于形气之私，滞于闻见之小，是以有所蔽而不尽。人能即事即物，穷究其理，至于一日会贯通彻而无所遗焉，则有以全其本心廓然之体，而吾之所以为性与天之所以为天者，皆不外乎此，而一以贯之矣。①

据此朱熹认为，心之广大虚明能使心量扩大，实现道德理性。心本然具有灵觉的道德实践的能力。人可以发挥心之灵觉的道德实践能力，在践行礼中，格物致知，穷理尽性，以此变化气质、通达天理。

具而言之，心的道德实践能力首先体现为心的知觉能力。对于心之知觉功能，朱熹言：

知觉便是心之德。②

即其认为，知觉是心一种特有的功德。知觉即感知以及对外在事物的认识能力，既包括心之本能的觉知，亦包括理性的认识。朱熹说：

本心知觉之体光明洞达、无所不照耳。③

所觉者，心之理也。④

所知觉者是理。理不离知觉，知觉不离。⑤

在朱熹看来，心因含具天理而能“觉”，心最大的价值意义莫过于对“天理”的反观、觉照，心因具备这种能力，故能通过格物致知而通达“天理”。礼是格物致知，通达天理的重要方式。人便是通过践行礼而反观内心

① （宋）黎靖德编：《朱子语类》卷 137，中华书局 1986 年版，第 3273 页。

② （宋）黎靖德编：《朱子语类》卷 20，中华书局 1986 年版，第 465 页。

③ （宋）朱杰人等编：《朱子全书》第 22 册，上海古籍出版社、安徽教育出版社 2002 年版，第 2290 页。

④ （宋）黎靖德编：《朱子语类》卷 5，中华书局 1986 年版，第 85 页。

⑤ （宋）黎靖德编：《朱子语类》卷 5，中华书局 1986 年版，第 85 页。

之理。因此心的觉知、觉照的功能是礼得以实现的重要前提条件。

不仅如此，心因具知觉的作用而亦含具主宰之功能：

> 或问：“‘宰万物’，是‘主宰’之‘宰’，‘宰制’之‘宰’?”曰“主便是宰，宰便是制。宰，宰制也。无所知觉，则不足以宰制万物。”①

“宰制”即主宰、决定、控制。心能“宰制”万物，即对外在的事物具有很强的能动性、选择性和自觉性。

对于心之主宰，在朱熹《观心说篇》中说道：

> 夫心者，人之所以主乎身者也，一而不二者也，为主而不为客者也，命物而不命于物者也。②
>
> 心是神明之舍，为一身之主宰。③
>
> 人之一身，知觉连用，莫非心之所为，则心者，固所以主于身，而无动静语默之间者也。④

朱熹认为，心乃为一身之主，为主不为客。心具有主宰的作用，命物而不命于物，不仅是人之身体的主宰，同时也是性与情之主宰。人之言行举止，思谋营虑皆由心所主。心与性、情虽本然为一，实然却有区别，心常醒，非笼统与性情浑而不分别也：

> 问：“形体之动与心相关否……”曰：“未发不是漠然全不省，亦

---

① （宋）黎靖德编：《朱子语类》卷 17，中华书局 1986 年版，第 382 页。

② （宋）朱杰人等编：《朱子全书》第 23 册，上海古籍出版社、安徽教育出版社 2002 年版，第 3278—3279 页。

③ （宋）朱杰人等编：《朱子全书》第 23 册，上海古籍出版社、安徽教育出版社 2002 年版，第 3278—3279 页。

④ （宋）朱杰人等编：《朱子全书》第 23 册，上海古籍出版社、安徽教育出版社 2002 年版，第 3278—3279 页。

常醒在这里，不凭地困。”①

心因常醒而有觉，故具有能动性，能主宰、统摄着性与情，《语要篇》中有：

心，主宰之谓也。动静皆主宰，则混然体统，自在其中。②

人之道德实践理性的主要体现即为心对待外在事物的主宰、选择的能力，进而人通过心的主宰、选择能力来践行礼，以此主宰人之身心，进行内在和外在的道德活动。

不仅如此，心的主宰性还体现为心能“妙众理”，即对“天理”进行运用，朱熹说：

若夫知则心之神明，妙众理而宰万物者也。③
“妙众理”，犹言能运用众理也。④

即心与外在事物接触，不被私欲所累，继而通过妙众理之功能，对天理运用而做正确的选择，从而宰制其性，去私欲，实现性体，彰显天理。进而言之，心通过践行礼来运用天理以此规范人之行为和心理活动，使人按照礼来行为处事，修养身心。

据此，心因具有知觉、主宰、妙众理的功德而具有道德实践理性。而于此，学界有些学者判认朱熹哲学思想中，心与理、性仅为认知关系。⑤由上分析看来，此种理解不免有失偏颇。心、性、理互为融通，使得心不仅具

---

① （宋）朱杰人等编：《朱子全书》第23册，上海古籍出版社、安徽教育出版社2002年版，第3278—3279页。

② （宋）朱杰人等编：《朱子全书》第23册，上海古籍出版社、安徽教育出版社2002年版，第3278—3279页。

③ （宋）黎靖德编：《朱子语类》卷22，中华书局1986年版，第511页。

④ （宋）黎靖德编：《朱子语类》卷17，中华书局1986年版，第382页。

⑤ 牟宗三：《心体与性体》第3册，上海古籍出版社1969年版，第10页。

有认知能力，更有知觉、主宰能力，能妙众理，具有道德实践功能。礼的设置就是旨在治人心，实现心的道德实践功能，实现其道德价值属性，而若没有心的道德实践能力，礼的实现就会缺少内在的动力，就会失去存在的价值和意义，天理寄寓人心就如同一潭死水无法流而显用。因此，心之道德实践能力是礼得以实现其道德价值的内在动力。

综上，通过对心之特质和结构的解读分析可知，心之特质和结构决定了礼的存在的必要性、内在基础及其实现方式。礼之道德实践的展开与价值实现的前提就是心与性的统一，心、性、理本然的相契、相通赋予了心最大的价值意义和道德实践理性。心是礼实践的主体，心的道德实践理性是礼之实践的内在动力，通过践礼涵养身心，进而体达天理是每个人的道德使命。朱熹即是通过对心的结构和特质的界定来为人伦之礼寻找内在理论依据。

人心的结构、特征体现了礼与心的内在关系，而礼与心的内在关系则呈现出了礼的内在诸多的心性本质特征。于此，朱熹亦作了诸多详尽的阐发。依朱熹之意，礼为人之本性所固有，为性之实理，以“仁”为内在价值实现的所依，缘于情而又对情进行规导。朱熹对礼内在的属性的阐发为礼学内化的转向进一步奠定了深厚理论基础，此为朱熹于礼学实现内化的一大贡献。

第二节　礼与性

我们知道，孔子时期，礼的仪式化倾向非常明显，周礼于此时期失去了原有的朴素，愈来愈变得程式化、复杂化，甚至有的沦为虚伪矫情的烦琐的虚文。“礼”也因此而失去了原有的功能和价值。而正如前文所言及，为了挽救时弊，孔子挖掘、增强了礼的内在实有的价值精神，对礼的内在实理化作出很大努力，其言：“礼，与其奢也，宁俭；丧，与其易也，宁戚。”（《论语·八佾》）孔子认为，礼并非徒有虚文的形式，礼之内在之根基为“仁”，“仁”是礼之精神实质，于此，孔子以“仁”赋予礼内在的实有价值内涵和意义。

继而孟子受孔子启发，提出性善论思想，从心性更深层面、更系统地来论证“仁”，并直接把礼内化为人之本性所固有。

前文已提到朱熹于天理层面强调礼之实理特点，极为反对将礼虚谈化，朱熹承续先秦儒家礼学此思想传统，亦重视礼之心性层面的实有价值精神和价值意义，认为礼贯通心性，亦为心性之实理。礼不仅是天理之实理，此实理特质的彰显体现在人性之实理，礼亦是人性之实理。

其言：

> 程子：“性即理也”此说最好。今且以理言之，毕竟却无形影，只是这一个道理。在人，仁义礼智，性也。然四者有何形状，亦只是有如此道理。有如此道理，便做得许多事出来，所以能恻隐、羞恶、辞逊、是非也。①

若礼仅仅从天道层面而谈，易有“落空”的弊端，礼必须要落到人道实处，落实到人心。如此，礼的实有价值亦须于心性层面得到落实。于此，朱熹认为性为实理，礼亦为心之内在实理。

“性”往上追溯，其源头便是太极，虽不可言说，其中却实含万理，落实人道则以纲理名之，在人心中体现为“仁义礼智”四德。四德是性之体，是未发之性，是人心之实理。在谈及五常时，朱熹用“信”来突出“仁义礼智”四德为实有，其言：

> 仁义礼智，乃未发之性，所谓诚。……信是诚实此四者，实有是仁，实有是义，礼智皆然。②

进而言之，“性”中本然含具着实有礼德：

> 性是实理，仁义礼智皆具。③

---

① （宋）黎靖德编：《朱子语类》卷 4，中华书局 1986 年版，第 63 页。

② （宋）黎靖德编：《朱子语类》卷 6，中华书局 1986 年版，第 104 页。

③ （宋）黎靖德编：《朱子语类》卷 5，中华书局 1986 年版，第 83 页。

> 性之本体便是仁义礼智之实。①
> 性只是仁义礼智。②
> 以见仁义礼智实有此理，不是虚说。③

性体动，而具显出恻隐、羞恶、辞让、是非之情，落实为形显而可见的实际的伦理道德行为，即所谓“百行皆仁义礼智中出”，如此礼不仅是承载着天理之实理，亦为人心内在之实理的彰显，其内涵的实理性得到了宇宙论和心性论的双重论。

而这种实理性最终是以“诚”而彰显落实。太极、四德的本质是“诚”。

“诚”这个概念始于先秦，在《孟子》《中庸》等著作里都有详细论述过“诚”。及至北宋，“诚”更为思想家们所重视。周敦颐进一步阐发“诚”的重要性，他认为：

> 诚，五常之本，百行之源也。④
> 圣人诚一于天，天即圣人，圣人即天。⑤

张载在气本论的基础上对“诚”加以阐发，认为：

> 至诚，天性也。⑥
> 性与天道合一存乎诚。⑦

二程对“诚”的阐发更为详尽，二程认为：

---

①（宋）黎靖德编：《朱子语类》卷5，中华书局1986年版，第83页。
②（宋）黎靖德编：《朱子语类》卷4，中华书局1986年版，第64页。
③（宋）黎靖德编：《朱子语类》卷6，中华书局1986年版，第105页。
④（宋）周敦颐：《周敦颐集》卷2，岳麓书社2002年版，第15页。
⑤（宋）程颢、程颐：《二程集》，中华书局2004年版，第1158页。
⑥（明）王夫之：《张子正蒙注·乾称》，中华书局1975年版，第322页。
⑦（明）王夫之：《张子正蒙注·乾称》，中华书局1975年版，第322页。

诚者天之道。①

无妄之谓诚，不欺其次矣。②

朱熹承续前贤之思想，认为“诚”不仅体现为天道之状态，亦体现为性理之实然、本然，真实无妄。朱熹认为天地万物因“诚”之实而得以实现，人道因“诚”而实，人因“诚”而确立人的维度，仁义礼智的本质谓诚，人性本然含有诚之义，这也即是说，礼之实理的特质是由天道之理和人道性理的状态之“诚”所决定：

诚，只是万物具足，无所亏欠。③

所谓诚者物之终始，不诚无物者，以理言之，则天地之理，至实而无一息之妄，故自古至今，无一物之不实，而一物之中自始至终，皆实理之所为也；以心言之，则圣人之心，亦至实而无一息之妄，故从生至死，无一事之不实，而一事之中，自始至终，皆实心之所为也。④

天理万物因“诚”而完满具足，无所亏欠，天道和人心皆为实在，皆具实理。而映射于人道，人伦之礼亦因心之“诚”而实，故而践礼应尽心之诚，从而实现性之实、礼之实：

且如人心，须是其中自有父子君臣兄弟夫妇朋友。他做得彻到底，便与父子君臣兄弟夫妇朋友都不相亲。吾儒做得到底，便“父子有亲，君臣有义，兄弟有序，夫妇有别，朋友有信”。吾儒只认得一个诚实底道理，诚便是万善骨子。⑤

或问“事亲、从兄”一段。曰：“紧要在五个实字上。如仁是‘亲

---

① （宋）程颢、程颐：《二程遗书》，上海古籍出版社 2000 年版，第 173 页。
② （宋）程颢、程颐：《二程遗书》，上海古籍出版社 2000 年版，第 141 页。
③ （宋）黎靖德编：《朱子语类》卷 64，中华书局 1986 年版，第 1563 页。
④ （宋）朱熹：《四书或问》，上海古籍出版社、安徽教育出版社 2001 年版，第 94 页。
⑤ （宋）黎靖德编：《朱子语类》卷 126，中华书局 1986 年版，第 3017 页。

亲而仁民，仁民而爱物’，义是长长、贵贵、尊贤。然在家时，未便到仁民爱物；未事君时，未到贵鬼；未从师友时，未到尊贤，且须先从事亲从兄上做将去，这个便是仁义之实。仁民、爱物，责责、尊贤，是仁义之英华。若理会得这个，便知得其他，那分明见得而守定不移，便是智之实；行得恰好，便是礼之实；由中而出，无所勉强，便是乐之实。大凡一段中必有紧要处，这一段便是这个字紧要。”①

这实字便是对华字。且如爱亲、仁民、爱物，无非仁也，但是爱亲乃是切近而真实者，乃是仁最先发去处；于仁民、爱物，乃远而大了。义之实亦然。②

于人道而言，唯有圣人能诚，众人并不能尽诚，而人之为人的价值就是彰显心之“诚”之实理。因人人此心具备“仁义礼智”之实理，礼亦为实，因此通过后天的礼对人之心的起用，涵养心性就可以实现此心中的实理，达到真实无妄的状态，即所谓由“诚之”从而达于“至诚”的真实无妄的境界。故而践行礼时，心需尽诚，如此方能通达天理、性理之诚，实现天人合一。

礼具有性之实理性为朱熹之礼非常重要的内在特质。朱熹亦以此作为区别佛老思想的关键。前面提到朱熹之所以入佛而又反佛，主要是因为他叛认佛教主旨思想落入虚妄。不仅于天理层面如此，于心性层面亦是如此，其言：

释氏只是恍惚之间，见得些心性的影子，却不曾仔细见得真实心性，所以都不见里面许多道理，致使有存养之功，亦只是存养得他所见的影子，而不可谓之无所见，亦不可谓之不能养，但所见所养，非性之真耳。③

---

① （宋）黎靖德编：《朱子语类》卷 56，中华书局 1986 年版，第 332—1333 页。
② （宋）黎靖德编：《朱子语类》卷 41，中华书局 1986 年版，第 1333 页。
③ （宋）黎靖德编：《朱子语类》卷 41，中华书局 1986 年版，第 1454 页。

释氏见得心空而无理，此（指儒家）见得心虽空而万理具备。①

仁义礼智，乃未发之性，所谓诚，中庸，皆已发之理，人之性本实，而释氏以性为空也。②

朱熹认为，儒家以心为实理，此与佛教判定心为空性有着本质的区别。他认为，佛教最不合理的地方就是把天理空掉的同时，把心也空掉了，导致存养功夫失去了内在根基，人心不讲求社会伦理，不重礼仪，这种思想主张给社会、人心带来了很大的弊害。而儒家认为心性之理为实，人伦为人心实，礼为人心之实，人道之维的本质就是活在伦理关系当中，人之为人的本质就应该尽人伦，尊礼法。故此，朱熹亦以"礼为心之实理"为切入点对佛教的心性思想进行了一系列的批判，尤其在"克己复礼"的功夫上。而此层面的批判倘若详细分析，亦有失公允，后文会详细论及。

第三节　礼与仁

在朱熹理学思想中，心性的道德属性具而体现为"仁"，"仁"既是礼内在价值依据，亦是"礼"实现的重要价值根基所在。"仁"直接决定了"礼"的价值属性。朱熹亦是通过对于"仁"之思想的阐发，以及对"仁"与"礼"的关系的阐明，赋予了礼内在的价值属性和自觉性，以此进一步论证了众人通过礼之践行而自觉地服膺天理的内在的合理性和必然性。

一、理学视域下对仁礼关系的重新审视

"仁"这一概念在朱熹整个思想中具有核心的地位和重要作用。诚如陈来先生道："仁说及求仁之学是早期道学的主题，也是前期道学的核心话语，提供了道学从北宋后期到南宋前期发展的主要动力。朱子的仁说是对南宋前期道学仁说的清理和总结，确立了朱子的理论权威，带来了道学话语的更

① （宋）黎靖德编：《朱子语类》卷 7，中华书局 1986 年版，第 126 页。

② （宋）黎靖德编：《朱子语类》卷 6，中华书局 1986 年版，第 104 页。

替，即导致了旧的仁说的总结和道学核心话语的转变。”[①]“仁”之概念初现于先秦，《说文解字》释曰：“仁，亲也。从人二。”（许慎：《说文解字》）《礼记·中庸》中：“仁者，人也。”段玉裁综合二者进一步解释道：“‘人也’读如‘相人耦’之‘人’。”又“按：‘人耦’犹言尔我亲密之词。独则无耦，耦则相亲，故其字从人二。”[②]“耦”，《说文解字》释为：“耕广五寸为伐，二伐为耦。”（许慎：《说文解字》）段氏认为，“耦”乃指以耜耕田：“古者耜一金，两人并发之”，此处的“发”即“伐”，又指出：“引申为凡人耦之称，俗借‘偶’。”[③]由上解释可以看出，“耦”意为两人一同耕种，后来引申为两人亲密的关系。“仁”为“从人二”即“人耦”，体现了人与人之间关系的亲密无间。

在《论语》中，对“仁”之内涵的解释更是颇多，但并没有对“仁”下一个完整准确的定义。孔子为了延续周礼，对礼进行了革新，提出了“仁”的思想，并首先提出“礼”和“仁”之间的关系，其用以人为本的价值理念代替了以往以神为本的价值理念，从根本上动摇了商周以来的天神观。于《论语·颜渊》篇中，孔子对弟子们“问仁”有不同的解答。其中，对“仁”之概念比较明确的界定是“爱人”和“克己复礼为仁”。对此，李泽厚先生说：“孔子讲‘仁’是为了释‘礼’，与维护‘礼’直接相关。”[④]“礼”是“以血缘为基础，以等级为特征的氏族统治体系。要求维护或恢复这种体系是‘仁’的根本目标。”[⑤]如此可进一步看出，“仁”的提出主要就是为“礼”的立脚而服务的。一方面，孔子主张“礼”本于“仁”，孔子曰：

人而不仁，如礼何？（《论语·八佾》）

---

① 陈来：《论宋代道学话语的形成和转变——论二程到朱子的仁说》，《中国近世思想史研究》，三联书店 2010 年版，第 56—57 页。

② （清）段玉裁：《说文解字注》，上海古籍出版社 1981 年版，第 365 页。

③ （清）段玉裁：《说文解字注》，上海古籍出版社 1981 年版，第 184 页。

④ 李泽厚：《中国古代思想史论》，天津社会科学院出版社 2003 年版，第 10 页。

⑤ 李泽厚：《中国古代思想史论》，天津社会科学院出版社 2003 年版，第 10 页。

> 仁者，人也，亲亲为大；义者，宜也，尊贤为大。亲亲之杀，尊贤之等，礼所生也。(《礼记·中庸》)

即礼的实现必须以仁为依据。孔子通过对“仁”的思想的提出开显了礼的内在价值意蕴。另一方面，孔子认为礼是仁外在表现形式，是仁之实现之方法和途径。他借由解答弟子的问题，进一步揭示出二者的关系：

> 颜渊问仁。子曰：“克己复礼为仁。一日克己复礼，天下归仁焉。为仁由己，而由人乎哉?”颜渊曰：“请问其目。”子曰：“非礼勿视，非礼勿听，非礼勿言，非礼勿动。”(《论语·颜渊问仁》)

“礼”之本，“礼”由“仁”生，由“仁”而成“礼”，克己复礼便可复仁。正如颜炳罡先生所言：“在现实广义的社会共同利益的要求下，规定出一套与其相适应的立身处世的行为形式，这即是孔子所说的礼。此礼的新的内容、基础乃是发于内心的仁、亦所以实现内心的仁。”① 因此，孔子之所以如此重视礼乐，亦是因为他已寻找人道之维的确立标准和依据就是“仁”，儒家天人合一的境界就是“仁”，而礼乐就是实现“仁”的最重要的途径。如此周礼由原来因迫于服膺外在天神权威而呈现的强制形式，通过“仁”逐渐转化为人心的内在道德价值自觉，以此明确了人之为人的价值所在。正如颜炳罡先生所言：“孔子对礼乐文化的最大贡献就是引仁入礼，以仁释礼，以礼释仁，在仁礼互释中赋予礼乐文化以内在的生命和价值，使礼乐文化具有了根源意义和形上学安立，一句话，他创造性地转活了行将崩解的礼乐文化，给予礼乐文化以鲜活的生命力和内在的创造力，使礼有本有源。”② 李泽厚先生也指出：“‘礼’由于取得这种心理学的内在依据而人性化……由‘神’的准绳命令变而为人的内在欲求和自觉意识，由服从于神变而为服从

---

① 颜炳罡：《依仁以成礼，还是设礼以显仁——从儒家的仁礼观看儒学发展的两种方式》，《文史哲》2002 年第 3 期。

② 颜炳罡：《依仁以成礼，还是设礼以显仁——从儒家的仁礼观看儒学发展的两种方式》，《文史哲》2002 年第 3 期。

于人，服从于自己。”[①] 由此可见，“仁”之概念的提出对于儒家礼学内化价值观的转向起到了决定性的作用，具有里程碑的意义。

孟子继承了孔子由“仁”成“礼”的思想理路，其云：

> 君子以仁存心，以礼存心（《孟子·离娄上》）
> 仁者爱人，有礼者敬人。（《孟子·离娄上》）
> 爱人不亲，反其仁（《孟子·离娄下》）
> 仁之实，事亲是也。（《孟子·离娄上》）

概言之，孟子认为爱人有礼就是要事亲行仁，礼为心之仁所成，仁之实便是礼。

郭店竹简《鲁穆公问子思》亦记载，子思言于鲁穆公曰：

> 恒称君之恶者为忠臣。（《郭店竹简》）

意为，臣恒称君之恶的行为，虽外在不合礼文，却合于义，合于仁，亦可为忠臣。言外之意就是，真正的礼并不局限于外在的行为，而是重在发自内心的合于仁义。

总之，孔子、思孟礼学的特征可总结为：爱人以事亲为基础，礼由仁而成，礼以仁为准绳，从而通过礼由内而外、从近而远逐步实现“仁爱”的境界。

孔子、思孟学派虽然皆强调礼，但更重视仁。而荀子则与之不同，其主张重礼而轻仁。如前文所述，荀子认为礼起源于人之欲望，是由外而起，非由人心而起。礼就是为了规制人之欲望而制定，就是为了通过对治人之欲望，进而起到安邦定国之效。礼即为“法之大分，类之纲纪”。（《荀子·礼论》）其言：

---

① 李泽厚：《中国古代思想史论》，天津社会科学院出版社 2003 年版，第 20 页。

人生而有欲，欲而不得，则不能无求，求而无度量衡分界，则不能不争则乱，乱则穷。先王恶其乱也，故制礼义以分之，以养人之欲，给人之求。使欲必不穷于物，物必不屈于欲，两者相持而长，是礼之所起也。(《荀子・礼论》)

礼者，治辨之极也，强固之本也，威行之道也，功名之总也。(《荀子・礼论》)

人无礼不生，事无礼不成，国家无礼不宁。(《荀子・修身》)

荀子认为，天地本然有一个秩序，礼的制定应遵循自然规律，本于天地之序：

礼有三本：天地者，生之本也；先祖者，类之本也；君师者，治之本也。(《荀子・礼论篇》)

天地以合，日月以明，四时以序，星辰以行，江河以流，万物以昌；好恶以节，喜怒以当，以为下则顺，以为上则明，万世不乱，贰之则丧也。礼岂不至矣哉？(《荀子・礼论》)

分均则不偏，势齐则不壹，众齐则不使。有天有地而上下有差，明王始立而处国有制。夫两贵之不能相事，两贱之不能相使，是天数也。势位齐而欲恶同，物不能澹则必争，争则必乱，乱则穷矣。先王恶其乱也，故制礼义以分之，使有贫富贵贱之等，足以相兼临者，是养天下之本也。《书》曰："维齐非齐。"此之谓也。

所谓"天数"，即体现为天地有序，有差等，有贵贱。礼，正是为了节制人之欲望，以此顺应自然秩序而设。如此可见，这与孔子、思孟礼学之重仁的特点有着本质的区别。进而言之，荀子更多重视礼的约束之用，更追求礼的外在的功效。可以说，荀子是"'礼以主仁'、非'以仁主礼'的。"① 但荀子亦主张礼的最终目的是为了实现"仁"，而由礼才能实现仁。其言：

---

① 周群振：《荀子思想研究》，文津出版社1987年版，第119页。

先王之道，仁之隆也，比中而行之。曷谓中？曰：礼义是也。（《荀子·儒效》）

仁义德行，常安之术也，然而未必不危也。（《荀子·荣辱》）

君子处仁以义，然后仁也；行义以礼，然后义也；制礼反本成末，然后礼也。三者皆通，然后道也。（《荀子·大略》）

由此可见，“礼”在先秦时已然成为儒家实现“内圣外王”，达于“天人合一”必然的途径。“仁”之概念的提出，使“礼”有了内在的价值依托和归宿，先秦儒家对“仁”的重视对朱熹产生了深远的影响。“以仁成礼”和“以礼成仁”这两种不同礼学的思想路向奠定了朱熹礼学内化的基本理路。他在此基础上结合其理学思想体系，在易学与理学视野下对“仁”形而上之层面进行了进一步的补充和完善，重新审视、阐述“仁”和“礼”的关系。朱熹认为“礼”的内在价值规定为“仁”，主张“仁”亦须通过对“礼”切实践行以此来约束人之行为而由内而外显达。以此，形成了“仁”与“礼”互彰互显、非一非异的思想特征。但在朱熹理学视域下，“仁”“礼”的内涵突破了道德价值范畴，而上升为宇宙论范畴，统贯了自然和人文，赋予了理学色彩的独特价值意蕴，而“仁”“礼”的关系不再仅仅囿于人道层面，在理学视域下彰显了天道与人道、自然与人文贯通流行的宇宙生生大化的精神品格。

具言之，在理学视域下，朱熹之“礼”于人道的价值合法性的确立源于“太极之理”对“仁”的落实。“礼”为人道之序，为“仁”现实价值承担。

如前文所示，朱熹认为人性之理本于“太极”，体现为仁德。“太极”以“继善成性”的方式将“仁”下贯人道，成为众人成圣的内在所依，为生生不息的动态过程。“继善成性”为天人性命贯通奠定了宇宙论基础，也为人性之“仁”的落成揭示了其所以然。如此，“仁”并非后天人为主观臆造的，而是宇宙生生大化流行的所以然。而人心有气禀之弊，践礼行仁，修心归仁，进而参与宇宙大化流行，彰显心之天理便成为众人实现人道终极价值意义的必然途径。朱熹通过对《太极图说》的解读，确立了以“仁”为内在道德价值依据："朱熹借《太极解义》回答了修养的诸多问题：一是我们有修养成仁的潜在可能性：太极。二是修养的目标：太极动静之全体，它落在人间世界便是对'仁义'的理一与分殊的体认，它使我们不能局限于人类中心主义，而要超越于人类之小我，升华为宇宙的精神。"[①] 据此进而言之，太极对"仁"的落实，既使"礼"由天道贯通人道成为可能，亦是对礼之宇宙人生价值意义的升华。

二、礼为仁之显发

朱熹虽通过太极之理确立了"礼"之外在、内在的合法性，但依他之意，礼并不仅是一套天道衍生的拘制性、僵固的道德律令，而是体现宇宙生生大化流行的太极之动态的有序显化。太极动而生阴阳，"元亨利贞"即是阴阳流转之体现。太极为"元亨利贞"流转的所以然之理，"元亨利贞"的流转则为太极之理的有序显化。朱熹言："太极阴阳五行只将元亨利贞看甚好。太极是元亨利贞都在上面；阴阳是利贞是阴，元亨是阳。"[②] 在此基础上，朱熹继承前贤"元亨利贞"相配于"仁义礼智"的思想，通过对四德关系的解读，以此明确仁礼内在的生发因缘以及礼之内在价值意蕴，以此把宇宙论的范畴与道德论的范畴连接了起来，赋予礼自然与人文的双重色彩，使礼成为融贯天人之际的价值承担。

"元亨利贞"本是乾卦的卦辞，《周易》中的卦辞皆以"元亨利贞"为宗旨。众所周知，乾坤二卦在易学中非常重要，是太极之推演："易有太极，是生两仪，两仪生四象，四象生八卦。"（《易传·系辞上传》）八卦衍生六十四卦，乾坤二卦正是六十四卦演变的基础。北宋学者对此二卦的解读丰富了乾坤二卦之哲学意蕴，使其具足了宇宙论、心性论和功夫论内涵，成为理学思想体系建构的重要理论来源。

乾之卦辞为"元亨利贞"，坤之卦辞为："元亨利牝马之贞"，乾卦突出了大道的开创与生发。"元亨利贞"被视为"四德"始于孔子所作的《易

① 张勇：《朱熹理学思想的形成与演变》，西北大学博士论文，2008 年，第 100 页。

② （宋）黎靖德编：《朱子语类》卷 94，中华书局 1986 年版，第 2378 页。

传》，在《易传》《彖传》和《文言》中，其他卦卦辞如旧，唯有乾坤二卦的卦辞“元亨利贞”被赋予四德的含义，诚如朱熹所云：

> 且如“元亨利贞”四字，文王本意在乾坤者只与诸卦一般，是大亨而利于正耳。至孔子作《彖传》《文言》始以乾坤为四德，而诸卦自如其旧。二圣人之意非有不同，盖各是发明一理耳。今学者且当虚心玩味，各随本文之意而体会之，其不同处自不相妨。①

宋代以降，诸学者对元亨利贞四德内涵的解读更为丰富。朱熹主要受程颐影响较大。程颐曾云：

> 元者万物之始，亨者万物之长，利者万物之遂，贞者万物之成。惟乾坤有此四德，在他卦则随事而变。故元专为善大，利主于正固，亨贞之体，各称其事。四德之义，广矣大矣。②

朱熹继承其思想理路，在理学视域下，接续《伊川易传》之思想并予以发展，赋予其“理”之意蕴，对元亨利贞四德的义理进一步阐释道：

> 元亨利贞，理也；有这四段，气也。有这四段，理便在其中，两个不曾相离。若是说时，则有那未涉于气底四德，要就气上看也得。③

“元亨利贞”四者为理，而其变化流转则是气之使然，如此展现了四德在理学视域下，以理气为依据的生生不息而成就的宇宙大图景。

不仅如此，朱熹还认为元亨利贞含摄了天道人道的规律，其言：

---

① （宋）朱杰人等编：《朱子全书》第23册，上海古籍出版社、安徽教育出版社2002年版，第2643页。

② （宋）程颢、程颐：《二程集》，中华书局2004年版，第695页。

③ （宋）黎靖德编：《朱子语类》卷68，中华书局1986年版，第1689页。

元亨利贞是一个道理之大纲目。①

吉甫问性与天道。曰："譬如一条长连底物事，其流行者是天道，人得之者为性。乾之'元亨利贞'，天道也，人得之，则为仁义礼智之性。"②

朱熹以"元亨利贞"来比附于"仁义礼智"。

以元亨利贞与五常相配在儒家思想中有着悠久的传统。春秋之时即有此思想，唐代之时李鼎祚也把天道和人事来比附，但是在宋代之前这些思想很多只是停留在天人经验的外在秩序层面，难免有些牵强附会。于宋代，随着学术朝性理的思想方向转向，天人之学由此被推向了本体论，这对四德和五常关系的诠释有莫大的影响。

周敦颐将"诚"作为宇宙与人伦道德的本体，认为"诚"就是"太极"，是"纯粹至善"的，他将"诚"贯通天道性命，"诚"作为人性之本体具体体现为"仁、义、中、中"四德，周敦颐在《通书》中言：

乾道变化，各正性命，诚斯立焉。纯至善者也。故曰：一阴一阳之谓道，继之者善也，成之者性也。元、亨，诚之通；利、贞，诚之复。大哉易也，性命之源乎！③

周敦颐虽然没有把"元亨利贞"与人之四德"仁义礼智"直接联系起来，但与"诚"联系起来，以此贯通天道人道，并提出了立人极的思想。

于二程时，便开始把"元亨利贞"和"仁义礼智信"联系起来，如伊川《程氏易传》中解释《乾》卦彖辞"大哉乾元"句道：

四德之元，犹五常之仁，偏言则一事，专言则包四者。④

---

① （宋）黎靖德编：《朱子语类》卷115，中华书局1986年版，第2776页。

② （宋）黎靖德编：《朱子语类》卷28，中华书局1986年版，第725页。

③ （宋）周敦颐：《通书》，中华书局1980年版，第163页。

④ （宋）程颢、程颐：《二程集》，中华书局2004年版，第697页。

又如伊川言：

> 读易须先识卦体。如乾有元亨利贞四德，缺却一个，便不是乾，须要认得。①
>
> 自古元不曾有人解仁字之义，须于道中与他分别五常，若只是兼体，却只有四也。且譬一身：仁，头也；其它四端，手足也。至如易，虽言“元者善之长”，然亦须通四德以言之。至如八卦，易之大义在乎此，亦无人曾解来。②

其意便是说，四德之“元亨利贞”与五常之“仁义礼智信”是同构的，元兼“亨利贞”，仁兼“礼义智信”。这种思想得到了朱熹的继承和发扬，其亦以“仁义礼智”来配“元亨利贞”，在其理学视域下进行了更深入的诠释。《文言》曰：“元者善之始也，亨者嘉之会也，利者义之和也，贞者事之干也。”朱熹之《周易本义》注曰：

> 元者，生物之始，天地之德莫先于此，故于时为春，于人则为仁，而众善之长也。亨者，生物之通，物至于此莫不嘉美，故于时为夏，于人为礼，而众美之会也。利者生物之遂，物各得宜，不相妨害，故于时为秋，于人则为义，而得其分之和。贞者生物之成，实理备具，随在各足，故于时为冬，于人为智，而为众事之干。干，木之身而枝叶所依以立者。③

简言之，朱熹认为，“元亨利贞”所揭示的是天道运行的规律，“元亨利贞”在自然层面展现为春夏秋冬四季的分明流转，生物的生长收藏；在人道则展现为人性之“仁义礼智”四德的生发。天道四德对应人道之四德，乾元配仁，为四德之本，是天地生物之德，是物生之始，天地万物之德皆本于

---

① （宋）程颢、程颐：《二程集》，中华书局2004年版，第698页。

② （宋）程颢、程颐：《二程集》，中华书局2004年版，第697页。

③ （宋）朱熹：《周易本义·文言传第七》，上海古籍出版社1987年版，第146页。

此。在天道四德与人道四德的比附中，朱熹把“礼”与“亨”相对应。“亨”为生物之通，于四时呈现为夏季，于人道则呈现为“礼”。由此可知，人伦之礼与自然界有着本然的相通。

不仅如此，通过朱熹对天道四德与人道四德的比附和阐发，揭示了礼生发的内在机制和特点。依朱熹之意，“乾元”具有生意，是太极之开创性的体现，由“乾元”而推演出宇宙生生的大化的有机生命系统。其言：

> 元亨利贞，譬诸谷可见，谷之生，萌芽是元，苗是亨，穗是利，成实是贞。谷之实又能生，循环无穷。①
>
> 光祖问：四德之元，犹五常之仁，偏言则一事，专言则包四者？曰：元是初发生出来，生后方会通，通后方使向成。利者物之遂，方是六七分，到贞处方是十分成，此偏言也。然发生中已具后许多道理，此专言也。②

犹如谷类之生一样，“元亨利贞”之生发循环无穷。偏言之，“乾元”为四德之一，在理气的推动下四德循环流转，不可缺少，而与礼相对应的亨为四德之次，推动“乾元”亨生而会通，使万物繁茂，呈现一片生机；专言之，万物因“乾元”而资生，“乾元”统贯四德，统贯了“亨”，“亨”含摄了“乾元”之善，因“乾元”而流转，为生物之通。而对应人道之四德，乾元配仁，亨对应礼，礼与仁的关系犹如亨与乾元的关系，即仁、礼皆为四德之一，礼仅次于仁，“仁其统体，而礼其节文耳”③“仁礼一体”“仁、礼非是二物”④。其言：

> 当来得于天者只是个仁，所以为心之全体。却自仁中分四界子：一

---

① （宋）黎靖德编：《朱子语类》卷 68，中华书局 1986 年版，第 1689 页。

② （宋）黎靖德编：《朱子语类》卷 68，中华书局 1986 年版，第 1690—1691 页。

③ （宋）朱杰人等主编：《朱子全书》第 23 册，《晦庵先生朱文公集》，上海古籍出版社、安徽教育出版社 2002 年版，第 1857 页。

④ （宋）黎靖德编：《朱子语类》卷 41，中华书局 1986 年版，第 1043 页。

界子上是仁之仁，一界子是仁之义，一界子是仁之礼，一界子是仁之智。一个物事，四脚撑在里面，唯仁兼统之。①

仁所以包三者，盖义礼智皆是流动底物，所以皆从仁上渐渐推出。②

经礼三百，曲礼三千，无一事之非仁。经礼、曲礼，便是与仁为体。③

礼者，仁之发，义者，智之藏。④

仁者，仁之本体，礼者仁之节文，义者，仁之断制，智者，仁之分别。⑤“礼仪三百，威仪三千”，非仁则不可行。⑥

朱熹认为，“仁”是四德之一，专言之，“仁”又是四德之本根，统贯四德。因此，“礼”包含在“仁”之中，由“仁”而生出，“仁”为“礼”的内在本体依据，是“礼”之“性理”；而礼为四德之次，为“仁之节文”，将“仁”具而显化为人伦道德规范。

朱熹对于四德的排序又有自己的思想特色：

问：“《孟子》说仁义礼智，义在第二；《太极图》以义配利，则在第三。”曰：“礼是阳，故曰亨。仁义礼智，犹言东西南北；元亨利贞，犹言东南西北。一个是对说，一个是从一边说起。”⑦

才仁，便生出礼。⑧

① （宋）黎靖德编：《朱子语类》卷6，中华书局1986年版，第106页。

② （宋）黎靖德编：《朱子语类》卷6，中华书局1986年版，第107页。

③ （宋）黎靖德编：《朱子语类》卷36，中华书局1986年版，第987页。

④ （宋）黎靖德编：《朱子语类》卷6，中华书局1986年版，第122页。

⑤ （宋）黎靖德编：《朱子语类》卷6，中华书局1986年版，第108页。

⑥ （宋）朱杰人等编：《朱子全书》第24册，上海古籍出版社、安徽教育出版社2002年版，第3300页。

⑦ （宋）黎靖德编：《朱子语类》卷6，中华书局1986年版，第108页。

⑧ （宋）黎靖德编：《朱子语类》卷6，中华书局1986年版，第114页。

从阴阳角度来看，仁、礼同为阳、为用：

> 自阴阳上看下来，仁礼属阳，义智属阴。仁礼是用，义智是体。①

传统四德的排序为“仁义礼智”，而朱熹对四德的排序为“仁礼义智”，其更以手足为喻：“性如人身，仁是人左手，礼是人右手，义是左脚，智是右脚。”②“人言手足，亦须先手而后足，言左右，亦先做而后右。”③朱熹把礼排在仁之后，仅次于仁，以此特意强调了礼的独特地位。

太极于人道对“仁”的落实使礼有了内在所依。朱熹通过对“元亨利贞”与“仁义礼智”比附的思想阐发，揭示了“礼”之生发因缘，强调了礼的独特性、重要性，阐明了心性中的“仁”开显出内在的“礼”德，外化之体现则为外在礼文。于太极本质层面言之，礼德与礼文是对应的，贯通为一的，如朱熹言：“礼者，道体之节文，必其人之有德，然后乃能行之也。”④因此，以“仁”为本体依托的心之礼的意蕴的彰显亦是外在礼之文仁德意蕴的彰显。从仁这一层面，朱熹在此论证了礼的实现是由内而外的，有着内在的价值依托，并不只是外在徒有的礼文形式，礼是根植于内心，彰显仁德，具有内在的自觉性与感通性。

三、礼具仁之生意

依朱熹之意，元亨为阳，属于创生性，利贞为阴，具有凝聚性力量。“乾元”具有生生之德，是太极之开创性的体现。“仁”因以“乾元”相配，为一元之气，具有“生”之理，赋有生物之德，为天地生物之心。礼因此亦具有生生之德，推动仁意流行。

儒家“生意”之思想源于《周易·系辞》中的“生生之谓易”。《系辞》

---

① （宋）黎靖德编：《朱子语类》卷6，中华书局1986年版，第106页。
② （宋）黎靖德编：《朱子语类》卷6，中华书局1986年版，第110页。
③ （宋）黎靖德编：《朱子语类》卷6，中华书局1986年版，第110页。
④ （宋）朱熹：《四书或问》卷3，上海古籍出版社、安徽教育出版社2001年版，第96—97页。

中以“生”论“仁”：“天地之大德曰生，圣人之大宝曰位。何以守位？曰仁。”生即“天地之心”，《复卦·彖辞》中云：“复，其见天地之心乎。”

如前文所述，朱熹所处的时代是儒释道互融互争的时代，佛教的“空”本体论和道教“无”论对儒家价值本体的“仁”的思想形成一定的挑战。宋代儒者为了回应佛老思想，努力对仁之本体进行抬升，最终把孔孟所论述的“仁”与理学中宇宙论层面的“生意”进一步连接起来，赋予了“仁”宇宙论的意义，以此打通天道性命，确立了仁的本体地位。

在朱熹之前，宋代学者多致力于此，如周敦颐在《通书·顺化》中云：“生，仁也。”[①] 但周敦颐只以“生”而论仁，并没有将天道与仁圆融贯通起来。而邵雍以太极为心法，以此试图把太极与心结合起来，以太极而诠释心，但是他并未涉及道德价值层面上的仁体和心的关系。

张载将无心之天与仁等同，以此作为人心的根据，其云：

> 天本无心，及其生成万物，则须归功于天，曰：此天地之仁也。[②]
>
> 天体物不遗，犹仁体事无不在也。[③]

但是张载对仁体之道德层面并未很系统地说明。

二程也将从人心中所体验的天理归为仁：

> “生生之谓易”，是天之所以为道也。天只是以生为道，继此生理者，即是善也。善便有一个元，底意思。“元者善之长”，万物皆有春意，便是
>
> 继之者善也。[④]
>
> 万物之生意最可观，此元者善之长也，斯所谓仁也。[⑤]

---

① （宋）周敦颐：《通书》，中华书局 1980 年版，第 63 页。

② （宋）张载：《张载集·经学理窟》，中华书局 1978 年版，第 188—189 页。

③ （宋）张载：《张载集·正蒙》，中华书局 1978 年版，第 13 页。

④ （宋）程颢、程颐：《二程遗书》，上海古籍出版社 2000 年版，第 136 页。

⑤ （宋）吕祖谦，朱熹：《近思录》，上海古籍出版社 2000 年版，第 32 页。

仁者须先识仁，浑然与物同体。①

其认为，天以生为道，体现为仁，仁与万物同体，人可通过体悟宇宙万物之生意、生气而识仁。

朱熹在此基础上，综合了张载与二程的思想，在天道性命贯通、自然与人文道德统一的基础上着力以“生”来论“仁”，其言：

仁者天地生物之心，而人之所得以为心者也。仁是个生底物事。既是生底物，便具生之理。②

朱熹认为，“仁”就是人心得之天理，具有“生”之理，他把“仁”称为“生物之心”。

“仁”之生意就是乾元之生意，万事万物都是由“生意”而来。“仁义礼智”亦是，仁包含四德，四德皆是一元之生意的不同阶段的体现，“四德”皆是一个“生意”。

郑问：仁是生底意，义礼智则如何？曰：“天只是一元之气。春生时，全见是生；到夏长时，也只是这底；到秋来成遂，也只是这底；到冬天藏敛，也只是这底。仁义礼智割做四段，一个便是一个；浑沦看，只是一个。”③

其弟子问：“仁包四者，只就生意上看否？”朱熹对曰：“统是一个生意。”④

其把“仁义礼智”比附“春夏秋冬”，用春夏秋冬的关系来诠释“仁”之生意。“仁”相当于春，春即“生意”。其言：

---

① （宋）吕祖谦，朱熹：《近思录》，上海古籍出版社2000年版，第32页。

② （宋）黎靖德编：《朱子语类》卷21，中华书局1986年版，第498页。

③ （宋）黎靖德编：《朱子语类》卷6，中华书局1986年版，第107页。

④ （宋）黎靖德主编：《朱子语类》卷95，中华书局1986年版，第2416页。

得此生意以有生，然后有礼智义信。①

或问："仁有生意，如何？"曰："只此生意。心是活物，必有此心，乃能知辞逊；必有此心，乃能知羞恶；必有此心，乃能知是非。此心不生，又乌能辞逊、羞恶、是非！且如春之生物也，至于夏之长，则是生者长；秋之遂，亦是生者遂；冬者成，亦是生者成也。"②

犹春夏秋冬虽不同，而同出于春：春则生意之生也，夏则生意之长也，秋则生意之成，冬则生意之藏也。③

朱熹认为无论是自然界春夏秋冬的自然之理，还是人道的"仁义礼智"之理皆具生意。"礼"为四德之次，与"亨"相对应，承载的价值意蕴即是乾元"生物之德"，"仁""礼"如此便统是一个"生意"，并且礼与仁一样属阳，具有开创性，对"仁"能"发见会通"。

于此，落实在道德层面，"礼"赋有恻隐爱人之生意、生机，如同四季、如同草木一样赋有天地自然之生意。故此，朱熹说：

人，指人身而言。具此生理，自然便有恻怛慈爱之意，深体味之可见。宜者，分别事理，各有所宜也。礼，则节文斯二者而已。④

孟子指出："智之实，知斯二者弗去是也；礼之实，节文斯二者是也；乐之实，乐斯二者，乐则生矣；生则恶可已也？恶可已，则不知足之蹈之、手之舞之。"（《孟子·离娄上》）朱熹注曰：

斯二者，指事亲、从兄而言。知而弗去，则见之明而守之固矣。节文，谓品节文章。乐则生矣，谓和顺从容，无所勉强，事亲、从兄之意油然自生，如草木之有生意也。既有生意，则其畅茂条达，自有

---

① （宋）黎靖德编：《朱子语类》卷6，中华书局1986年版，第105页。

② （宋）黎靖德编：《朱子语类》卷20，中华书局1986年版，第468页。

③ （宋）黎靖德编：《朱子语类》卷6，中华书局1986年版，第105页。

④ （宋）朱熹：《四书章句集注》，中华书局1983年版，第28页。

不可遏者，所谓恶可已也。其又盛，则至于手舞足蹈而不自知矣。①

据此可见，朱熹认为礼为承载的“事亲、从兄”的道德之理，具有生意，而人们乐于为礼，便会如草木般具有生生不息的生命力，“发见会通”仁意，使生命畅茂条达。由此可言之，外化的礼文并非毫无生机固着的制度规文，其以节文的形式而承载宇宙、自然生命之生意、生机。

在朱熹的理学中理气是不相离的，“元亨利贞”的流转是气之使然，“仁义礼智”亦是如此，不仅含具生意，其实现即是生气流行。故而朱熹认为礼不仅具有“恻隐慈爱”之“生意”之理，更具有此理之“生气”，以此为推动仁意流行的动力。

问：“仁是天地之生气，义礼智又于其中分别。然其初只是生气，故为全体。”曰：“然。问：肃杀之气，亦只是生气。曰：不是二物，只是敛些。春夏秋冬，亦只是一气。”②

朱熹认为天地之间只是一元之气的流行，春夏秋冬虽分四季，合起来看却是一元之气流行的不同阶段。而对应人道的四德亦是如此，仁义礼智皆是一元之气的流行发用。于此，朱熹言：

所以仁义礼智自成四派，各有界限。仁流行到那田地时，义处便成义，礼、智处便成礼、智。且如万物收藏，何尝休了，都有生意在里面。如榖种、桃仁、杏仁之类，种著便生，不是死物，所以名之曰仁，见得都是生意。如春之生物，夏是生物之盛，秋是生意渐渐收敛，冬是生意收藏。又曰：春夏是行进去，秋冬是退后去。正如人呵气，呵出时便热，吸入时便冷。③

只如四时：春为仁，有个生意；在夏，则见其有个亨通意；在秋，

① （宋）朱熹：《四书章句集注》，中华书局 1983 年版，第 350 页。

② （宋）黎靖德主编：《朱子语类》卷 6，中华书局 1986 年版，第 107 页。

③ （宋）黎靖德编：《朱子语类》卷 6，中华书局 1986 年版，第 112—113 页。

则见其有个诚实意；在冬，则见其有个贞固意。在夏秋冬，生意何尝息！本虽凋零，生意则常存。大抵天地间只一理，随其到处，分许多名字出来。四者于五行各有配，惟信配土，以见仁义礼智实有此理，不是虚说。又如乾四德，元最重，其次贞亦重，以明终始之义。非元则无以生，非贞则无以终，非终则无以为始，不始则不能成终矣。如此循环无穷，此所谓"大明终始"也。①

四德都蕴含着生机、生意、生气，"仁义礼智"与"春夏秋冬""元亨利贞"相配，其循环往复就如四季更迭一般生、长、遂、成，是天地之气循环流行的体现。

朱熹认为四德为一德，皆是仁之显发，仁义礼智四德生时有次第，发时却无次第：

问："元亨利贞有次第，仁义礼智因发而感，则无次第。"曰："发时无次第，生时有次第。"②

仁义礼智从心之德、情之角度来看，则由心发而体现为"恻隐，羞恶，辞让，是非"之情，四情的显发是随感而应，随感而发，并无次第。然而从宇宙大化生气流行角度来讲，四德生而有次第，由仁渐渐而始：

仁所以包三者，盖义礼智皆是流动底物，所以皆从仁上渐渐推出。③

朱熹把心之四德看作"流动底物"，由仁到智渐渐推出，故而与"亨"相配的"礼"如此亦具备生机和活力，是"宣著发挥"之气于人道之体现，具有发现会通的作用："生底意思是仁，杀底意思是义，发见会通是礼，深

① （宋）黎靖德编：《朱子语类》卷6，中华书局1986年版，第105页。
② （宋）黎靖德编：《朱子语类》卷6，中华书局1986年版，第107页。
③ （宋）黎靖德编：《朱子语类》卷6，中华书局1986年版，第107页。

藏不测是智。”① 据此，“礼”之价值在于发见会通仁理，推动仁意流行，推动天道乾元生意亨通。

这样看来，“仁义礼智”四德不仅体现人伦道德意义，更有自然意义、宇宙论意义。故此朱熹说：

> 心里只有此四种物，万物万事皆自此出。②
>
> 人只是此仁义礼智四种心。如春夏秋冬，千头万绪，只是此四种心发出来。③

仁义礼智四德不仅限于道德层面，更参与宇宙、自然的大化流行。进而言之，心之礼并不是固着僵化，具有生意、生气，推动仁意生气流行，以此彰显宇宙、人生畅通繁盛的生命自然需求。

综上，朱熹以天地生意、生气而统贯四德，由天道贯通人道，将自然与人文相统一。朱熹继承前贤的思想，把“元亨利贞”与“仁义礼智”关联起来，明确了“礼”之生发因缘以及价值意蕴，以“生意”“生气”把宇宙论的范畴与道德论范畴连接了起来，使礼成为融贯天人之际、统一人文价值之维与自然存在之维的价值承担：“可以说，朱熹《仁说》中关于‘人心’的诠释正与王安石的新学遥相呼应，从性命道德的角度将仁、礼及与心的关系界说清楚，从根本意义上清算了宋代新学的影响，为理学建构了坚实的心性论基础。”④ 此言一语中的。

四、礼为仁爱之理

礼本然含具宇宙之生意，此生意于天道体现的是宇宙间的生生大化，而于道德意义上则体现为爱之理。唐君毅先生说：“自朱子之宇宙论言，所谓天地之心，乃表现于天地之气依此生物之理而流行以生物上；人之心则当

---

① （宋）黎靖德编：《朱子语类》卷 6，中华书局 1986 年版，第 107 页。

② （宋）黎靖德编：《朱子语类》卷 6，中华书局 1986 年版，第 115 页。

③ （宋）黎靖德编：《朱子语类》卷 6，中华书局 1986 年版，第 105 页。

④ 殷慧：《朱熹礼学思想研究》，湖南大学博士论文，2009 年，第 173 页。

自人之生命之气，依此仁之理而流行，以爱人利物上说。此中之心，乃一理气之中介概念，亦一统摄概念。"①由礼为仁之显发，亦体现了"爱之理"，礼以"爱之理"进一步彰显了具有理学特色的人文价值。

朱熹认为爱是一种道德情感，人人心中皆有爱德。其言：

此心何心也？在天地则块然生物之心，在人则温然爱人利物之心，包四德而贯四端者也。②

仁是个生底物事。既是生底物，便具生之理，生之理发出便是爱。③

只天地生这个物时，便有个仁。它只是生而已。从他原头下来，自然有个春夏秋冬、金木水火土。故赋予人物，便有仁义礼智之性。仁属春属木。且看春间天地发生，蔼然和气，如草木萌芽，初间仅一针许，少间渐渐生长，以至枝叶花实，变化万状，便可见他生生之意。非仁爱何以如此！缘他本原处有个仁爱温和之理如此，所以发之于用，自然慈祥恻隐。④

理便是性。缘里面有这爱之理，所以发出来无不爱。⑤

仁是爱之理，爱是仁之用。未发时，只唤做仁，仁却无形影；既发后，方唤做爱，爱却有形影。⑥

"心之德"，德又只是爱。谓之心之德，却是爱之本根。⑦

其意为，人心禀成天理，人性本具生之理，本然含摄爱之理。而仁为人性之道德价值体现，仁即是爱之理。

① 唐君毅：《中国哲学原论·原性篇》，中国社会科学出版社2005年版，第258—259页。

② 《晦庵先生朱文公文集》卷76，《朱子全书》第23册，上海古籍出版社、安徽教育出版社2002年版，第3280页。

③ （宋）黎靖德编：《朱子语类》卷21，中华书局1986年版，第498页。

④ （宋）黎靖德编：《朱子语类》卷17，中华书局1986年版，第383页。

⑤ （宋）黎靖德编：《朱子语类》卷20，中华书局1986年版，第696页。

⑥ （宋）黎靖德编：《朱子语类》卷20，中华书局1986年版，第696页。

⑦ （宋）黎靖德编：《朱子语类》卷20，中华书局1986年版，第465页。

而这种“爱”是建立在理一分殊的基础上的，是人性内在伦理道德规范的依据，伦理之礼是爱之理的外在体现形式。

> “且如敬，只是这一个敬；便有许多合当敬底，如敬长、敬贤，便有许多分别。”又问礼。先生曰：“以其事物之宜之谓义，义之有节文之谓礼。且如诸侯七庙，大夫五庙，士二，这个便是礼；礼里面便有义。所以说：‘天命之谓性，率性之谓道，修道之谓教。’如《中庸集略》吕与叔所云：‘自是合当恁地。’知得亲之当爱，子之当慈，这便是仁；至于各爱其亲，各慈其子，这便是义。”①

理一在分殊中，分殊彰显着理一。“仁”承载爱之理是有差等性，此差等性体现为义，义有节文节之则为礼。理一即为仁体，分殊则为义，为仁爱之理内在表现，而礼为义的实现形式，是义于具体行为方式的外在表现形式。仁义为礼之本质，为礼之体，礼为仁义之用。仁为心理之发用流行处，义即为仁体发用的恰当处，以礼实现之。

而杨时于发用流行处来诠释仁，偏重仁的用。朱熹虽然亦赞成要重视仁用，但反对杨时太执着分殊而忽视理一，以此陷入了利己主义。故此，其言：

> 言理一而不言分殊，则为墨氏兼爱。言分殊而不言理一，则为杨氏为我。所以言分殊，而见理一底自在那里，言理一，而分殊底亦在，不相夹杂。②

朱熹认为墨子因言理一而不重分殊，以此陷溺于兼爱，而杨时则相反，为纯粹的利己主义，只言分殊却不重理一，二者皆有偏。故此，朱熹说：

---

① （宋）黎靖德编：《朱子语类》卷98，中华书局1986年版，第2527页。
② （宋）黎靖德编：《朱子语类》卷98，中华书局1986年版，第2521页。

事他人之亲如己之亲，则是两个一样重了，如一木有两根也。①

朱熹认为，如果爱他人之父母如同爱自己父母一般的话，如同一棵树木有两个根。其言外之意为，仁之爱是有差别性的，这种差别性是先天的，亦由太极形成的先天先序决定的。因此爱有差等是人之本性的自然流露，并非刻意为之。倘若爱无差等，事他亲如事己亲则就相当于失去了仁爱之本，道德伦理就会紊乱，因此需要礼来节之。但是这种差等之爱一定要理一为前提。差等之爱可以扩充，只有将这种爱扩展到宇宙万事万物才能不陷入利己主义。朱熹言：

林子武问："龟山《语录》曰：'《西铭》理一而分殊。知其理一，所以为仁；知其分殊，所以为义。'"先生曰："仁，只是流出来底便是仁；各自成一个物事底便是义。仁只是那流行处，义是合当作处。仁只是发出来底；及至发出来有截然不可乱处，便是义。且如爱其亲，爱兄弟，爱亲戚，爱乡里，爱宗族，推而大之，以至于天下国家，只是这一个爱流出来；而爱之中便有许多等差。"

盖以乾为父，以坤为母，有生之类，无物不然，所谓理一也，而人物之生，血脉之属，各亲其亲，各子其子，则其分亦安得而不殊哉。一统而万殊，则虽天下一家，中国一人，而不流于兼爱之弊，万殊而一贯，则虽亲疏异情贵贱异等，不梏于为我之私。②

于此，万物之间于本源上同禀一个天理，此便是仁，于此人与人的关系必须以仁体为终极价值归宿相亲相爱，这种相亲相爱虽是建立在"各亲其亲，各子其子"的差别之爱的基础上，但也不能囿于"为我之私"的差别爱，而是应由差别爱扩大到普遍爱。

进而言之，由仁体流露出的恻隐之情是具有性差等的亲亲之爱，爱有

① （宋）黎靖德编：《朱子语类》卷55，中华书局1986年版，第1314页。

② （宋）朱杰人等编：《朱子全书》第13册，上海古籍出版社、安徽教育出版社2002年版，第145—146页。

差等即为分殊，分殊为义，外显为礼，为仁体流行发用的恰当处。仁爱要依靠具有差等秩序性的礼来落实，不能心头空养而使人落入悬空。但仁亦有兼爱宇宙万物的一面，人应由爱其亲而始，进而爱其家，爱其乡，爱宗族，最后将这种爱扩展到天下国家，一言蔽之，此爱贯通了家、国、天下。故而礼虽然体现了爱有差等，来节制爱，但不有梏于小我之私，而应突破小我，将爱扩展。

这也即是说如果没有理一的普遍之爱，从亲、家、乡、宗族直到天下国家皆无法相亲相爱，但是如果只有普遍之爱，而泯灭爱之差等性，那么仁爱之落实就会失去现实的依靠。据此，礼含具了差等之爱与兼爱的双重伦理特色。

总之，朱熹通过对“太极”与“仁”之间贯通的阐发，对礼之内在的价值依托和归属作了说明，明确了礼形而上的价值维度。其以易之乾之卦辞“元亨利贞”与“仁义礼智”的互相阐释、对应，以“仁”明确了礼的内在“生物之德”“爱之礼理”的价值属性，阐明了具有理学特色的礼之价值意蕴，排遣了礼为刻板固化的、毫无生机的拘制人心的文规制度，拓展完善了礼之内在的精神维度。在天人合一价值理路下，朱熹通过“仁”之内在的道德价值属性彰显了礼之人文精神，更突破了“人类中心主义”，为儒家核心思想“天人合一”做了完美的解读和诠释，把自然之真与人文之善和谐地统一到以太极为本源的宇宙生化之中。这种循环连接不仅体现了在太极的观照下对生命的终极关切和对现实人生的深刻期许，更体现了人伦之序对天道大本大源的服膺的内在自觉性和本能性，以此肯定了“礼”为实现人道之太极的价值所在。礼不再仅仅是道德哲学概念，更被朱熹拔高到宇宙论的高度，获得了宇宙论的终极支持，具备内在的生机，其存在价值在于疏导和成就生命，实现人与天地万物和谐共生共荣的和谐的形态。故从此角度亦判察，朱熹“礼”之根本精神传承着传统儒家天人合一的基本方向和价值归属。

而清代一些学者却并不这样认为，其对朱熹礼学思想多有非议，否定了朱熹礼学心性层面具有的能动性与自觉性。如戴震认为，朱熹之“存天理，灭人欲”的思想违背人性，实为“以理吃人”。究其原因，有两面。其一为社会因素。朱熹之礼在践行、推广时，被过于推崇。且基于当时社会政治状况，其理学思想后来被统治阶层在意识领域有意地拔高犯尊，导致朱熹之学渐渐走向僵化，"不以理易礼"的思想被过分夸大、执着，使礼之形而上的解读与形而下的推行出现脱节。其二，则根源学理之本身。朱熹以"太极"为本体的同时，亦认为"太极"为本源，由此确立了"三纲五常"先天的绝对性，并认为礼所承载的天理之爱是建立在这种绝对差等性的基础上的：

> 三纲五常，终变不得，君臣依旧是君臣，父子依旧是父子。①
>
> 君尊于上，臣恭于下，尊卑大小，截然不可犯。②

其以此肯定了先天的天秩天序，赋予礼本身的严格等级化特征，使礼烙印了"三纲五常"之不可动摇的权威性的特质。这就使"礼"潜存了僵化偏执的"毒瘤"。随着时代的变迁，人情亦变，朱熹之礼这一特征逐渐暴显出来，在无常的时空下越来越显得不合时宜，进而走向桎梏人情的极端，从而引发了情礼危机，由此导致明清对朱熹之礼一系列的指斥与反思。

基于此，下面我们就此问题进一步来分析、明确朱熹情礼关系的特点以及其礼学所潜在的情礼之间的张力。

第四节　礼与情

前面已经详论了礼与心，礼与性的关系。然而我们通过前文分析可知，心、性都是隐性之存在，其现实流而显用则表现为"情"。礼直接面向的为人心，直接作用就是心性的现实存在状态的"情"。礼是为恢复人性本有的礼德所设，礼之发用、实现与情密不可分。而礼若不能反映人心、人性、人情必然就会失去存在的空间，遭遇时代的淘汰。正是礼与情之间的张力推动着礼文化的沿革、发展和完善。朱熹对情礼关系阐发取决于其对情的认知。

---

① （宋）黎靖德编：《朱子语类》卷 24，中华书局 1986 年版，第 598 页。

② （宋）黎靖德编：《朱子语类》卷 68，中华书局 1986 年版，第 1707 页。

一、情之正与情之偏

在传统儒家思想里，情为心性层面，为性之流用，与欲有密切的关系。《性自命出》中讲道："道始于情，情生于性。"即情的产生源于人性，性为情之体、情之理。而情与欲更有直观的联系。《说文解字》云："情，人之阴气有欲者。"段玉裁注曰："董仲舒曰：情者，人之欲也。欲之谓情，情非制度不节。《礼记》曰：何谓人情？喜怒哀惧爱恶欲，七者，弗学而能。"① 荀子亦认为欲与情密不可分："夫人之情，目欲夫人之情，目欲綦色，耳欲綦声，口欲綦味，鼻欲綦臭，心欲綦佚，此五綦者，人情之所必不免也。"（《荀子·王霸》）就如徐复观所言："荀子的性、情、欲是一个东西的三个名称。"② 由此可见，在现实层面，儒家大致认为，人之欲望为人情产生的前提。故可要言之，"情"为每个人内心活动的基本属性，是对心性的具而显化，是人性之欲，人心显而流露的便是人情。朱熹对情的认知一方面继承了先秦儒家的思想，另一方面在理学的视野下，从天理之高度对情作出了新的解读。

于理学视域下，朱熹认为性为天理流行下贯于心，由气作为媒介通过心的发用，由形而上之无形转化为形而下具体的具有现实面向的情。性情贯通一如、连绵不绝。简而言之，朱熹认为情为心、性之显发，心、性、情的关系是：性体情用，心统性情。其言：

> 心有体用，未发之前是心之体，已发之际是心之用。③
>
> 问："心统性情"。曰："性者，理也。性是体，情是用。性情皆出于心，故心能统之。统，如统兵之'统'言有以主之也。"④

心之未发是体，即性，心之已发是用，即情。性是寂然不动的，而情则是感而随生。性为天理之圆满，情依性而起，性则依情而流动显用。据此

---

① 段玉裁：《说文解字注》，成都古籍出版社 1981 年版，第 531 页。

② 徐复观：《中国人性论史》，上海三联书店 2001 年版，第 205 页。

③（宋）黎靖德编：《朱子语类》卷 5，中华书局 1986 年版，第 90 页。

④（宋）黎靖德编：《朱子语类》卷 98，中华书局 1986 年版，第 2513 页。

郭齐勇先生认为："凸显情，处理心、性、情的关系，说到底，是要在不把性、理混同于、降低为情、气的前提下，解决性、理的实践性问题，尤其是解决道德实践的动力问题，因此，他必须借助于情、气来激活性、理，使性、理变死为活。"① 由此可见，依朱熹之意，人是通过情而显发幽隐之性，以此得以展现其隐藏的道德生命力。换言之，道德实践的动力需以情来激活性。也许正是基于此，朱熹特重"情"："朱子之'性情论'，给'情'以适当之地位。因为朱子认识到，'情'既灭了，性便是个死底性，于我更何用?"②

如此，基于理学思想的基本逻辑理路以及心性情的关系，朱熹对人之情的界定可归结为两面：一是本然层面。此层面的情与天理接通，为理之彰显，为性之全然流露，所发皆为善。另一层面为实然人欲层面。此层面的情因气禀有时与天理相隔，所发有不善。概言之，这两面即为情之正与情之偏。

其一，于天道性命本然贯通层面言之，天理下贯到人心为性，情为人之本性的自然流露，此为情之正。情之正与天理贯通为一，是真情，为天理、性的全然流显。

宋明理学家对于情的界定亦禀成儒家情欲关系的传统思想理路，其探讨亦是围绕"性情欲"的人性论的模式而展开。但"天理"哲学概念的提出，使"性情欲"之间的关系在很长一段时期一直没有离开"天理"的笼罩。朱熹亦在此框架模式中来对性情欲进行描述阐发，其言：

> 性是未动，情是已动，心包得已动未动。盖心之未动则为性，已动则为情，所谓"心统性情"也。欲是情发出来底。心如水，性犹如水之静，情则水之流，欲则水之波澜，但波澜有好底，有不好底。③

依朱熹之意，情是性之动，由情而产生欲，有些情与天理接通，为

① 郭齐勇：《朱熹与王夫之的性情论之比较》，《文史哲》2001年第3期。

② 郭齐勇：《朱熹与王夫之的性情论之比较》，《文史哲》2001年第3期。

③ （宋）黎靖德编：《朱子语类》卷5，中华书局1986年版，第93—94页。

性之全然流露，即符合道德理性，产生合理的人欲，此为情正，为道心之体现。

而对于人欲，朱熹说道：

> 人心是知觉，口之于味，目之于色，耳之于声底，未是不好，只是危。①

言外之意则为，正常的人欲符合天理，在道德理性支配下是可以存留的，但如果失去道德理性的支配，违背天理，那就会变成恶的。

由此进而言之，朱熹并不是彻底否认情，他所否定的是过分的人欲。钱穆对于情与欲曾表达过自己的见解："宋儒说心统性情，毋宁可以说，在全部人生中，中国儒学思想，则更着重此心之情感部分，尤胜于其着重理知的部分。我们只能说，由理知来完成性情，不能说由性情来完成理知。情失于正，则流而为欲。中国儒家，极看重情欲之分异。人生应以情为主，但不能以欲为主。儒家论人生，主张节欲寡欲以至于无欲。但绝不许人寡情、绝情乃至于无情。"② 此解亦正契合朱熹之意，朱熹正是主张寡欲而存情。

对于情之正的具体状态，朱熹言：

> 以思虑未萌，事物未至之时，为喜怒哀乐之未发。当此之时，却是此心寂然不动之体，而天命之性当体具焉。以其无过不及，不偏不倚，故谓之中。及其感而遂通天下之故，则是喜怒哀乐之情发焉，而心之用可见。以其无不中节，无所乖戾，故谓之和。此则人心之正，而性情之德然也。③

朱熹认为，思虑未动之时，心未曾接物，喜怒哀乐之情未发，此为性

---

① （宋）黎靖德编：《朱子语类》卷 78，中华书局 1986 年版，第 2013 页。

② 李泽厚：《历史本体论己卯五说》（增订本），三联书店 2006 年版，第 56—57 页。

③ （宋）朱杰人等编：《朱子全书》第 23 册，上海古籍出版社、安徽教育出版社 2002 年版，第 2877 页。

体，为天命之性含具于心中，无过无不及，此心状态为“中”。而心触物有感，感而遂通，喜怒哀乐发用，无不中节，此心之状态谓之“和”。朱熹认为此心之“中和”的状态就是情之正，为心之德的展现。

进而言之，“仁义礼智”本然根植于人心，为人之本性，由此而发用为情，即“恻隐、恻隐、羞恶、辞让、是非”之四德，为心之情正的具体体现：

> 有这性，便发出这情。①
>
> 仁、义、礼、智者，性也，而心之所以为体也。恻隐、羞恶、恭敬、辞让者，情也，而心之所以为用也。②
>
> 恻隐、羞恶、辞让、是非，情也。仁、义、礼、智，性也。心，统性情者也。端，绪也。因其情之发，而性之本然可得而见，犹有物在中而绪见于外也。③
>
> 四端，情也，性则理也。发者情也，其本则性，如见影知形之意。④
>
> 恻隐、羞恶、是非、辞逊是情之发，仁义礼智是性之体。性中只有仁义礼智，发之为恻隐、辞逊、是非、乃性之情也。⑤

由于情由心之性而发，由四德发而流用为四端之情，因此通过情之正，可以体达性之体。

总之，真情与天理接通，为性之自然流露，符合道德理性，无偏无倚地体现了心之四德。因此，朱熹认为此层面之情为道心之呈现，为情之正，所发皆显天理，故情不可灭，应重情，情若灭了，道德实践便缺少了内在现

---

①（宋）黎靖德编：《朱子语类》卷5，中华书局1986年版，第89页。

②（宋）朱杰人等编：《朱子全书》第24册，上海古籍出版社、安徽教育出版社2002年版，第4989页。

③（宋）朱熹：《四书章句集注》卷3，中华书局1983年版，第238页。

④（宋）朱杰人等编：《朱子全书》第2册，上海古籍出版社、安徽教育出版社2002年版，第289—290页。

⑤（宋）黎靖德编：《朱子语类》卷5，中华书局1986年版，第92页。

实动力。诚如郭齐勇先生所言："朱子借助于'四端'等道德情感作为道德实践的动力。"①

其二，于人欲层面言之，心因为气禀而产生私欲，难免使得情之发露有偏狭，此为情之偏。

如前文所述，人欲层面的情有合理的，亦有不合理的。于人欲层面而言，情为"外物触其形而动于中"，而有些情则因"迁于物"而有所偏，背离了道德理性，与天理、性体相隔，此为人欲之不正的体现，这亦为众人的现实维度常流露的情感，是性之常有的现实面向：

> 形既生矣，外物触其形而动于中矣。其中动而七情出焉，曰喜、怒、哀、惧、爱、恶、欲。情既炽而益荡，其性凿矣。②
>
> 怒、恐、乐、忧，盖是四者，皆心之用，而人所不能无者。然一有之而不能察，则欲动情胜，而其用之所行，或不能不失其正矣。③
>
> 身有所忿，则不得其正有所恐惧，则不得其正；有所好乐，则不得其正；有所忧患，则不得其正。④
>
> 人情自有偏处，所亲爱莫如父母，至于父母有当几谏处，岂可以亲爱而忘正救！⑤

理气相杂，理在气中，"七情"是气之发，受气禀之偏的影响较大，发出较强烈，具有冲动性，容易偏胜，往往易使心为物欲所蔽，失去理性的控制，此即为情之偏。所发有偏的情偏离了道德理性，沦为过分而不正的人欲。朱熹认为流于过分人欲的情，有偏狭，不能任由放纵，而应对治、疏导。

综上，情因为理气的作用，于心已发之处，体现为本然与实然的两个

① 郭齐勇：《朱熹与王夫之的性情论之比较》，《文史哲》2001年第3期。
② （宋）黎靖德编：《朱子语类》卷16，中华书局1986年版，第352页。
③ （宋）黎靖德编：《朱子语类》卷16，中华书局1986年版，第352页。
④ （宋）黎靖德编：《朱子语类》卷16，中华书局1986年版，第352页。
⑤ （宋）黎靖德编：《朱子语类》卷16，中华书局1986年版，第352页。

层面。真情生于性，是心之性体的本然流动发用；而情之偏则是性因气禀所发有偏，与天理相隔，如此使得性理不得全然彰显。礼与情之间的相互作用及其关系便是由情的这两面性决定的。

二、情礼之相洽与背离

在儒家思想中，情与礼之间有着密切的关系。前文已提及“礼”之产生源于祭祀。而祭祀活动中人们向神灵祷告，多数为了祈愿实现内心所愿，而在这一系列的活动过程中都掺杂了人们的情感和愿望。故而从一开始礼的形成就与人情密切地联系在一起。“礼”之产生、沿革一直伴随、纠结着“人情”。朱熹对情礼关系的阐发既是基于在理学视域对情的认知，亦是对先秦情礼关系的继承。

情与礼之具体探讨起于先秦时期，两者的相互交织作用关系可归结为两面：

其一，礼生于情，此为先秦儒家之普遍共识。对于弟子于礼之本的疑惑，孔子解云：

> 礼，与其奢也，宁俭；丧，与其易也，宁戚。(《论语·八佾》)

于三年之丧，孔子亦道：

> 子生三年，然后免于父母之怀。夫三年之丧，天下之通丧也，予也有三年之爱于其父母乎？(《论语·阳货》)

据此不难看出，孔子认为礼本于内在的人情而外化为道德规范形式，礼之实现应从内心真实情感出发，应注重内心之真情之表达和抒发。继而，孟子承续孔子之礼重情的思想特点，亦认为礼生于人情，其曰：

> 盖上世尝有不葬其亲者。其亲死，则举而委之于壑。他日过之，狐狸食之，蝇蚋姑嘬之。其颡有泚，睨而不视。夫泚也，非为人泚，

中心达于面目。盖归反虆梩而掩之。掩之诚是也，则孝子仁人之掩其亲，亦必有道矣。(《孟子·滕文公上》)

依孟子之意，人世间起初并无丧礼，亲人去世后便被抛之荒野，但由于人们不忍看到亲人尸体被野兽食啖，于此便有了葬礼的产生。于此可见，礼出于人之情感所需，是应情而生。另外荀子对情与礼的关系探讨亦颇多，他亦认为丧服制度的原则为“称情而立文”(《荀子·礼论》)。此外，郭店楚简中对情亦予以重视，以情作为价值尺度。《性自命出》中云：“苟以其情，虽过不恶；不以其情，虽难不贵。”指出礼得以形成的根本即为人情：“礼作于情。”《语丛一》中也有“礼因人情而为之。”《语丛二》中有“情生于性，礼生于情。”

据上分析可知，礼本于情，此层面的情为本心、本性的真实流露，礼要服膺此层面的情。

其二，情需依礼而合理地抒发。礼依情而起，而情之流动发用，难免有过或不及，故需礼对之加以调节和规范，从而使之合理地抒发和表达，以此养护真情。如孔子言：“君子礼以饰情。”(《礼记曾子问》)又道：“夫礼，先王以承天之道，以治人之情。”(《礼记·礼运》)其认为礼具有调节、控制人情之作用，礼应治情。荀子亦云：

三年之丧，二十五月而毕，哀痛未尽，思慕未忘，然而礼以是断之者，岂不以送死有已，复生有节也哉！(《荀子·理论》)

其认为“三年之丧”之礼的制定是为节制人心之过度的哀伤、悲痛之情，使情之抒发不至过度失控。另外，“三礼”亦呈露出如此观点，如《礼记·礼运》将“人情”视作礼之重要的面向对象和实现目的：“故圣王修义之柄、礼之序，以治人情。故人情者，圣王之田也。”《礼记·乐记》中则曰：“乐统同，礼辨异，礼乐之说，管乎人情矣。”据此，圣人制礼直面的即为人情，礼之制定根本意义即为疏导人情。

综上，此层面的情需以礼节之，显然为偏离本心、本性的情欲，故是礼之作用的对象。

朱熹对情礼关系的解读正在继承先秦儒家对情礼关系阐释的前提下，于理学的视野中，从天理之高度对情礼关系作出了更全面的解读。通过分析朱熹对情的界定，可知礼、天理、情于本然层面贯通无碍，而在实然层面三者则常常暴显出矛盾和背离，以此引发了情礼的冲突、张力。通过朱熹以天理为基准对礼和情所作的界定，我们可将礼与情之间的关系判为两个层面：

其一，礼与情于天理本然层面贯通为一。如前文所述，朱熹并不彻底否认情，其认为有些情与天理接通，为性之全然流露，即符合道德理性，此层面之情为道心之体现，为情之正。如此情因所发合于天理，便与承载天理的礼亦贯通无碍；而同时如前文所分析，仁包四德，礼为四德之一，四德皆是"仁"之体现，故四德从本质上皆是贯通为一的。而四德流露显现"恻隐、羞恶、恭敬、辞让"之情正，因此从心性层面来讲，"礼"与"情"亦是贯通无碍的。据此，推而论之，"礼"与"情之正"皆是天理、四德的自然彰显、流露。据此，在本然层面"礼"与"情"统一相洽。

其二，于人欲层面而言，"情"与"礼"常常出现的对立与冲突。一方面朱熹认为，由于历史挪移以及文化传统之变迁，于不同情境下，情正之抒发、表达方式亦有所变，而外在礼之文常常于时空的无常，呈现出滞后性，致使礼不能正常地彰显人情之正。此时情与礼文不相称，时常出现背离，如朱熹言："古礼繁缛，后人于礼日益疏略。然居今而欲行古礼亦恐情文不相称。"[①] 另一方面，情因气禀与天理相隔，所发有不善，而礼对天理的承载与彰显决定了与此所发有偏的情是背离的，而此层面的背离是本质的。

据此概言之，在本然层面，"礼"与"情之正"皆为天理、心之四德之自然的彰显、流露，故在本然维度上礼与情贯通相洽。此亦为情礼互相作用的应然归宿。而在现实层面情礼关系则常常暴显出矛盾和背离，以此引发情礼之间冲突和张力。故而于现实中，情礼需相互调节方能相洽。礼既要肯认合理的欲望、服膺合理的情，又要去除不合理之欲，规制不合理的情，即礼

---

① （宋）朱杰人等编：《朱子全书》第 23 册，上海古籍出版社、安徽教育出版社 2002 年版，第 2877 页。

要本于、顺遂人情又不能为情所困。故此，朱熹认为礼应缘人情，抒发人情的同时，亦应规制人情，他对情之正予以最大的肯认，礼之情感因素于此得到了特别的重视和强调。

由此，我们可以将朱熹礼学内化的理路概括为：朱熹以天道性命贯通为思想逻辑理路，将礼由天道下贯到人道，使礼本于心，使人之本性本具礼。礼如此上通天理下入人心。朱熹以性确立了礼的内在实理性，以“仁”明确礼内在价值属性，并赋予礼之生意、爱之德的内涵。礼的践履便成为心性之自觉，具有能动性，并通过对情的重视，使礼极富人文之情怀。

据此，在理学视域下，于“天人合一”的价值理路下，朱熹之礼本天道贯通人道，彰显了明显的心性特点。朱熹将礼之形而上的阶位通过天理确定的同时，亦将礼合理、自然地内化，阐明礼存在的必要性和内在的价值意义；激活了礼的内在精神生命力，促进了心、理、礼三者之圆融统一，以此明确了天人合一之礼学路径。朱熹在天人合一的理论模式下完成了礼学的内在转化，彰显了独具理学特色的人文价值。

而基于礼之天理与心性特点，礼落实到践行亦围绕着礼之天理和心性特点而展开，贯通天道性命，始终彰显着浓厚理学特色。

第五章　朱熹礼学的实践方式及价值理想

由上分析可知，理虽以性的方式自始至终潜存、根植于心之中，赋予了人本体价值，使人成为天地宇宙间具有道德价值的存在者。但由于气禀，心的这种本然状态于实然层面并没有成为现实，始终潜存的价值时常不能全然彰显，不能自觉实现其人之为人的根本价值所在。大多数人还需要在后天能动性地去寻找、发掘这种先天赋予的价值。而要把先验的性理于现实中全然呈现，使心彰显出天理，就必须自觉地运用心的道德实践能力，否则潜存在人心之中的天理之光就会一直隐没。但是人心对心的道德实践能力却并不是能随时随地自觉运用的，这就需要通过切实地对礼践行来唤醒心的道德实践理性。因此，复兴礼，践行礼便成为人之道德价值实现非常重要的途径，人之为人的存在价值就在于此，否则人与其他生物以及没有生命的物质存在就沦为同一阶位了。于此，于理学背景下，朱熹特别重视礼的践行，多次强调了礼落实于道德实际践行的重要性，其言：

但不先就切身处理会得道理，便教考究得些礼文制度，又于自家身已甚事！①

某闻之，学者博学乎？先王六艺之文，诵焉以识其辞，讲焉以通其意，而无以约之，则非学也。故曰：博学而详说之，将以反说约也。何谓约礼是也？礼者，履也。谓昔之诵而说者，至是可践而履也。②

---

① （宋）黎靖德编：《朱子语类》卷 7，中华书局 1986 年版，第 124 页。

② （宋）朱熹：《朱文公文集》卷 63，四川教育出版社 1996 年版，第 3586 页。

通过前面对礼之天理层面和心性层面的诸多分析我们可以看到，朱熹对“礼”的解读融贯了天道与人道，而落实到礼之践行及礼的价值理想的实现，亦自然是融贯于天人之际。在天道性命贯通的理路下，通过对朱熹之礼的实践方式和价值理想的探究，我们能更加清楚、深刻地体会到朱熹礼学的特点，以及其复礼的深意和价值所在。

此章对礼的实践方式主要从三个不同的层面去推阐分析，分别为：忠恕诚敬以践礼，格物穷理以践礼，重情损益以践礼。礼的价值理想的实现则体现了心之和，人伦之和，最终实现的是天道人道的大和。礼之实现方式的三个不同的层面以及最终价值理想体现了朱熹礼学的天理和心性特点，亦彰显了自然与人文统一的浓厚的理学哲学色彩。

第一节　忠恕诚敬以践礼

朱熹对心与性的关系从实然和本然层面分为两种不同状态。如此，心之价值的实现方式亦分为两种，即圣人和众人两种不同的实现方式。前文已分析，礼为诚有实理，“礼”亦以“诚之”而实现其“诚”之实理，而因天理下贯到人心的“仁”显现完满与不完满，礼之实现亦呈现了“一种圣人似的自诚明”与“众人似的自明诚”两种形式。如此，“礼”之实现围绕前文我们所提到的一个“诚”字而展开。

其一，圣人“至诚而礼，以礼化世”，能“自诚明”成礼之相。

首先朱熹认为圣人能“至诚而礼”。于天道本然层面，心处于本然状态，心性统一，本然贯通，此种境界只有圣人才能做到，非众人轻易臻至的。于此，朱熹认为圣人之心无气禀所拘，与天合一，心中之理之流行元纯无杂，全然道心，心与性时时贯通唯一，心中之“仁”完满呈现。由于心与理于本然和本然均相统一，心便能自然至诚，礼的实现便是圣人的“自诚明”，即圣人“至诚而礼”。朱熹说：

圣人则表里精粗无不昭彻，其形骸虽是人，其实只是一团天理，所谓“从心所欲，不逾矩”。左来右去，尽是天理，如何不快活！①

意为圣人内外皆与天理相合，动容周旋无不是天理的全然彰显。圣人之心便是那天地成化之心，其视、听、言、动皆由心自然而出，全然契合天理，一团和气。如此，圣人表里所为皆是天理，能“从心所欲，不逾矩”，故能“诚”。

如前文所述，朱熹认为“诚”既是天理的本然状态，天理万物因“诚”完满具足，无所亏欠。“诚”亦是个人内心对天理真实无妄的体认，是一种心灵体验的至高、至纯的境界。他认为圣人之心纯任天理流行，故而只有圣人才能“至诚”。朱熹言：

诚是天理之实然，更无纤毫作为。圣人之生，其禀受浑然，气质清明纯粹，全是此理，更不待修为，而自然与天为一若其余，则须“博学、审问、慎思、明辨、笃行。”如此不已，直待得仁义礼智与夫忠孝之道，日用本分事无非实理，然后为诚。有一毫见得与天理不相合，便于诚有一毫未至。②

圣人只是个忠，更无余法。学者则须推之，圣人则不消如此，只是个至诚不息，万物各得其所而已。这一个道理，从头贯将去。如一源之水，流出为千条万派，不可谓下流者不是此一源之水。人只是一个心。如事父孝，也是这个心；事君忠，事长弟，也只是这一心；老者安，少者怀，朋友信，皆是此一心。③

简而言之，圣人气质清明纯粹，得天道之实然之理，内心总与天理相合，无所亏欠，是生而无私、生而诚之，时时处于“诚”的状态中，时时刻刻能至诚。因能至诚，圣人行道无须刻意，至诚无息、自然忠恕，对于伦理道德的践行更是无一纤毫与天理相违。仁义礼智乃是从圣人之心自然而然流

① （宋）黎靖德编：《朱子语类》卷 29，中华书局 1986 年版，第 750—751 页。

② （宋）黎靖德编：《朱子语类》卷 64，中华书局 1986 年版，第 1563 页。

③ （宋）黎靖德编：《朱子语类》卷 27，中华书局 1986 年版，第 686 页。

出，圣人的言行举止皆是天理流行，节节处处皆符合礼。故此一言蔽之，圣人随心而礼、至诚而礼。

其次，朱熹认为圣人“以礼化世”。天地无心而成化，圣人之制礼有心而无为，圣人因能与天理相合，至诚而礼，故此便有造化之功，能制礼对众人感而化之。朱熹说：

> 人虽禀得气浊，善底只在那里，有可开通之理。是以圣人有教化去开通它，使复其善底。物禀得气偏了，无道理使开通，故无用教化。①

圣人之心纯然无私，与之相比，众人之心禀得气浊不能尽性，与天理相隔。众人虽气偏，但内心也有“善底”——天理，有教化之可能，故此众人便成了圣人的教化之对象，由此，圣人制礼以化众人。圣人制礼是从众人之明处出发，由内心真实无妄而流出，并非刻意。由此，朱熹认为礼之具体的制定及其在众人中的落实是依靠“圣人之心”，其言：

> 盖圣人制礼，无一节是强人，皆是合如此，尝谓吕与叔说得数句好，云：“自斩至纪，衣服异等，九族之情无所撼；自王公至皂隶，仪章异制，上下之分莫敢争。皆出于性之所有，循而行之，无不中节也。”此言礼之出于自然，无一节强人。须要知得此礼，则自然和。②

因此在朱熹看来礼不仅仅是外在的一套伦理规则、天理之展现，更是圣人之心的展现，礼中含天理的同时，礼中亦含圣人之心，圣人以礼化世，其行礼、制礼、教化众人、化育万物皆能无丝毫刻意、无丝毫私意。圣人处处而“诚”，“自明诚”而成礼之相，故其制成的礼之文能通其天理、感化人心。

---

① （宋）黎靖德编：《朱子语类》卷 64，中华书局 1986 年版，第 1570 页。

② （宋）黎靖德编：《朱子语类》卷 22，中华书局 1986 年版，第 513 页。

其二，朱熹认为与“圣人”相对的便是“众人”，众人是“忠恕而礼，由敬而诚”，“自明诚”践礼之用。朱熹说：

惟是圣人之心与天合一，故行出这礼，无一不与天合。……后之人此心未得似圣人之心，只得将圣人已行底，圣人所传于后世雇，依这样子做。做得合时，便是合天理之自然。①

对于众人而言，“天理”禀气而下贯人道，为“气质之性”，心之实然与应然之状态时常是背离的，心与性常常于实然角度出现分离状态，与本然天理层面并不契合，因其被物欲蒙蔽较为深厚，为公去私非朝夕轻易之事。因此：

众人与圣人所争，只是这些个自然与勉强耳。圣人所行，皆是自然坚牢。众人亦有时做的如圣人处，但不坚牢，又会失却。②

众人与圣人相对比而言，心之天理因为气禀不能自然流行，“仁”在心中不能完满呈现，故不得生而诚之，所以是圣人教化的对象，需依靠圣人所制之礼来践行，以此方合天理之自然。朱熹曰：

“自诚明，谓之性。”诚，实然之理，此尧舜以上事。学者则“自明诚，谓之教”，明此性而求实然之理。经礼三百，曲礼三千，无非使人明此理。此心当提撕唤起，常自念性如何善？因甚不善？人皆可为尧舜，我因甚做不得？立得此后，观书亦见理，静坐亦见理，森然于耳目之前！③

众人心本具天理、本具礼。践礼不是一种纯粹的强迫行为，而是心性

①（宋）黎靖德编：《朱子语类》卷84，中华书局1986年版，第2184页。
②（宋）黎靖德编：《朱子语类》卷27，中华书局1986年版，第686页。
③（宋）黎靖德编：《朱子语类》卷64，中华书局1986年版，第1567页。

的本能回归，但在践礼的过程中，众人相对圣人来说内心是有“勉强之意”。故而众人须“自明诚”，时常要“提撕此心”，如此需依靠圣人所制之礼来践行，于迂曲中尽诚，于人事中磨砺此心，使心渐明，以此方能体达天理，即自明诚而礼。

众人于礼的践行亦是一套精细繁密的心法。可以说，礼既是圣人本心的展现也是众人寻求本心的践行功夫，众人践礼体现了诸多心性特点。

与圣人相比，众人践礼有勉强之意，须内心着意有为而“诚之”，即着力以“敬”体达内心之天理，要行“忠恕”之道。这主要体现为由礼方能而诚，内由敬践礼，以敬而诚，进而心礼合一，至诚而礼。

具而言之，“忠恕”见于《论语·里仁篇下》中，是孔子在启发其弟子曾参时提出来的，孔子曰：“参乎，吾道一以贯之。”曾子领悟道：“夫子之道，忠恕而已矣。”

圣人之心生而诚之，故能自然忠恕，忠恕乃对众人言之。众人不能自然而诚，故须有为，这便是“忠恕”。遵循“忠恕”之道，即要尽己、尽心、尽性，扫洒应对皆如心尽己、着力而行，且要真实无伪。朱熹认为：

> 忠是一，恕是贯。忠只是一个真实。自家心下道理，直是真实。事事物物接于吾前，便只是把这个真实应副将去，无一事一物不当这道理。①

在朱熹看来，孔子“忠恕”其实就是以“一”贯万物，“一”就是诚。于此对于如实尽己之心，无少伪妄复礼归仁之法的忠恕之道，朱熹提出“克己复礼”“持敬行恕”两种方式，这两项工夫也是朱熹于晚年工夫论的重要部分。

“克己复礼”“主敬行恕”是朱熹在注解《论语·颜渊问仁篇》中总结出来的：

---

① （宋）黎靖德编：《朱子语类》卷27，中华书局1986年版，第670页。

或问："颜子地位，有甚非礼处？何待下此'四勿'工夫？"曰："只心术间微有些子非礼处，也须用净尽截断了。他力量大，圣人便教他索性克去。譬如贼来，贼子是进步与之冢杀。教仲弓以敬恕，是教他坚壁清野，截断路头，不教贼来。"铢因问："'克己复礼'，乾道也；'主敬行恕'，坤道也。乾道是健决意，坤道是确守意？"曰："颜子是近前与他一刀两断；仲弓是一面自守，久而贼自遁去。此亦只是一个道理。圣人教人，因其资之高下，故不同。要之，用功成德则一耳。"①

在此篇集注的末尾，朱熹有一段按语：

愚按：此章问答，乃传授心法切要之言。非至明不能察其几，非至健不能致其决。故惟颜子得而闻之，而凡学者亦不可以不勉也。②

朱熹认为此篇孔子与颜渊的一问一答是传授心法的切要之言，学者不可不勉。

一、克己复礼

"克己复礼"为践行礼的一个重要途径。众所周知，朱熹对于"克己复礼"非常重视，其针对二程后学的"以理易礼"和"佛禅流行"两种学风围绕"克己复礼"这一论题做了深刻的诠释、解读和申明，并于理学视域下，在《四书章句集注》中对此作了详解。

"克己复礼"于先秦时提出，出现于两个地方。其一，为《左传·昭公十二年》，仲尼曰："古也有志：'克己复礼，仁也。'信善哉！楚灵王若能如是，岂其辱于乾谿？"其二，如前文所言，《论语·颜渊》篇颜渊问仁。子曰："克己复礼为仁。一日克己复礼，天下归仁焉。为仁由己，而由人乎？"颜渊曰："请问其目。"子曰："非礼勿视，非礼勿听，非礼勿言，非礼勿动。"

① （宋）黎靖德编：《朱子语类》卷41，中华书局1986年版，第1059页。

② （宋）朱熹：《四书章句集注》，中华书局1983年版，第113页。

对于孔子“克己”的解释，杨伯峻理解为“抑制自己”，李泽厚理解为“约束自己”。而抑制、约束自己的目的就是为了归仁。孔子对于礼的意蕴的阐发正是以“仁”为基础的，“克己复礼”就是为了让人通过礼对自己进行约束使内心回归仁。孔子曰：“人而不仁，如礼何！人而不仁，如乐何！”(《论语·八佾》)

朱熹亦是在天理的视域下，以“仁”为思想进路来诠释“克己复礼”的内涵。

其在《四书章句集注》中云：

> 仁者，本心之全德。克，胜也。己，谓身之私欲也。复，反也。礼者，天理之节文也。为仁者，所以全其心之德也。盖心之全德，莫非天理，而亦不能不坏于人欲。故为仁者必有以胜私欲而复于礼，则事皆天理，而本心之德复全于我矣……颜渊闻夫子之言，则于天理人欲之际，已判然矣，故不复有所疑问，而直请其条目也。非礼者，己之私也。勿者，禁止之辞。是人心之所以为主，而胜私复礼之机也。私胜，则动容周旋无不中礼，而日用之间，莫非天理之流行矣。①
>
> 孔子所谓“克己复礼”，《中庸》所谓“致中和”，“尊德性”，“道问学”，《大学》所谓“明明德”，《书》曰“人心惟危，道心惟微，惟精惟一，允执厥中”，圣贤千言万语，只是教人明天理，灭人欲。②

概而言之，朱熹认为人之内心本具“仁义礼智”之众理，但因气禀所蔽内心有私不能大公，使得众人心之理不得自然流行，故要克己，即克除内心之私欲，恢复心之礼德、心之天理。“克己”就是于自身心中去人私欲，复天理，于天理人欲之际作抉择。这种抉择是一种对心之私意决绝的克胜，如孤军遇强敌一般。朱熹说：

---

① （宋）朱熹：《四书章句集注》，中华书局1983年版，第131—132页。

② （宋）黎靖德编：《朱子语类》卷12，中华书局1986年版，第477页。

圣人所以下个“克”字，譬如相杀相似，定要克胜得他，大率克己功夫，是自著力做底事，与他人殊不相干。紧紧闭门，自就身上仔细体认，觉得才有私意，便克去，故曰：“为仁由己，而由人乎哉！”①

克己别无巧法，如孤军猝遇强敌，只得尽力舍死向前。②

又问：“‘克者，胜也’，不如以克训治较稳。”曰：“治字缓了。且如捱得一分，也是治；捱得二分，也是治。胜，便是打叠杀了他。”③

如此，仔细于自身体认，然后克胜己私，克尽人欲，便见仁，便复礼，便复天理：

一于礼之谓仁。只是仁在内，为人欲所蔽，如一重膜遮了。克去己私，复礼乃见仁。仁、礼非是二物。④

克己，则礼自复；闲邪，则诚自存。非克己外别有复礼，闲邪外别有存诚。⑤

先生又曰：“礼是自家本有底，所以说个‘复’，不是待克了己，方去复礼。克得那一分人欲去，便复得这一分天理来；克得那二分己去，便复得这二分礼来。且如箕踞非礼，自家克去箕踞，稍稍端坐，虽未能如尸，便复得这些个来。”又问：“如磨昏镜相似，磨得一分尘埃去，复得一分明。”

而如前文所言及，朱熹认为儒家的“克己”是一种心性功夫，“克己”功夫的归着点，并不是内心的空寂，而是有道德内容的，它的落脚点是“复礼”。对此，朱熹说：

---

① （宋）黎靖德编：《朱子语类》卷41，中华书局1986年版，第1044页。

② （宋）黎靖德编：《朱子语类》卷42，中华书局1986年版，第1042页。

③ （宋）黎靖德编：《朱子语类》卷42，中华书局1986年版，第1044—1045页。

④ （宋）黎靖德编：《朱子语类》卷41，中华书局1986年版，第1043页。

⑤ （宋）黎靖德编：《朱子语类》卷41，中华书局1986年版，第1042页。

“克己复礼”，不可将“理”字来训“礼”字。克去己私，固即能复天理。

不成克己后，便都没事。惟是克去己私了，到这里恰好著精细底工夫，故必又复礼，方是仁。圣人却不只说克己为仁，须说“克己复礼为仁”。见得礼，便事事有个自然底规矩准则。①

“克己，须著复于礼”。贺孙问：“非天理，便是人欲。克尽人欲，便是天理。如何却说克己了，又须著复于礼？”曰：“固是克了己便是理。然亦有但知克己而不能复于礼，故圣人对说在这里。却不只道‘克己为仁’，须著个‘复礼’，庶几不失其则。下文云：‘非礼勿视，非礼勿听，非礼勿言，非礼勿动。’缘本来只有此礼，所以克己是要得复此礼。若是佛家，尽有能克己者，虽谓之无己私可也，然却不曾复得礼也。圣人之教，所以以复礼为主。若但知克己，则下梢必堕于空寂，如释氏之为矣。”亚夫又问。曰：“如‘坐如尸，立如齐’，此是理；如箕踞跛倚，此是非理。去其箕踞跛倚，宜若便是理。然未能‘如尸如齐’，尚是己私。”②

亚夫问：“‘克己复礼’，疑若克己后便已是仁，不知复礼还又是一重工夫否？”曰：“己与礼对立。克去己后，必复于礼，然后为仁。若克去己私便无一事，则克之后，须落空去了。且如坐当如尸，立当如齐，此礼也。坐而倨傲，立而跛倚，此己私也。克去己私，则不容倨傲而跛倚；然必使之如尸如齐，方合礼也。故克己者必须复此身于规矩准绳之中，乃所以为仁也。”又问：“若以礼与己对看，当从礼说去。礼者，天理之节文，起居动作，莫非天理。起居动作之间，莫不浑全是礼，则是仁。若皆不合节文，便都是私意，不可谓仁。”曰：“不必皆不合节文。但才有一处不合节文，便是欠阙。若克去己私，而安顿不著，便是不入他腔窠。且如父子自是父子之礼，君臣自是君臣之礼。若把君臣做父子，父子做君臣，便不是礼。”

① （宋）黎靖德编：《朱子语类》卷41，中华书局1986年版，第1045页。
② （宋）黎靖德编：《朱子语类》卷41，中华书局1986年版，第1045页。

"己"字与"礼"字正相对说。礼，便有规矩准绳。且以坐立言之；己便是箕踞，礼便是"坐如尸"；己便是跛倚，礼便是"立如齐"。但如此看便见。又曰：克己是大做工夫，复礼是事事皆落腔窠。克己便能复礼，步步皆合规矩准绳；非是克己之外，别有复礼工夫也。释氏之学，只是克己，更无复礼工夫，所以不中节文，便至以君臣为父子，父子为君臣，一齐乱了。吾儒克己便复礼，见得工夫精细。圣人说得来本末精粗具举。下面四个"勿"字，便是克与复工夫皆以礼为准也。

朱熹认为，克己就是去除私欲，而去除私欲的标准就是"复礼"，若有一处不符合礼文，便是私意未除。所谓"复礼"就是"四勿"："夫子言非礼勿视听言动，即是'克己复礼'之目也。"① 即"非礼勿视、非礼勿听、非礼勿言、非礼勿动"。其关要在于一个"勿"字上：

吾儒克己便复礼，见得工夫精细。圣人说得来本末精粗具举。下面四个"勿"字，便是克与复工夫皆以礼为准也。在睹得礼与非礼之后，其功夫则重在"勿"字。②

"勿"字似旗，此旗一麾，三军尽退，功夫只在"勿"字上。才见非礼来，则以"勿"字禁止之；才禁止，便克己；才克去，便能复礼。③

勿字势旗。旗是挥止禁止之物。勿者，欲人挥止禁约其私欲。④

问："勿者，胜私复礼之机。"曰："主在'勿'字上。才觉非礼意思萌做，便提却这'勿'字，一刀两断，己私便可去。私去，则能复礼而仁矣。都是自用着力，使他人不着，故曰'为仁由己，而由人乎哉'!"⑤

由此可见，在了知"礼"与"非礼"后，功夫重在"勿"上，"勿"即

① （宋）黎靖德编：《朱子语类》卷41，中华书局1986年版，第1045页。
② （宋）黎靖德编：《朱子语类》卷42，中华书局1986年版，第1052页。
③ （宋）黎靖德编：《朱子语类》卷42，中华书局1986年版，第1052页。
④ （宋）黎靖德编：《朱子语类》卷42，中华书局1986年版，第1059页。
⑤ （宋）黎靖德编：《朱子语类》卷42，中华书局1986年版，第1061页。

是禁止之意。“视听言动”于非礼处须禁止，“四勿”是“克己复礼”功夫的切要点，其着力点全然在心上，克除内心的私欲，是一个与内心私欲作斗争的心性修养功夫。“勿”并不是说耳无所闻、目无所视地对外在行为的克制，而是内心对于非礼的境遇不作意，于内心提起道德正念，一觉非礼，心便提起“勿”字以警觉之。于非礼的境遇即使闻了、听了，内心也稳然不动，朱熹说：

或问：“非礼勿视听言动。”曰：“目不视邪色，耳不听淫声，如此类工夫却易。‘视远惟明’，才不远，便是不明；‘听德惟聪’，才非德，便是不聪，如此类工夫却难。视听言动，但有些个不循道理处，便是非礼。”①

非礼勿视，勿听……奸声乱色，不留聪明；淫乐慝礼，不接心术……非是耳无所闻，目无所视。②

由此，进而渐渐由内心的“勿”做到外在的“勿”，行为举止久而久之就会处处圆融尽礼。即“内外交养”：

“由乎中而应乎外”，这是势之自然；“制于外所以养其中”，这是自家做工夫处。③

伊川说：“由乎中而应乎外”，是说视听言动四者由此心；“制乎外所以养其中”，却是就视听言动上克去己私做功夫。④

“操之有要，视为之则”，只是人之视听言动，视最在先，为操心之准则。……至“蔽交于前”，方有非礼而视；故“制之于外，以安其内”，则克己而复礼也。如是功夫无间断，则久而自从容不勉矣，故曰“久而诚矣”。⑤

① （宋）黎靖德编，《朱子语类》卷 42，中华书局 1986 年版，第 1459 页。
② （宋）黎靖德编：《朱子语类》卷 42，中华书局 1986 年版，第 1052 页。
③ （宋）黎靖德编：《朱子语类》卷 42，中华书局 1986 年版，第 1060 页。
④ （宋）黎靖德编：《朱子语类》卷 41，中华书局 1986 年版，第 1060 页。
⑤ （宋）黎靖德编：《朱子语类》卷 41，中华书局 1986 年版，第 1061 页。

“克己复礼”功夫是内外兼行，通过外在的视听言动行为的依礼克制，来克除内心的己私，即“制乎外所以养乎中”，久而久之内心便会从容不勉，于此，心便渐次“由乎中而应乎外”，践礼由原先的着力为之最终会“久而诚矣”。

朱熹之“克己复礼”功夫主张“克己”“复礼”均不能偏废，即心与礼要同等重视，由此才能表里相通，打成一片，使心豁然大公、仁体流行，心与礼真正合一，天理得以彰然。即所谓：

> 盖克去己私，便是天理，“克己复礼”所以为仁也。仁是地头，“克己复礼”是工夫，所以到那地头底。①

朱熹把对“克己复礼”之内涵的解读作为儒家思想与其他学派区别的标准，他以此作为批判佛教思想的有力理论依据。

首先对“克己”内涵的理解上，朱熹认为儒佛之旨不啻天渊。

如前文所论，儒家最重要的修行功夫是克己复礼，朱熹认为无论是天理还是性理皆是蕴含着实有的道德价值意义，“礼”便是天理和性理的具体体现，是天理之实理，性之实理。于此落实在修行功夫上，朱熹对佛教大肆批驳：

> 曰：“便是如此。然而世间却有能克己而不能复礼者，佛老是也。佛老不可谓之有私欲。只是他元无这礼，克己私了，却空荡荡地。他是见得这理元不是当。克己了，无归著处。”又问：“所以唤做礼，而不谓之理者，莫是礼便是实了，有准则，有著实处?”曰：“只说理，却空去了。这个礼，是那天理节文，教人有准则处。佛老只为元无这礼，克来克去，空了。只如曾点见处，便见这意思。”②
>
> 固是克了己便是理。然亦有但知克己而不能复于礼，故圣人对说

① （宋）黎靖德编，《朱子语类》卷41，中华书局1986年版，第1058页。

② （宋）黎靖德编：《朱子语类》卷41，中华书局1986年版，第1454页。

在这里。却不只道“克己为仁”，须著个“复礼”，庶几不失其则。……若是佛家，尽有能克己者，虽谓之无己私可也，然却不曾复得礼也。圣人之教，所以以复礼为主。

下文云：“非礼勿视，非礼勿听，非礼勿言，非礼勿动。”缘本来只有此礼，所以克己是要得复此礼。若是佛家，侭有能克己者，虽谓之无己私可也，然却不曾复得礼也。圣人之教，所以以复礼为主。若但知克己，则下梢必堕于空寂，如释氏之为矣。①

依朱熹之意，克己必须以复礼为依归，而佛教只是“克己”却无“复礼”的功夫，自称无私，却是最大的自私，最终使修养功夫落入虚无，如死灰一般。他说：

佛氏之学，超出世故，无足以累其心，不可谓之有私意。然只见他空底，不见实理，所以都无规矩准绳。曰：“佛氏虽无私意，然源头是自私其身，便是有个大私意了。”曰：“他初间也未便尽是私意，但只是见得偏了。”②

元翰问：“非礼勿视听言动，看来都在视上。”曰：“不专在视上，然听亦自不好。只缘先有视听，便引惹得言动，所以先说视听，后说言动。佛家所谓视听，甚无道理。且谓物虽视前，我元不曾视，与我自不相干。如此，却是将眼光逐流入闹可也。听亦然，天下岂有此理！”坐间举佛书亦有克己底说话。先生曰：“所以不可行者，却无‘复礼’一段事。既克己，若不复礼，如何得？东坡说‘思无邪’，有数语极好，他说：‘才有思，便有邪；无思时，又只如死灰。却要得无思时不如死灰，有思时却不邪。’”③

克己是大做工夫，复礼是事事皆落腔窠。克己便能复礼，步步皆合规矩准绳；非是克己之外，别有复礼工夫也。释氏之学，只是克己，

① （宋）黎靖德编：《朱子语类》卷41，中华书局1986年版，第1045页。

② （宋）黎靖德编：《朱子语类》卷41，中华书局1986年版，第1047页。

③ （宋）黎靖德编：《朱子语类》卷41，中华书局1986年版，第1052页。

更无复礼工夫，所以不中节文，便至以君臣为父子，父子为君臣，一齐乱了。①

朱熹认为，因佛教思想里只顾克己而忽视复礼功夫，所以没有一个伦理纲常的约束，故此佛教在社会伦理道德方面有着消极的影响。

而一些佛教中的学者反对这种说法，他们认为佛教虽不是本土文化，但是儒释言异而理贯，佛教同样对国家伦理教化有很大助益。他们通过解读儒家的经典进行论证，其代表人物就是北宋精通儒家经典的释智圆和释契嵩。

释契嵩认为儒佛两家的教义是殊途同归，其曾云：

余昔以五戒十善，通儒之五常。(《镡津文集卷第二》，《辅教编中·原教》，《大正藏卷五二》)

以儒校之，则与其所谓五常仁义者，异号而一体耳。(《镡津文集卷第一》，《辅教编上·原教》，《大正藏卷五二》)

其五戒十善之教与夫五常仁义者，一体而异名。(《镡津文集卷第十》，《书启状·答茹秘校书》，《大正藏卷五二》)

儒所谓仁、义、礼、智、信者，与吾佛曰慈悲、曰布施、曰恭敬、曰无我慢、曰智慧、曰不妄言绮语，其为目虽不同，而其所以立诚修行，善世教人，岂异乎哉！(《镡津文集卷第八》，《杂著·寂子解》，《大正藏卷五二》)

概言之，契嵩认为佛教的“十善”“五戒”中主张的戒杀盗淫妄酒等戒律，是世人的做人之本，而这些教义无疑对于社会的治理是十分有益的，故此从这一角度看来，儒家的“五常”“仁义”与佛教的“五戒”“十善”本质是一样的，只是称呼不同而已。

契嵩同一时代的佛教学者释智圆，亦通过以佛释儒的方式表达了同样

---

① （宋）黎靖德编：《朱子语类》卷41，中华书局1986年版，第1046页。

的思想，其言：

> 夫儒释者，言异而理贯也，莫不化民，俾迁善远恶也。儒者，饰身之教，故谓之外典也；释者，修心之教，故谓之内典也。惟身与心，则内外别矣。蚩蚩生民，岂越于身心哉？非吾二教，何以化之乎？嘻！儒乎，释乎，其共为表里乎！（《闲居编》卷一九《中庸子传上》）

智圆认为，儒家思想是“饰身之教”，即修身的学问，佛教则是“修心之教”即治心的学问，但二者互为表里，皆有教化民众、让世人迁善远恶的作用，两者不可替代，互为表里。

其实站在公允的角度讲，就如两位佛教僧者所言，佛教思想落实到形而下的具体修行中并不完全着空。佛教非常重视戒律，其戒律思想在佛教思想体系中占重要地位。《四分律》中说道：“众山须弥最，众流海为最，众经亿百千，戒为第一最。”释迦牟尼佛在圆寂之前曾告诫弟子“以戒为师”。《佛遗教经》云：“汝等比丘！于我灭后，当尊重珍敬波罗提木叉，如暗遇明，贫人得宝。当知此则是汝等大师，若我住世，无异此也……”《华严经》云：“戒为无上菩提本。”《佛遗教经》云：“若人能持净戒，则能有善法；若无净戒，诸善功德皆不得生。”戒律在佛教中是“三藏”之一，是小乘“三学”之首，大乘“六度”之一。佛教把持戒作为修行的基础和重要保证：“一切众生，初入三宝海，以信为本；住在佛家，以戒为本。”（《菩萨理路本业经》卷下）在持戒的基础上才能生起禅定，由定才能生慧，最终证得如来本性。佛教的戒律正契合佛教思想的要旨：“诸恶莫作，众善奉行，自净其意，是诸佛教。”（《四分律比丘戒本》）“诸恶莫作，众善奉行”体现了戒律的内容，并有具体的戒律细目，所以佛教修行的功夫不是完全空无悬养，它有一套明确的戒律规范，这个戒律在未证得本性之前是不能逾越的，此就如同朱熹主张礼要落实到实处，非圣人不能越礼。尽管佛教的戒律从佛教修持角度讲只是修行的一种“方便”，并没有一个绝对实在的本体作为其理论思想的支撑，修行者最终是要舍弃对戒律的执着，但从佛教戒律为善去恶的角度而言，在一定程度上也起到了对社会道德伦理的约束作用。如此看来，朱熹说佛法步步着于空的这种说法显然是站在维护儒家思想地位的立场而言的，因此不免缺乏客观的判断和评价。其判定佛教完全着空，不讲伦理道德，没有“复礼”的功夫显然是有偏颇之处，所言有失公允。

其次，由于朱熹将礼实理化，故在最终价值理想的指向上，朱熹认为儒佛之“克己”功夫更是云泥之别。

佛教思想与儒家本天道立人道的思想理路有别，儒家落实人道的伦理之礼本于天道、人心，而佛教戒律建立的理论基础是因果报应理论。佛教的唯识宗认为“一切唯心，万法唯识”。佛法的唯识宗把众生的心识分为八个识，认为宇宙之真相即非有非空的中道。质言之，中道义就是不偏两端，非有非无，即有即无，即世而出世的，是第一义谛的解脱境界，唯有证得方知，不可言说的，有超道德的属性。

虽然朱熹也讲“‘礼’皆出于性之所有，循而行之，无不中节也”①，与佛教的中道思想有相似之处，但是深入分析，两者所导向的境界是截然不同的。

朱熹主张践礼的最终目的和最终境界是为了恢复内心之礼，使心达到一个“诚”，即“中和”的状态，体达“中和”之理。而这种中和不是不落任何道德价值意义上善恶的绝对的“中”，而是承载着道德价值意义，其标准和落脚点即是太极，是“仁义礼智”四端，是天道、人道之“诚”之实理的体现。这与佛教的超道德属性的“中道”显然有着本质的区别。

究其原因还是在于两者对心性之理的认识与定位有着明显的区别，于此，最终导致了修行功夫和境界的云泥之别。但朱熹粗浅地言断佛教之旨为绝灭无，且以此认为佛教完全不顾伦理善恶，此意显然已完全偏离了佛教的思想宗旨，故此未免有言之太过之嫌。

尽管朱熹如此批判佛教，但其对“克己复礼”的解读在某些方面却借鉴转换了佛教思想。

关于“克己复礼”，朱熹认为二程于此对佛教有所借鉴，他提到：

① （宋）黎靖德编：《朱子语类》卷8，中华书局1986年版，第131页。

当初佛学只是说无存养底工夫，至唐六祖始教人存养工夫。当初学者亦只是说不曾就身上做工夫，至伊川方教人就身上做工夫。所以谓伊川偷佛说为己使。①

而对于佛教“克己”的功夫，朱熹自己也确曾表示过肯认：

佛氏之学，超出世故，无足以累其心。②

先生又曰：“曾点之学，无圣人为之依归，便是佛老去。如琴张曾皙，已作出这般事来。”又曰：“其克己，往往吾儒之所不及，但只他无那礼可复。”

从朱熹对佛教克己功夫的评议及其思想与佛教思想的类似程度来看，不得不承认朱熹对“克己复礼”的阐发是在反思了佛教的思想基础上，又一定程度上借取、转换佛教“以心持戒”的思想。

二、主敬行恕

“主敬行恕”亦是朱熹总结出复礼归仁的一种很重要的方式。

在朱熹那里，“敬”与“礼”密不可分。其实这亦是对先秦儒家传统礼学思想的继承。

《礼记》中卷首有曰：“毋不敬，俨若思，安定辞。”(《曲礼篇上》)《礼记·哀公问篇》：“所以治礼，敬为大。”《左传·成公十三年》中提到：“礼，身之干也。敬，身之基也。……勤礼莫如致敬。”《论语·八佾篇》中有：“为礼不敬……吾何以观之哉。”《孟子·告子篇上》中曰：“恭敬之心，礼也。”一直到汉唐经学，“敬”就一直被视为儒家君子道德行为的基调。

敬和礼可谓相辅相成：“正因为‘敬’借由所谓‘礼’这一‘外形之工夫’，而使得超越意识（‘不忘、不助长’）的‘真正的自然’可能作用。”③

---

① （宋）黎靖德编：《朱子语类》卷126，中华书局1986年版，第3040页。

② （宋）黎靖德编：《朱子语类》卷41，中华书局1986年版，第1047页。

③ 杨儒宾、祝平次编：《儒学的气论与工夫论》，华东师范大学出版社2008年版，第213页。

而及至北宋，“敬”被思想家们尤为强调。在理学视域下，朱熹亦窥测到“敬”之功夫的重要性。

前文已分析，朱熹认为心有虚明灵觉的功能，但往往被物欲所障蔽，以此会导致人不能正确地运用天理进行道德实践而践行礼，人因此就会丧失了人之为人的价值。要使心发挥其虚明灵觉的功能，进行道德实践，实现道德本体，就要使心达到致广大而极高明的本然境界，实现道德理性。而要使心之广大，就需收敛身心，行主敬的功夫，朱熹说道：

> 收敛身心，尽扫杂虑，令其光明洞达，方能作得主宰，方能见理。①
>
> 心不主宰，被物引将去，致得胶扰，所以穷他理不得。②

在致张敬夫的信中朱熹亦提到：

> 故圣人必曰正其心，而正心必先诚意，诚意必先致知，其用力次第如此，然后可以得心之正而复其本体之虚，亦非一日之力矣。今直曰无时不虚，又曰既识此心则用无不利，此亦失之太快而流于异学之归矣。若儒者之言，则必也精义入神，而后用无不利可得而语矣。孟子存亡、出入之说，亦欲学者操而存之耳，似不为识此心发也。若能常操而存，即所谓“敬者纯”矣。纯则动静如一，而此心无时不存矣。③

即人要收敛身心，时时提撕其心，行主敬功夫，如此才能使心体广大虚明，不受气禀所拘，不被物欲私欲所蒙蔽，发挥心的主宰作用，以此通过心之主敬功夫而摆脱气禀的拘蔽，以及经验性的规定与束缚，从而发挥心的虚明灵觉的功能，即由敬而诚。由此可见，“敬”在道德修养功夫中起着关

① （宋）黎靖德编：《朱子语类》卷121，中华书局1986年版，第2935页。
② （宋）黎靖德编：《朱子语类》卷121，中华书局1986年版，第2935页。
③ （宋）黎靖德编：《朱子语类》卷121，中华书局1986年版，第2935页。

键作用，通过内心这种持敬的功夫涵养，人心得以收敛，心之灵觉的功能就会被激发出来，就能自觉发挥道德实践功能。

己丑之悟后，朱熹在针对湖湘学派的先察识后涵养这一修养功夫进行了深刻的反省和批判，他通过对传统儒家“敬”之思想的继承以及对程颐关于敬之思想的吸收，确立了以“敬”为主导的道德修养功夫，将“敬”真正作为众人道德实践和身心修养必不可少的心性功夫。其对于“敬”之功夫特为重视。其言：

> 工夫，乃圣门第一要义，彻头彻尾，不可顷刻间断。①
>
> 敬则万理具在。②
>
> “敬”之一字，真圣门之纲领，存养之要法。一主乎此，更无内外精粗之间。③
>
> 若能持敬以穷理，则天理自明，人欲自消，彼之邪妄将不攻自破。④

有位弟子认为，由于古今社会环境的差异，祭礼显得繁细，难以实行，朱熹回答说：

> 有何难行？但以诚敬为主，其他仪则，随家丰约。如一羹一饭，皆可自尽其诚。若温公《书仪》所说堂室等处，贫家自无许多所在，如何要行得？据某看来，苟有作者兴礼乐，必有简而易行之理。（《朱子语类》卷九十）

朱熹认为对于礼典的实行，最重要的是内心的诚敬，外在的形式规模可以根据家庭具体条件适度权变讲究。

---

① （宋）黎靖德编：《朱子语类》卷12，中华书局1986年版，第210页。

② （宋）黎靖德编：《朱子语类》卷12，中华书局1986年版，第371页。

③ （宋）黎靖德编：《朱子语类》卷12，中华书局1986年版，第210页。

④ （宋）黎靖德编：《朱子语类》卷12，中华书局1986年版，第371页。

北宋时诸多思想家认为“敬”为践行“诚”之重要方法，即只有通过“敬”才能体达“诚”。二程把“敬”视为心性修养之方法。程颢认为：

诚者天之道，敬者人事之本（敬者用也）。敬则诚。①

程颐说：

主一谓之敬，一者为之诚，主则有意在。②

“诚”与“敬”为体用的关系，“敬”是有为之“诚”。朱熹继承二程对于“敬”的修养功夫理论，其思想中对“诚”“敬”概念和关系的论述更为详尽、深刻。

朱熹受其思想影响对敬的解释则为：

然则所谓敬者，又若何而用力邪？曰：程子于此，尝以“主一无适”言之矣，又尝以“整齐严肃”言之矣。至其门人谢氏之说，则又有所谓“常惺惺法”者焉。尹氏之说，则又有所谓“其心收敛不容一物”者焉。观是数说，足以见其用力之方也。③

敬不是万事休置之谓，只是随事专一、谨畏、不放逸耳。④

简单说来，朱熹认为“敬”的基本内涵是“主一无适”“整齐严肃”“其心收敛不容一物”，即为内心摒除妄念，不随外境而妄动，庄重、肃穆，不放逸。

“敬”作为道德修养功夫是践礼过程中重要的“心法”。在心性修养问

① （宋）黎靖德编：《朱子语类》卷 11，中华书局 1986 年版，第 127 页。

② （宋）黎靖德编：《朱子语类》卷 4，中华书局 1986 年版，第 315 页。

③ （宋）朱杰人等编：《朱子全书》第 6 册，上海古籍出版社、安徽教育出版社 2002 年版，第 506 页。

④ （宋）黎靖德编：《朱子语类》卷 4，中华书局 1986 年版，第 29 页。

题上朱熹经历了“中和旧说”到“中和新说”的思想蜕变。在旧说中，朱熹主张“心为已发，性为未发”；在新说中，朱熹主张“心贯乎已发未发”。因此，在心性修养方法上，朱熹由以往的“先察识后涵养”的思想主张变为“涵养于未发，察识于已发”的思想主张，在礼的践行上总结出了“主敬行恕”的内在修养功夫。

“主敬行恕”之意渊源于《论语·仲弓问仁》章：“仲弓问仁。子曰：‘出门如见大宾，使民如承大祭。己所不欲，勿施于人。在邦无怨，在家无怨。’”

钱穆：“此敬、恕与不怨之三者，皆指心言，即复礼归仁之要端。人能践行一本于礼，对人自无不敬恕。苟其心能敬能恕，则自无怨。如此居心，则视、听、言、动自无不合于礼，而我心之仁亦自然呈露。心行相发，内外交融，亦一以贯之。”①

朱熹对“主敬行恕”做了具体的阐发：

> 或问：“推己及物之谓恕。”曰：“‘推己及物’便是‘己所不欲，勿施于人’，然功夫却在前面。‘出门如见大宾，使民如承大祭’，须是先主于敬，然后能行其恕。”或问：“未出门，使民之前，更有功夫否?”曰：“未出门、使民之时，只是如此。惟是到出门、使民时易走失，故愈著用力也。”②

朱熹认为，“主敬行恕”就是内心提撕其醒觉、专一的精神状态来修养身心，进而将自己的仁德推及于人、物。即“敬以持己，恕以及物”③如此便能“动容周旋中礼”。

> 问：“程先生说云云，看其气象，便须‘心广体胖’，‘动容周旋中礼。’看来也是平日用功，方能如此。非一旦‘出门如见大宾，使民如

① 钱穆：《论语新解》，生活·读书·新知三联书店2005年版，第305页。

② （宋）黎靖德编：《朱子语类》卷42，中华书局1986年版，第1070页。

③ （宋）朱熹：《四书章句集注》，中华书局1983年版，第134页。

承大祭'，便能如此。"曰："自这里做去，方能如此。只是常能存得此心，便能如此。"①

落实到礼之践行应该先主于"敬"，然后方能行其恕。也就是说心未发时，内心要庄重持敬，心已发行礼时也要庄重持敬。心之持敬始于"未出门、使民时"，到"出门、使民时"更应着力持敬。如此可见，"主敬行恕"亦是内外教养的功夫。内在"敬"之功夫纯熟了，外在的礼仪也就能渐渐自然如心。而礼是产生敬不可缺少的条件，外在的持敬庄重地践行礼仪，行到实处就会体会到如何行持内心持敬的功夫，内心的持敬涵养功夫也会越来越由心自如。如果忽视了外在的礼仪规范就很难达到持敬的功夫，譬如在朱熹的《敬斋箴》对"敬"之功夫进行了总结，此文一开头便写道要"正其衣冠，尊其瞻视"：

正其衣冠，尊其瞻视，潜心以居，对越上帝。足容必重，手容必恭，择地而蹈，折旋蚁封。出门如宾，承事如祭，战战兢兢，罔敢或易。守口如瓶，防意如城，洞洞属属，罔敢或轻。不东以西，不南以北，当事而存，靡他其适。弗贰以二，弗参以三，惟心惟一，万变是监。从事于斯，是曰持敬，动静弗违，表里交正。须臾有间，私欲万端，不火以熟，不冰以寒。毫厘有差，天壤易处，三纲既沦，九法亦斁。于乎小子，念哉敬哉，墨卿司戒，敢告灵台。

据此，心之持敬功夫与外在践礼行为须内外交替进行。朱熹言：

程子曰："孔子言仁，只说出门如见大宾，使民如承大祭。看其气象，便须心广体胖，动容周旋中礼。惟谨独，便是守之之法。"或问："出门使民之时，如此可也；未出门使民之时，如之何？"曰："此俨若思时也，有诸中而后见于外。观其出门使民之时，其敬如此，则前乎

① （宋）黎靖德编：《朱子语类》卷42，中华书局1986年版，第1076页。

此者敬可知矣。非因出门使民，然后有此敬也。”①

今人说敬，却只以“整齐严肃”言之，此固是敬。然心若昏昧，烛理不明，虽强把捉，岂得为敬！②

只一个持敬，也易得做病，不时时提撕着，亦易以混困。③

人心常炯炯在此，则四体不待羁束，而自入规矩。只为人心有散缓时，故立许多规矩来维持之。但常常提警，教身入规矩内，则此心不放逸，而炯然在矣。心既常惺惺，又以规矩绳检之，此内外交相养之道也。④

持敬之说，不必多言。但熟味“整齐严肃”，“严威俨恪”，“动容貌，整思虑”，“正衣冠，尊瞻视”此等数语，而实加工焉，则所谓直内，所谓主一，自然不费安排，而身心肃然，表里如一矣……叔京来书尚执前说，而来喻之云亦似未见内外无间之实，故为此说，并以寄叔京，而所以答叔京者亦并写呈。⑤

“主敬行恕”如此既不能失去“敬”的内在涵养，又不能忽视“敬”的外在伦理规范的提点，所谓：

但整齐严肃便是敬，散乱不收敛便是不敬。⑥

钱穆先生对于朱熹这种持敬功夫的理解为：“在内若有所畏，在外能整齐严肃，时时收敛此心，专主于一，随事检点，务使此心常惺惺。”⑦ 此一言中的。

在具体的现实道德规范实践中，朱熹对学人于持敬功夫不以礼规范，不落到实处而存在的问题非常担忧，他认为，为学者于外在容貌言辞方面虽

---

① （宋）朱熹：《四书章句集注》，中华书局 1983 年版，第 134 页。

② （宋）黎靖德编：《朱子语类》卷 17，中华书局 1986 年版，第 373 页。

③ （宋）黎靖德编：《朱子语类》卷 18，中华书局 1986 年版，第 402 页。

④ （宋）黎靖德编：《朱子语类》卷 12，中华书局 1986 年版，第 359 页。

⑤ （宋）朱熹：《朱文公文集》卷 45，四川教育出版社 1996 年版，第 2073 页。

⑥ （宋）黎靖德编：《朱子语类》卷 17，中华书局 1986 年版，第 371 页。

⑦ 钱穆：《朱子新学案》，巴蜀书社 1986 年版，第 585 页。

有从容和易的工夫，但若庄整齐肃之功不足，不重视外在礼仪对身体、容貌的规范，忽略了庄整齐肃的工夫，心就会易散，就很难主于“敬”。对此他曾批评何叔京道：

后书所论“持守”之说，有所未喻。所较虽不多，然此乃实下工夫田地，不容小有差互。尝与季通论之，季通以为尊兄天子粹美，自无纷扰之患，故不察夫用力之难而言之之易如此。此语甚当。然熹窃观尊兄平日容貌之间，从容和易之意有余，而于庄整齐肃之功终若有不足。岂所存不主于敬，是以不免于若存若亡而不自觉其舍而失之乎？二先生拈出“敬”之一字，真圣学之纲领、存养之要法，一主乎此，更无内外精粗之间，固非谓但制之于外则无事于存也。所谓“既能勿忘勿助，则安有不敬”者，乃似以敬为功效之名，恐其失之远矣。更请会集二先生言敬处仔细寻绎，自当间之。①

朱熹看到了当时诸多学者欠缺主敬功夫的状态，最终会产生的弊端：

比因朋友讲论，深究近世学者之病，只是合下欠却持敬工夫，所以事事灭裂。其言敬者，又只说能存此心，自然中理。至于容貌词气，往往全不加工。设使真能如此存得，亦与释老何异？（上蔡说便有此病了。）又况心虑荒忽，未必真能存得耶？程子言敬，必以整齐严肃、正衣冠、尊瞻视为先，又言未有箕踞而心不慢者，如此乃是至论。而先圣说克己复礼，寻常讲说，于“礼”字每不快意，必训作‘理’字然后已，今乃知其精微缜密，非常情所及耳。近略整顿《孟子》说，见得此老直是把得定，但常放教到极险处，方与一斡转，斡转后便见天理人欲直是判然。非有命世之才，见道极分明，不能如此。然亦只此便是英气害事处，便是才高无可依据处，学者不可不知也。②

---

① （宋）朱熹：《朱文公文集》卷40，四川教育出版社1996年版，第1833页。

② （宋）朱熹：《朱文公文集》卷43，四川教育出版社1996年版，第1968—1969页。

朱熹认为，近世学者对敬之功夫不仅欠缺，而且对外在礼仪规范的约束也忽略了，一味空谈心性之涵养，对于容貌言辞不加约束，最终会使心落入空。他提醒学者不能不慎，对谢上蔡也加以批评。

然而朱熹虽极力主张持敬应当下到外在切实的功夫处，但他也并不是一味陷溺于对外在行为规范的强调，亦很重视心的提撕、主宰的作用，其言：

> 今人说敬，却只以“整齐严肃”言之，此固是敬。然心若昏昧，烛理不明，虽强把捉，岂得为敬！①
>
> 只一个持敬，也易得做病，不时时提撕着，亦易以混困。②

依朱熹之意，持敬与行礼均不能偏废的主张即为：“主敬”功夫一定要落实于具体的日常行事中，内在的“主敬”修养与外在行事要合二为一，而外在行事便是以礼为依据。杨儒宾先生说道：“‘主敬’的工夫要求‘主一’的身心模态要扩充到日常行事中，形气事合一，事实上也就是整体人格与事合一。‘事’构成了一件行为场域的意识之焦点。而‘事’总当有知识的构造。这种知识的构造有可能是社会性的知识，社会性的知识即所谓的‘礼’。因为在身体行为的展现中，何者才是恰当的，何者是不恰当的，它不能没有依据。依据为何？在程朱理学的范围内，答案无疑的就是‘理’，但‘理’落实在具体的行为中，其内涵就是‘礼’。”③ 此语阐明了朱熹于现实中对持敬与行礼均不能偏废的主张。

朱熹对主敬行恕的阐释亦是对佛教思想的借鉴与反思。其证据在于他常以“常惺惺”来诠释“敬”之含义：

> 只是不敬。敬是常惺惺底法。以敬为主，则百事皆从此做去。今人都不理会我底，自不知心所在，都要理会他事，又要齐家、治国、

① （宋）黎靖德编：《朱子语类》卷 17，中华书局 1986 年版，第 373 页。

② （宋）黎靖德编：《朱子语类》卷 17，中华书局 1986 年版，第 373 页。

③ 杨儒宾：《主敬与主静》，《台湾宗教研究》2010 年第 1 期。

平天下。①

简言之，朱熹认为“敬”就是“常惺惺底法”，《语类》云：

> 问：“昔有一禅宗，每自唤曰：‘主人翁惺惺者！’《大学或问》亦取谢氏‘常惺惺法’之语，不知是同是异？”曰：“谢氏之说地步阔，于身心事物上皆有工夫。若如禅者所见，只看得个主人翁便了，其动而不中理者皆不管矣。……‘惺惺’字则同，所作工夫则异。”②

朱熹沿用了谢良佐“常惺惺”之说，其认为儒释在唤醒心之明觉的这一分上是相同的。有别的是，儒家的“常惺惺”是落实在伦理规矩上，不能忽视已发的功夫，即既要“主敬”亦要“行恕”，故此，朱熹说：

> 人心常炯炯在此，则四体不待羁束，而自入规矩。只为人心有散缓时，故立许多规矩来维持之。但常常提警，教身入规矩内，则心不放逸，而炯然在矣。心既常惺惺，又以规矩检之，此内外交相养之道也。③

其实“惺惺”是佛教的术语，而朱熹早年就对此说颇有悟意。南宋性空禅师云：“学道犹如守禁城，昼防六贼夜惺惺。”修习佛道犹如卫兵守卫城池一样，防范眼耳鼻舌身意六贼的扰乱，就要提起本心，即“惺惺”，通过对本性的提点功夫来防止五欲六尘的扰乱和心的放逸迷失。而早年朱熹于佛教提点身心“惺惺”之法颇为赞许：“藻光……一日忽悟曰，‘欲今于江明月，止在一轮光处，何劳破此芒鞋耶?’遂求静僻，扫迹尘魔，以成定慧。每日间生人翁曰：‘惺惺否?’自应之曰：‘惺惺！’朱子尝以此明诚意之旨。”（《崇安县志》卷八）此即提示，朱熹常以“惺惺”作为“明诚意”之主旨。由此

① （宋）黎靖德编：《朱子语类》卷118，中华书局1986年版，第2851页。
② （宋）黎靖德编：《朱子语类》卷125，中华书局1986年版，第3007页。
③ （宋）黎靖德编：《朱子语类》卷12，中华书局1986年版，第200页。

可见，朱熹之“常惺惺”说是部分借鉴佛教“惺惺”的心性提点功夫，抽去了“惺惺”的空性见解，安立了儒家伦理道德之意，由此深化丰富了其主敬行恕的行礼之思想。

“克己复礼”与“主敬行恕”作为复礼归仁的两种非常重要的实现方式，其关系是“非一非异”。

朱熹认为“克己复礼”是乾道，“主敬行恕”是坤道，两个功夫方式、程度是不一样的。其曰：

> “克己复礼”，是刚健勇决，一上便做了。若所以告仲弓者，是教他平稳做去，慢慢地消磨了。譬如服药，克己者，要一服便见效；敬恕者，渐渐服药，磨去其病也。①
>
> 集注云：“‘仲弓未及颜子，故特告以操存之要。’不知告颜子者亦只是操存否？”曰：“这须子细玩味。所告二人气象自不同。”顾问贺孙：“前夜曾如何说？”贺孙举先生云：“告仲弓底是防贼工夫，告颜渊底是杀贼工夫。”蜚卿问：“如何？”曰：“且子细看，大意是如此。告颜子底意思，是本领已自坚固了，未免有些私意，须一向克除教尽。告仲弓底意思，是本领未甚周备，只是教他防捍疆土，为自守计。”②
>
> 问：“克己复礼，乾道；主敬行恕，坤道，如何？”曰：“仲弓资质温粹，颜子资质刚明。‘克己复礼，天下归仁。为仁由己，而由人乎哉！’颜子之于仁，刚健丙决，如天旋地转，雷动风行做将去！仲弓则敛藏严谨做将去。颜子如创业之君，仲弓如守成之君。颜子如汉高祖，仲弓如汉文帝。”③
>
> 问：“克己功夫与主敬行恕如何？”曰：“‘克己复礼’，是截然分别个天理人欲，是则行之，非则去之。敬恕，则犹是保养在这里，未能保它无人欲在。若将来保养得至，亦全是天理矣。‘克己复礼’，如扰乱

---

① （宋）黎靖德编：《朱子语类》卷42，中华书局1986年版，第1072页。

② （宋）黎靖德编：《朱子语类》卷42，中华书局1986年版，第1072页。

③ （宋）黎靖德编：《朱子语类》卷42，中华书局1986年版，第1077页。

反正‘主敬行恕’，如持盈守成，二者自有优劣。”①

或问：“‘克己复礼者乾道，庄敬持守者坤道，’如何分别?”曰：“乾道奋发而有为，如‘庸言之信，庸行之谨’，‘闲邪存其诚’之类是也。‘忠信，所以进德；修辞立其诚，所以居业’。坤道静重而持守，如‘敬以直内，义以方外’之类是也。观夫子告二子气象，各有所类。”②

敬如治田而灌溉之功；克己，则是去其恶草也。③

致知、敬、克己，此三事，以一家譬之：敬是守门户之人，克己则是拒盗，致知确是推察自家与外来底事。④

袁子节问：“‘克己复礼’，何以谓之乾道?‘主敬行恕’，何以谓之坤道?”曰：“乾道奋发而有为，坤道静重而持守。”⑤

又问：“‘克己复礼’乾道；‘主敬行恕’坤道。”曰：“乾道者是见得善恶精粗分明，便一刀两段斩截了。坤道便顺这一边做将去，更不犯著那一边。”又云：“乾道是创业之君，坤道是继体守成之君。”⑥

乾便带了个知底意思，带了个健底意思。所谓“进德”，又是他心中已得这个道理了。到坤，便有个顺底意思，便只蒙乾之知，更不说个“知”字，只说敬义夹持做去底已后事。⑦

概而言之，在朱熹看来“克己复礼”比“主敬行恕”更决绝一些。“主敬行恕”重在心性的涵养，是渐渐行之，慢慢消磨，是“继体守成之君”；而“克己复礼”重在内心决绝的斗争，是刚健勇决，果断不疑，是“创业之君”。

但是两者从根本上皆是从内心上做功夫，为了让内心摒除己私，且两者是互含互容的：

---

① （宋）黎靖德编：《朱子语类》卷42，中华书局1986年版，第1073页。
② （宋）黎靖德编：《朱子语类》卷42，中华书局1986年版，第1077页。
③ （宋）黎靖德编：《朱子语类》卷12，中华书局1986年版，第214页。
④ （宋）黎靖德编：《朱子语类》卷9，中华书局1986年版，第151页。
⑤ （宋）黎靖德编：《朱子语类》卷42，中华书局1986年版，第1076—1077页。
⑥ （宋）黎靖德编：《朱子语类》卷42，中华书局1986年版，第1076页。
⑦ （宋）黎靖德编：《朱子语类》卷69，中华书局1986年版，第1716页。

伯羽问："持敬、克己，功夫相资相成否？"曰："做处一。但孔子告颜子仲弓，随他气质地位而告之耳。若不敬，则此心散漫，何以能克己。若不克己，非礼而视听言动，安能为敬？"①

颜子则是明得尽者也，仲弓则是庄敬以持养之者也，及其成功一也。②

……克己，乾道也；敬恕，坤道也。"忠信进德"，"修辞立诚"，表里通彻，无一毫之不实，何更用直内。坤卦且恁地守。颜子如将百万之兵，操纵在我，拱揖指挥如意。仲仲弓且守本分。敬之至，固无己可克，克己之至，亦不消言敬。"敬则无己可克"者，是无所不敬，故不用克己。此是大敬，如"圣敬日跻"，"于缉熙敬止"之"敬"也。③

又问："孔子告颜渊以'克己复礼为仁'。若不是敬，也如何克得己，复得礼？"曰："不必如此说。圣人说话，随人浅深。克己工夫较难，出门、使民较易。然工夫到后，只一般，所谓'敬则无己可克'也。"④

希逊问夫子答颜子仲弓问仁之异。曰："此是各就它资质上说。然持敬行恕，便自能克己；克己，便自能持敬行恕，亦不必大段分别。"⑤

持敬行恕，虽不曾著力去"克己复礼"，然却与"克己复礼"只一般。盖若是把这个养来养去，那私意自是著不得。"出门如见大宾，使民如承大祭"时，也著那私意不得；"己所不欲，勿施于人"时，也著那私意不得。⑥

"克己"之功离不开"主敬"，而"主敬行恕"实际上也含摄了"克己"之功，两者实质皆是通过对礼的践行使内心整齐齐一、庄重无私。无论内心

① （宋）黎靖德编：《朱子语类》卷42，中华书局1986年版，第1074—1075页。
② （宋）黎靖德编：《朱子语类》卷42，中华书局1986年版，第1077页。
③ （宋）黎靖德编：《朱子语类》卷42，中华书局1986年版，第1074—1075页。
④ （宋）黎靖德编：《朱子语类》卷42，中华书局1986年版，第1075页。
⑤ （宋）黎靖德编：《朱子语类》卷42，中华书局1986年版，第1072页。
⑥ （宋）黎靖德编：《朱子语类》卷42，中华书局1986年版，第1072页。

决绝的斗争还是渐渐的涵养，心的状态都是处于“敬”的状态，皆为忠恕而礼，行忠恕之道，从而由有为的“敬”达到“无为而诚”，即“敬则五已可克”。两者还有一个共同点就是，“克己复礼”与“主敬行恕”不只是内在的功夫，而且皆是“内外交相养”。唯有内外交养，方能礼、理、心相彰。这种践礼的特点主要回应了朱熹对于礼所构建的两个理论依据，一个是宇宙论依据，一个是心性论依据。宇宙论依据“礼者，理也”，决定了礼是理的形而下的体现，以此通过践行外在的礼，心能由外在的礼唤醒本性的礼，由礼之理唤醒心之理；而心性论依据为“礼根植于心”，由于人心常被气禀所蔽，决定了人之为人的根本就是要摒除心之物欲所扰，行持敬之功，于心上下功夫，如此方能彰显心中本具的礼。朱熹认为礼之内外践行的功夫是他区别于佛老功夫思想的关键所在。

综上，众人践礼的心性特点便是由敬而诚，忠恕而礼，围绕“诚”而展开。朱熹传承汉儒礼的内化的传统，虽然他强调礼之践行的功夫是内外兼行，但是从他对于“克己复礼”与“主敬行恕”的描述来看，无论是内在的功夫还是外在的功夫其实都离不开心的“持敬”，皆是最终指向内心，寻求本心之天理的功夫。换言之，外在的功夫也必须有心的参与，从这个程度上讲，可以说礼的践行确为儒家传授的心法。

值得注意的是，朱熹对礼的阐发虽通过对佛教思想的借鉴，丰富、深化了礼之践行的内在精神维度，却并不是如佛教“以心持戒”那样完全纳戒于心，他并不放弃，甚至更强调外在之礼对心以及行为的规范和约束，即朱熹既注重礼的内在的涵养，又极力强调礼从外在对人之起心动念、言行举止的整饬。而这种主张礼心均不能偏废、内外交养的思想难免会使人于礼的践行过程中斥“心”“礼”为二，以此无法避免使心落入支离功夫之嫌。亦是应和了前文所示的观点，即此为理与心先天的隔阂所造成的。而此思想缝隙终酝酿了王阳明建立心学，提倡致良知，纳礼入心的思想契机。

第二节　格物穷理以践礼

前文已分析，礼不仅是人文层面的，亦含摄了自然宇宙层面，人伦之礼本于自然之礼，贯通自然与人心，礼会唤醒人们心中之理及天地自然之理。朱熹格物致知思想中蕴含了丰富的礼学思想，通过习礼进而对礼理进行了达，对宇宙万物之理了达，是格物致知非常重要的内容。格物致知中对礼之践行非常重视，从格物致知的角度去观待礼之践行，更能发现朱熹礼学的自然与人文，天道与人道和谐统一的思想特点。

"格物致知"语出《大学》，是朱熹思想的重要命题，在朱熹思想中呈现特殊的诠释路径。

《大学》原是《小戴礼记》第42篇。《大学》云："欲诚其意者，先致其知；致知在格物。物格而后知至，知至而后意诚。"历代思想家对此有不同的诠释。郑玄解释为："知，谓知善恶吉凶之所终始也。""格，来也。物、犹事也。其知于善深，则来善物。其知于恶深，则来恶物。言事缘人所好来也。此致或为至。"① 郑玄认为，人对事物的认识源于人心对善恶的认知，即取决于人的习性、好恶，他训"格"为"来"，意为心善则感召善事，心恶则感召恶事。换言之，心不具纯粹主观能动性，格物是被动的。李翱则解释说："物者，万物也。格者，来也，至也。物至之时，其心昭昭然明辨焉，而不应于物者，是致知也。"② 李翱认为，心具有对事物主观能动的判断能力，"致知"就是心不为物所累，能够对物理昭然明辨。自李敖起，格物致知的重点开始倾向重视心的纯粹主观能动性。而对格物致知的解释，朱熹最为推崇的应属程颐，程颐言："格犹穷也，物犹理也，犹曰穷其理而已也。穷其理然后足以致之，不穷则不能致也。格物者，适道始，欲思格物，则固已近道矣。是何也？收其心而不放也。"③ "'致知在格物'，非由外铄我也，我固有之也。因物有迁，迷而不知，则天理灭矣，故圣人欲格之。"④ 程颐认为格物即穷理，穷理才能致知，所谓"思格物"则尽道矣，格物就是对天理的体达。心不能为外物所累，要"收其心而不放"。他进一步强调了在格物致知中，心主观能动性的作用。其认为格物是日行探索积累，致知的过程是

① （汉）郑玄注，吕友仁整理：《礼记正义》，上海古籍出版社2008年版，第2237页。

② （唐）李翱：《李文公集》卷2，《复性书中》。

③ （宋）程颢、程颐：《二程集》，中华书局2004年版，第316页。

④ （宋）程颢、程颐：《二程集》，中华书局2004年版，第316页。

积累与类推的过程："须是今日格一件，明日格一件，积习既多，然后脱然自有贯通处。"① 格物穷理，非是要穷尽天下之物，但于一事上穷尽，其他可以类推。格物致知的对象既包含了万物自然之理，也包含了伦理之理，其曰："凡眼前无非是物，物物皆有理。如火之所以热，水之所以寒，至于君臣父子间，皆是理。"②

总起来看，对朱熹之前关于格物致知的认识涉及的方面大致可总结为：其一，格物的方法。即心是否具备纯粹主观能动性。其二，格物的对象。即对格的这个"物"如何定义其范围。

前人对于格物致知思想的解读对朱熹产生了很大影响，他主要继承了程颐的思想，承认心具有纯粹主观能动性，对于格物致知的解释为：

> 格，至也。物，犹事也。穷至事物之理，欲其极处无不到也。③
> 致，推极也。知，犹识也。推及吾之知识，欲其所知无不尽也。④
> 物格者，物理之极处无不到也。知至者，吾心之所知无不尽也。⑤

朱熹对格物致知中人心的主观能动性特为强调。朱熹认为"格物"是"致知"的出发点，格物致知就是发挥心的主观能动性，通过对万物万事之理的穷究而使自身的致知推及极致，无不尽，最终体达天理，止于至善。

他受程颐格物致知思想的影响，对格物对象的阐释范围甚广，囊括了宇宙间万物万事之理。既包括人文之理，如"身心性情之德，人伦日用之常"⑥ 之类；亦包括万物自然之理，如"天地鬼神之变，鸟兽草木之宜"⑦ 之类。其言：

---

① （宋）程颢、程颐：《二程集》，中华书局 2004 年版，第 188 页。
② （宋）程颢、程颐：《二程集》，中华书局 2004 年版，第 247 页。
③ （宋）朱熹：《四书章句集注》，中华书局 1983 年版，第 4 页。
④ （宋）朱熹：《四书章句集注》，中华书局 1983 年版，第 4 页。
⑤ （宋）朱熹：《四书章句集注》，中华书局 1983 年版，第 4 页。
⑥ （宋）朱熹：《四书或问》，上海古籍出版社 2001 年版，第 23—24 页。
⑦ （宋）朱熹：《四书或问》，上海古籍出版社 2001 年版，第 23—24 页。

上而无极、太极，下而至于一草、一木、一昆虫之微，亦各有理。一书不读，则阙了一书道理；一事不穷，则阙了一事道理；一物不格，则阙了一物道理。须著逐一件与他理会过。①

对于朱熹的格物致知思想学者历来探讨颇多，也主要是围绕两个方面：格物的方法和对象。

如牟宗三先生指出，朱熹以知识本身为进路来讲道德实践。②徐复观先生认为："朱元晦本注重向外格物，即物穷理，自然偏向于事理、物理方面；而对于性理本具于人之一心，自内流出，未免体认得有所不足。"③而束景南先生则认为："格物致知是主要认识社会道德之理，而不是认识自然规律之理。"④钱穆认为："若从现代观念言，朱子言格物，其精神所在，可谓既是属于伦理的，亦可谓是属于科学的。朱子之所谓理，同时即兼包有伦理与科学之两方面。自然之理，乃由宇宙界向下落实到人生界。人文之理，则须由人生界向上通透到宇宙界。"⑤

概而括之，对于朱熹格物致知思想的方法和对象有学者主张朱熹重自然，轻人文；有学者则认为其重人文，轻自然；有学者主张朱熹两者兼顾。这是朱熹"格物致知"思想的一个重要论题。

目前学界已总结出朱熹在对格物致知思想的阐发中，对人伦之礼非常重视。他不仅将对礼的践行视为进入格物致知的基础，更将对礼的践行与体达视为格物致知的主要内容。在格物致知思想中他并不仅仅囿于强调人伦之礼，而是主张由对人伦之礼的体认进而扩展到对宇宙自然万物之理的认识，最具代表性的便是祭祀之礼。祭祀是格物致知的重要内容，朱熹将祭祀之礼置于理学视域下进行阐发，主张通过祭祀以此来体达天地之理。而这背后所

---

① （宋）黎靖德编：《朱子语类》卷15，中华书局1986年版，第295页。

② 牟宗三：《从陆象山到刘蕺山》，上海古籍出版社2001年版，第26页。

③ 徐复观：《中国人性论史·先秦篇》，上海三联书店2001年版，第272页。

④ 束景南：《朱熹的"理一分殊"及其认识论指向》，《四川师范大学学报》（社会科学版）2006年第11期。

⑤ 钱穆：《朱子学提纲》，三联书店2002年版，第131页。

体现的理论依据、基本哲学逻辑理路以及思想价值意义学界还有待进一步分析、挖掘和探研。笔者认为朱熹秉持如此主张主要取决于他对礼学观念的独特思考，在格物思想中他彰显其礼学重要的价值意义，体现了其思想中浓厚而又独特的人文精神。在此思想中他更将自然与人文打通，使自然存在之维与人文价值之维于天理处得到贯通统一，体现了他对自然与人文内在关系独到而又深刻的见解和体悟，但也暴显出其思想难以自洽的矛盾之处。

朱熹格物致知思想中所体现的这一思想特征与他对礼之观念的认识密切相关。通过前文的分析可知天地自然之礼是宇宙自然界运行的本然规律，是天理本然之彰显，属于自然存在维度，依此为依据的价值维度的人文伦常之礼为人性之固有，与天地自然之礼、天理相契相通。由此，落实到具体践行，行礼本然契合人之本性，本然契合天地自然之理。推而言之，通过对礼的践行，可逐渐唤醒心中的礼德，减少过分人欲，收放心，进而心会更有能力且更容易用功去体达礼之理，如此就会逐渐体达宇宙中自然存在维度的自然之理。朱熹在对格物致知的阐释中体现了这一思想主张。

一、小学所重习礼功夫为格物致知的基石

朱熹认为众人格物致知，体达天理并不是一蹴而就、朝夕之事，而是需有次第，有章法的。他反对忽视外在的言行实践，而一味专注内心的修养功夫，认为那是："推而置诸冥漠不可测知之域。兀然终日，味无义之语，以俟其廓然而一悟。"① 其认为曾子正是躬行践履，于礼用上切实件件去做，所以能悟得孔子的"忠恕"之旨：

> 曾子于其用处，盖已随事精察而力行之，但未知其体之一尔。夫子知其真积力久，将有所得，是以呼而告之。曾子果能默契其指，即应之速而无疑也。②

---

① （宋）朱杰人等编：《朱子全书》第21册，上海古籍出版社、安徽教育出版社2002年版，第1297页。

② （宋）黎靖德编：《朱子语类》卷36，中华书局1986年版，第972页。

却是曾子件件曾做来，所以知。若不曾躬行践履，如何识得。①

曾子是以言下有得，发出“忠恕”二字，太煞分明。②

由此，朱熹主张要由小学功夫作为实践基础进而才能进入大学的格物致知，极力强调为学需次第而行：

问：“未格物以前如何致力？”曰：“古人这处，已是有小学了。”③

盖古人由小学而进于大学，其于洒扫应对进退之间，持守坚定，涵养纯熟，固已久矣。是以大学之序，特因小学已成之功，而以格物致知为始。④

古人之学固以致知格物为先，然其始也，必养之于小学，则亦洒扫、应对、进退之节，礼、乐、射、御、书、数之习而已。是皆酬酢讲量之事也，岂以此而害夫持养之功哉？⑤

今且论涵养一节，疑古人直自小学中涵养成就，所以大学之道只从格物做起。⑥

小学涵养此性，大学则所以实其理也。忠信孝弟之类，须于小学中出。然正心、诚意之类，小学如何知得。须其有识后，以此实之。大抵小学一节一节恢廓展布将去，然必到于此而后进。⑦

其实朱熹这一思想的形成首先是深受张载与程颐的思想的影响。张载曾说：

教人者必知至学之难易，知人之美恶，当知谁可先传此，谁将后

① （宋）黎靖德编：《朱子语类》卷36，中华书局1986年版，第972页。
② （宋）黎靖德编：《朱子语类》卷27，中华书局1986年版，第669页。
③ （宋）黎靖德编：《朱子语类》卷14，中华书局1986年版，第455页。
④ （宋）朱熹：《朱文公文集》卷43，四川教育出版社1996年版，第1894—1895页。
⑤ （宋）朱熹：《朱文公文集》卷47，四川教育出版社1996年版，第2190页。
⑥ （宋）朱熹：《朱文公文集》卷43，四川教育出版社1996年版，第1978—1979页。
⑦ （宋）黎靖德编：《朱子语类》卷14，中华书局1986年版，第422页。

倦此，若洒扫应对，乃幼而孙弟之事，长后教之，人必倦弊。惟圣人于大德有始有卒，故事无大小，莫不处极。今始学之人，未必能继，妄以大道教之，是诬也。①

程颐亦言：

古之学者易，今之学者难。古人自八岁入小学，十五入大学，有文采以养其目，声音以养其耳，威仪以养其四体，歌舞以养其心，今则俱亡矣。惟义理以养其心尔，可不勉哉！②

由此可见，张载和程颐皆主张为学之道需有次第，应从小以小学功夫而涵养此心，此思想主张对朱熹影响深远。另外，朱熹也受同时代的吕祖谦、张栻相的影响。吕祖谦认为：

后生学问且须理会《曲礼》《少仪》礼仪等学洒扫应对进退之事，及先理会《尔雅》训诂等文字，然后可以语上下学，而上达自此脱然有得度越诸子也。不如此则是躐等犯分陵节，终不能成。孰先传焉，孰后倦焉，不可不察也。③

张栻则说：

然尝考先王所以建学造士之本意，盖将使士者讲夫仁义礼智之彝，以明夫君臣、父子、兄弟、夫妇、朋友之伦，以之修身、齐家、治国、平天下，其事盖甚大矣，而为之则有其序，教之则有其方。故必先使之从事于小学，习乎六艺之节，讲乎为弟、为子之职，而躬乎洒扫应

---

① （宋）张载：《张载集》，中华书局1978年版，第31页。

② （宋）程颢、程颐：《二程集》，中华书局2004年版，第268页。

③ （宋）吕祖谦：《少仪外传卷上》，文渊阁四库全书703册，上海古籍出版社1987年版，第220页。

对进退之事，周旋乎俎豆羽籥之间，优游乎弦歌诵读之际，有以固其肌肤之会、筋骸之束，齐其耳目，一其心志，所谓大学之道格物致知者，由是可以进焉。①

二者也皆认为，为学需有序，需以小学功夫为基础。由此，在为学功夫上，朱熹继承了前人的思想。

对于小学功夫和大学功夫的具体实践内涵，朱熹详细描述曰：

《大学》之书，古之大学所以教人之法也。……人生八岁，则自王公以下，至于庶人之子弟，皆入小学，而教之以洒扫、应对、进退之节，礼、乐、射、御、书、数之文。及其十有五年，则自天子之元子、众子，以至公卿大夫元士之适子，与凡民之俊秀，皆入大学，而教之以穷理正心、修己治人之道。此又学校之教，大小之节所以分也。……若《曲礼》《少仪》《内则》《弟子职》诸篇，固小学之支流余裔；而此篇者，则因小学之成功，以著大学之明法，外有以极其规模之大，而内有以尽其节目之详者也。②

古者初年入小学，只是教之以事，如礼乐射御书数及孝弟忠信之事。自十六七入大学，然后教之以理，如致知、格物及所以为忠信孝弟者。③

小学功夫即“洒扫、应对、进退之节”“礼、乐、射、御、书、数之习”之类，概而言之，其主要体现为习礼功夫，其主要内容就是件件去践行忠信孝悌等人伦之礼以此来渐渐涵养本心。明儒陈选在《小学句读序》中有言：“子朱子《小学》一书，其教化在于明伦，其要在于敬身，盖作圣之基也。……读《明伦》而知父子之亲、君臣之义、夫妇之别、长幼之序、朋友之交，必践其事焉；读《敬身》而知心术之要、威仪之则、衣服之制、饮食

① （宋）张栻：《邵州复旧学记》，《张栻全集》，长春出版社 1999 年版，第 681 页。

② （宋）朱熹：《朱文公文集》卷 76，四川教育出版社 1996 年版，第 3672 页。

③ （宋）黎靖德编：《朱子语类》卷 7，中华书局 1986 年版，第 268 页。

之节，必严诸己焉。”[①] 大学即格物致知，是在小学涵养本心功夫的基础上，去探索、体悟“穷理正心”“修己治人”“正心诚意”之道，最终使心明此宇宙万物蕴含的天理。

笔者认为，朱熹之所以强调大学格物致知需以小学习礼功夫作基础，主要是基于两方面因素：

其一，小学习礼功夫有助于培养心之主敬功夫，开显心之聪明智慧。朱熹认为“主敬”是成圣之学由始而终的非常重要的功夫，是大学格物致知始终要贯彻的。其言：

> 盖吾闻之，敬之一字，圣学所以成始而成终者。为小学者，不由乎此，故无以涵养本源。而谨夫洒扫应对进退之节，与夫六艺之教。为大学者，不由乎此，亦无以开发聪明，进德修业，而致夫明德新民之功也。[②]
>
> 今且论涵养一节，疑古人直自小学中涵养成就，所以大学之道只从格物做起。今人从前无此工夫，但见《大学》以格物为先，便欲只以思虑知识求之，更不于操存处用力，纵使窥测得十分，亦无实地可据，大抵敬字是彻上彻下之意，格物致知乃其间节次进步处耳。[③]
>
> ……皆是少年从小学，教他都是诚敬。今人小学都不曾去学，却欲便从大学。且如今格一物，若自家不诚不敬，才格不到，便弃了，又如何了得！功夫如何成得！[④]
>
> 今就其一事之中而论之，则先知后行，固各有其序矣。诚欲因夫小学之成以进乎大学之始，则非涵养履践之有素，亦岂能居然以其杂乱纷纠之心而格物以致其知哉？[⑤]

① （宋）朱杰人等编：《朱子全书》第 13 册，上海古籍出版社、安徽教育出版社 2002 年版，第 489 页。

② （宋）朱熹：《四书或问》，上海古籍出版社、安徽教育出版社 2001 年版，第 2 页。

③ （宋）朱熹：《朱文公文集》卷 43，四川教育出版社 1996 年版，第 1978—1979 页。

④ （宋）黎靖德编：《朱子语类》卷 18，中华书局 1986 年版，第 403 页。

⑤ （宋）朱熹：《朱文公文集》卷 42，四川教育出版社 1996 年版，第 1915 页。

某于大学中所以力言小学者，以古人于小学中已自把捉成了，故于大学之道无所不可。今人既无小学之功，却当以敬为本。①

依朱熹之见，人心因气禀，不能无私，充斥着人欲，而人欲阻碍人心智慧的彰显，所以心在格物时如果没有小学功夫做基础，心就会杂乱纷纠，格物致知时就往往会对心拔苗助长，不能得力。而朱熹认为小学习礼功夫主要就是对主敬功夫的训练，是为了涵养心之本源，为学者先要躬行实践，要从小学习礼功夫而始来努力涵养心性，如此方能渐渐去除心由气禀而产生的过分人欲，进而收杂乱纷纠之放心，培养起“主敬”的功夫。心之持敬功夫涵养坚定了，人欲退却，内心聪明智慧才能开显出来，才能有格物致知的能力。朱熹说：

人之所得乎天，而虚灵不昧，以具众理而应万事者也。但为气禀所拘，人欲所蔽，则有时而昏；然其本体之明，则有未尝息者。故学者当因其所发而遂明之，以复其初也。②

故此我们就不难理解为什么虽然朱熹始终主张：“只是做工夫全在自家身己上，却不在文字上。”③ 亦正如胡宏所说的：“格之之道，必立志以定其本，而居敬以持其志。志立于事物之表，敬行乎事物之内，而知乃可精。”④

于此，朱熹对自己之行住坐卧及践行礼时的言谈举止、容貌神态都作了严格要求，亲身践行，极为强调主敬功夫的培养，可谓巨微巨细：

其可见之行，则修诸身者，其色庄，其言厉，其行舒而恭，其坐端而直。其闲居也，未明而起，深衣幅巾方履，拜于家庙以及先圣。退坐书室，几案必正，书籍器用必整，其饮食也，羹食行列有定位，

① （宋）朱熹：《朱文公文集》卷42，四川教育出版社1996年版，第1915页。
② （宋）朱熹：《四书章句集注》，中华书局1983年版，第3页。
③ （宋）黎靖德编：《朱子语类》卷14，中华书局1986年版，第426页。
④ （宋）胡宏：《胡宏集》，中华书局1987年版，第28页。

匕箸举措有定所。倦而休也，瞑目端坐；休而起也，整步徐行。中夜而寝，既寝而寤，则拥衾而坐，或至达旦。威仪容止之则，自少至老，祁寒盛暑，造次颠沛，未尝有须臾之离也。

行于家者，奉亲极其孝，抚下极其慈，闺庭之间，内外斩斩，恩义之笃，怡怡如也。其祭祀也，事无纤钜，必诚必敬，小不如仪，则终日不乐，已祭无违礼，则油然而喜。死丧之仪，哀戚备至，饮食衰绖，各称其情。宾客往来，无不延遇，称家有无，常尽其欢。于亲故虽疏远必致其爱，于乡闾虽微贱必致其恭。吉凶庆吊，礼无所遗；赒恤问遗，恩无所阙。其自奉则衣取蔽体，食取充腹，居止取足以障风雨，人不能堪而处之裕如也。若其措诸事业，则州县之设施，立朝之言论，经纶规画，正大宏伟，亦可概见。虽达而行道，不能施之一时；然退而有道，足以传之万代。(《宋元学案·晦翁学案下》)

其二，践行小学习礼功夫有助于开显心之礼德。

朱熹认为小学和大学功夫其实是“为道一”，是事中彰理，理中含事。其言：

如今为学甚难，缘小学无人习得。如今却是从头起。古人于小学小事中，便皆存个大学大事底道理在。大学，只是推将开阔去。向来小时做底道理存其中，正似一个坯素相似。①

学之大小固有不同，然其为道则一而已。是以方其幼也，不习之于小学，则无以收其放心，养其德性，而为大学之基本。及其长也，不进之于大学，则无以察夫义理，措诸事业，而收小学之成功。②

通过前文对朱熹礼之观念的分析可知，依朱熹之意，小学功夫主要体现的并不仅仅是纯形式的道德礼仪规范，而是蕴含着天理。但为学者初学

① （宋）黎靖德编：《朱子语类》卷8，中华书局1986年版，第132页。

② （宋）朱熹：《四书或问》，上海古籍出版社、安徽教育出版社2001年版，第2页。

时，内心杂乱纷纠，聪明智慧还没有充分开显出来，所以不容易直接体达天理。故而小学阶段主要是教之以事，以践行为主，即："小学之事，知之浅而行之小者也。"① 但礼德是天理下贯人心，为学者通过对小学功夫的礼制、礼仪不断践行而努力涵养此心，这些礼制、礼仪就会自然纯熟于心，渐渐自觉化为内在生命的一部分，最后就会与心之礼德渐然相通。而格物致知阶段是体认万事万物存在的理，即："大学之道，知之深而行之大者也。"② 而通过小学功夫对内心礼德的开显，到大学阶段，心反身而诚探究其礼事所蕴含的天理以收小学之功就会比较容易，以此次第而行，就会会之为一，打成一片。

总之，通过朱熹对小学功夫与大学功夫的内涵及其之间关系的阐释来看，他极为强调人生不同的阶段为学内容的差异，为学次第而行是众人内外相合，体达天理必经的理路，礼之践行即是格物致知的基石。若没有践礼的功夫，心就很难持敬、主宰，就无法提撕其心之聪明智慧，心之礼德也会被欲望一直遮蔽，一蹴而就地体达天理就绝非易事。因此，朱熹对于二程后学于格物致知不够踏实的作风批评道："程门高弟如谢上蔡、游定夫、杨龟山辈，下梢皆入禅学去。必是程先生当初说得太高了，他们只睥见上一截，少下面着实功夫，故流弊至此。"③

二、由人伦之礼到自然之理

依朱熹之见，由小学功夫进入大学格物致知之后，宇宙万事万物皆是格物致知的对象，这既包括了人文之理，亦包括了宇宙万物的自然之理，即："内事"和"外事"。④ "内事"体现为"穷天理，明人伦，讲圣言，求世故"之类，即人文之理；"外事"则指"一草一木器用之间"之类，即宇宙万物的自然之理。而朱熹认为对"内事"与"外事"的体认要有先后缓急之分，但两者最终还要会通为一。

---

① 张伯行：《小学辑说》，见《蒙学要义》，山西教育出版社 1991 年版，第 23 页。

② 张伯行：《小学辑说》，见《蒙学要义》，山西教育出版社 1991 年版，第 23 页。

③ （宋）黎靖德编：《朱子语类》卷 101，中华书局 1986 年版，第 2556 页。

④ （宋）黎靖德编：《朱子语类》卷 18，中华书局 1986 年版，第 406 页。

其一，朱熹认为人文之事，尤其是人伦之礼是格物致知的主要内容，为学者应先明人伦，再去渐及识达“天地鬼神日月阴阳草木鸟兽”的自然之理就会变得容易。其对“内事”特为强调：“须是六七分去里面理会，三四分去外面理会方可。”① 他认为心于外事理会四分即可，于内事则为主要，为先，需理会六七分，为学者若不先明人伦，不穷究人伦之事，就直接去体会自然物理，就如同要缘木求鱼，炊沙成饭。朱熹明确地说：

格物是“为人君止于仁，为人臣止于敬”之类。事事物物，各有个至极之处。所谓“止”者，即至极之处也。然须是极尽其理，方是可止之地。若得八分，犹有二分未尽，也不是。须是极尽，方得。②

格物，莫先于五品。③

格物之论，伊川意虽谓眼前无非是物，然其格之也，亦须有先后缓急之序，岂遽以为存心于一草一木器用之间，而忽然悬悟也哉？今为学而不穷天理、明人伦、讲圣言、求世故，乃几然存心于草木器用之间，此是何学问！如此而有所得，是炊沙而欲其成饭乜。④

圣人只说“格物”二字，便是要人就事物上理会。且自一念之微，以至事事物物，若静若动，凡居处饮食言语，无不是事，无不各有个天理人欲，须是逐一验过。⑤

致知，不是知那人不知底道理，只是人面前底。且如义利两件，昨日虽看义当为然，而却又说未做亦无害；见得利不可做，却又说做也无害；这便是物未格，知未至。今日见得义当为，决为之；利不可做，决定是不做，心下自肯自信得及，这便是物格，便是知得至了。⑥

① （宋）黎靖德编：《朱子语类》卷 18，中华书局 1986 年版，第 616 页。

② （宋）朱杰人等编：《朱子全书》第 14 册，上海古籍出版社、安徽教育出版社 2002 年版，第 472 页。

③ （宋）黎靖德编：《朱子语类》卷 15，中华书局 1986 年版，第 284 页。

④ （宋）朱熹：《答陈齐仲》，《朱子文集》卷 39，文渊阁四库全书本，第 1649 页。

⑤ （宋）黎靖德编：《朱子语类》卷 15，中华书局 1986 年版，第 297 页。

⑥ （宋）黎靖德编：《朱子语类》卷 15，中华书局 1986 年版，第 297 页。

笔者认为，进入格物致知后朱熹之所以继续强调要以人伦之礼为主，主要目的是为了先让心“明明德”。其言：“是以《大学》始教，必使学者即凡天下之物，莫不因其已知之理而益穷之，以求至乎其极。”[①] 虽然小学阶段也是涵养本心的功夫，但并不彻底，是“行之小者也”。心是体达天理的主体。如果心在人伦之礼上不能“明明德”，人就像“游骑无所归”一般迷茫。[②] 对此他说道：

> 世间之物，无不有理，皆须格过。古人自幼便识其具。且如事亲事君之礼，钟鼓铿锵之节，进退揖让之仪，皆目熟其事，躬亲其礼。及其长也，不过只是穷此理，因而渐及于天地鬼神日月阴阳草木鸟兽之理，所以用工也易。今人皆无此等礼数可以讲习，只靠先圣遗经自去推究，所以要人格物主敬，便将此心去体会古人道理，循而行之。如事亲孝，自家既知所以孝，便将此孝心依古礼而行之；事君敬，便将此敬心依圣经所说之礼而行之。一一须要穷过，自然浃洽贯通。如《论语》一书，当时门人弟子记圣人言行，动容周旋，揖让进退，至为纤悉。如《乡党》一篇，可见当时此等礼数皆在。至孟子时，则渐已放弃。如《孟子》一书，其说已宽，亦有但论其大理而已。[③]
>
> 君臣、父子、兄弟、夫妇、朋友，皆人所能无者，但学者须要穷格得尽。事父母，则当尽其孝，处兄弟，则当尽其悌，如此之类。须是要见得尽，若有一毫不尽，便是穷理不至也。[④]

人伦之礼关涉到人之生活的方方面面。而今人因缺乏从小践行小学功夫的环境，加上古代礼文的阙失而无人讲习，致使学人于小学功夫的熏陶涵养不足。故而朱熹认为在格物致知时应该进行补救，必须遵循古人的思

① （宋）朱熹：《四书章句集注》，中华书局1983年版，第20页。
② （宋）黎靖德编：《朱子语类》卷18，中华书局1986年版，第400页。
③ （宋）黎靖德编：《朱子语类》卷15，中华书局1986年版，第286—287页。
④ （宋）朱杰人等编：《朱子全书》第14册，上海古籍出版社、安徽教育出版社2002年版，第464页。

路，以“敬”为本。与前面小学阶段以践行为主不同的是，到大学阶段朱熹认为，应先通过对圣人制定的古礼一一进行探索推究，体会其中之理，然后再在现实生活中通过内心持敬的功夫中躬行实践，事君当尽忠，事父母当如心尽孝，与兄弟相处则如心尽悌等等诸如此类，于人伦处将礼庄重切实而行之。不仅如此，在礼之践行过程中，心还要于事物上对天理人欲进行抉择，简别“礼”与“非礼”，克除人欲：“圣人只说‘格物’二字，便是要人就事物上理会。且自一念之微，以至事事物物，若静若动，凡居处饮食言语，无不是事，无不各有个天理人欲，须是逐一验过。”① 如此这般，天理与人欲通过对人伦之礼推究、践行、体认，就会逐渐理会得透彻，久而久之，人在行礼时，人欲渐退，身心内外自然融洽，进而格尽人伦之礼，体达人伦之礼所蕴含的天理。

其二，朱熹认为格物致知不能只限于人伦之礼，格尽人伦之礼并不能达到真知，由人伦之礼推广致所有自然之理，即由对己心的格而推广于对万物的格，最终使两者贯通统一，使天理内外皆显，如此才能对天理见得真切，心才会自觉止于“所当然之则”。② 其云：

> 言致，言格，是要见得到尽处。若理有未格处，是于知之之体尚有未尽。格物不独是仁孝慈敬信五者，此只是大约说耳……凡万物万事之理皆要穷。但穷到底，无复余蕴，方是格物。③
>
> 所谓致知在格物者，言欲致吾之知，在即物而穷其理也。盖人心之灵莫不有知，而天下之物莫不有理，惟于理有未穷，故其知有不尽也。是以《大学》始教，必使学者即凡天下之物，莫不因其已知之理而益穷之，以求至乎其极。④

---

① （宋）黎靖德编：《朱子语类》卷 15，中华书局 1986 年版，第 287 页。

② （宋）朱杰人等编：《朱子全书》第 6 册，上海古籍出版社、安徽教育出版社 2002 年版，第 512 页。

③ （宋）朱杰人等编：《朱子全书》第 14 册，上海古籍出版社、安徽教育出版社 2002 年版，第 474 页。

④ （宋）朱熹：《四书章句集注》，中华书局 1983 年版，第 20 页。

> 若其用力之方，则或考之事为之著，或察之念虑之微，或求之文字之中，或索之讲论之际。使于身心性情之德，人伦日用之常，以至天地鬼神之变，鸟兽草木之宜，自其一物之中，莫不有以见其所当然而不容已，与其所以然而不可易者。①

依朱熹之意，人心通过对人伦之礼的探索、践行、体认而明达礼体，于此扩充，进而对宇宙间其他万物自然之理一一地“格”，穷究其理，久而久之，就会达到人伦之礼与万物自然之理豁然贯通，会之为一。宇宙万事万物之理全然一一明了，心中的天理被全然唤醒，即真正达到“致知”：“至于用力之久，而一旦豁然贯通焉，则众物之表里精粗无不到，而吾心之全体大用无不明矣。”②

由此观之，朱熹格物致知思想并不止于格人文之理，并不只追求于“明明德”，“明明德”最终目的，是要继续以“其已知之理”对自然万物“益穷之”，最终“求乎其极”。也就是说，虽然于形而上角度而言，人文之理与自然万物之理皆为天理的彰显，但落实到形而下具体实践层面，格尽人伦之礼并不等于格尽了所有的万物之理，只有达到两者真正豁然贯通才能将天理真正体认得透彻。所以为学者不能只追求知“所当然之则”，还要知其“所以然之则”，如此才是“真知”。③所以朱熹说：“知事物之当然者，只是某事知得是如此。到知其所以然，则又上面见得一截。”④

朱熹认为真正了达“所以然之则”，达到这种认识境界人便能自觉践行“所以然之则”，即自然而然诚心正意，自觉践行人伦道德之事，止于至善：

> 修身以上，明明德之事也。齐家以下，新民之事也。物格知至，

---

① （宋）朱杰人等编：《朱子全书》第6册，上海古籍出版社、安徽教育出版社2002年版，第527—528页。

② （宋）朱熹：《四书章句集注》，中华书局1983年版，第20页。

③ （宋）朱杰人等编：《朱子全书》第6册，上海古籍出版社、安徽教育出版社2002年版，第512页。

④ （宋）黎靖德编：《朱子语类》卷23，中华书局1986年版，第555—556页。

则知所止矣。意诚以下，则皆得所止之序也。①

物理皆尽，则吾之知识廓然贯通，无有蔽碍，而意无不诚、心无不正矣。②

总之，于格物致知中，朱熹再次强调礼，主张把对礼的探索、践行和体认作为格物致知的基础和主要内容，并主张由格人伦礼继续扩充到格天地万物自然之理，使自然存在维度的“所以然之则”与人文价值维度的“所当然之则”真正会之为一，自然与人事于此得以贯通无碍。心与天理于此真正合一，如此这般天理才能真正见得透，为学者就会自觉止于至善，自觉行人伦之事，自然与人文得以真正统一，而于各种烦琐礼仪中最能体现这种礼学思想特点的莫过于祭祀之礼。

三、由祭祀之礼到天地之理

朱熹对鬼神的探索是其格物致知思想的重要内容，其鬼神观主要体现于祭祀中。钱穆曾说：“祭祀之礼”，乃为“会通天地万物古今异世而合一言之”，并认为祭祀之礼最能体现“朱子宇宙本体论形上学”的思想。③ 此言确然。

前文已提及，礼最初的产生就是源于祭祀，礼与祭祀有甚深的渊源。有学者指出：“中国古代最原初的‘礼’具有原始宗教的性质。”④ 中国的宗教性最具代表意义的莫过于祭祀，祭祀的思想正体现了礼的宗教性特点。而通过对古文献的考证我们亦可以发现，三代礼乐确与祭祀有很大的关联，甚至可以说通过祭祀来“事神祈福”为中国礼乐文化的核心部分。古代思想家皆重祭祀。自孔子起就特别重视祭祀。孔子云：“祭如在，祭神如神在。”(《论语·八佾》) 荀子认为：“礼，上事天，下事地，尊先祖，而隆君师，是

① (宋) 朱熹：《四书章句集注》，中华书局 1983 年版，第 4 页。

② (宋) 朱杰人等编：《朱子全书》第 22 册，上海古籍出版社、安徽教育出版社 2002 年版，第 2037—2038 页。

③ 钱穆：《朱子新学案》，巴蜀书社 1986 年版，第 225 页。

④ 王启发：《礼学思想体系探源》，中州古籍出版社 2005 年版，第 11 页。

礼之三本也。”(《荀子·礼论》) 其中对祭礼的认识为：“祭者，志意思慕之情也。……故先王案为之立文，尊尊亲亲之义至矣……圣人明知之，士君子安行之，官人以为守，百姓以成俗。其在君子，以为人道也；其在百姓，以为鬼事也。”(《荀子·礼论》)《礼记·祭统》中亦云：“凡治人之道，莫急于礼。礼有五经，莫重于祭。”由此可见，祭祀自古以来就被视为礼的重要部分。祭祀对于维护宗法等级制度，维护三纲五常礼之大体，进而促使家族、国家有序团结有着重要的作用：

> 祭有十伦焉：见事鬼神之道焉，见君臣之义焉，见父子之伦焉，见贵贱之等焉，见亲疏之杀焉，见爵赏之施焉，见夫妇之别焉，见政事之均焉，见长幼之序焉，见上下之际焉。(《礼记·祭统》)

祭祀的实践是力行践礼的重要方面，而朱熹重礼的同时，亦承续了此传统，他对祭祀之礼非常重视。谈到祭祀就不得不提到朱熹颇有争议的一部礼学著作——《家礼》。我们知道，《家礼》的真伪性一直以来是学界颇为关注讨论的问题。当代学者如钱穆、陈来、高明等否认清代学者王懋竑认为《家礼》非朱熹所作的观点，论证了朱熹作《家礼》的真实性，而目前学者比较一致的态度亦是认为《家礼》确为朱熹所作。《家礼》一书对后世礼学产生了深远的影响，是朱熹礼学中一部重要的著作，在朱熹礼学体系建立中也起到了重要的作用。《家礼》中主要包含了婚礼、冠礼、葬礼和祭礼。而《家礼》中尤其注重祭祀，其中对祭祀之礼的呈现体现了朱熹礼学独特的人文情怀。

祭祀的对象为祖先、山川河神等，即是世人常常隐晦而又从祭祀中无法绕开的“鬼神”。因此，朱熹的鬼神观最能体现其祭祀思想的特征。

朱熹对于鬼神的态度继承了孔子的思想。我们知道，自孔子起，古人就常谈及鬼神之说。如孔子言：“未能事人，焉能事鬼?”(《论语·先进》)“未知生，焉知死?”(《论语·先进》)“敬鬼神而远之”(《论语·先进》) 虽从诸如此类之言已不难看出，孔子对鬼神一说持疏离的态度，然而这并不意味着古人从认知上彻底否定鬼神之说，只是以一个“敬”字来赋予鬼神奥深不可测，而又神圣不容侵犯的特点和地位，以此引导人们要以挺立人的维度、以尽人事为首要。朱熹对此非常赞同，其言：

> 鬼神事自是第二著。那个无形影，是难理会底，未消去理会，且就日用紧切处做工夫。子曰："未能事人，焉能事鬼！未知生，焉知死！"此说尽了。此便是合理会底理会得，将间鬼神自有见处。若合理会底不理会，只管去理会没紧要底，将间都没理会了。①

由此可见，朱熹并不主张人们去迷信鬼神之事，在为学上也主张应从切己功夫下手，应该"敬鬼神而远之"。但是尽管如此，朱熹始终没有放弃对鬼神之理的探索，他认为对鬼神之理的探究也是穷达天理的重要方式。其言："当讲究，识其真妄。"② 他鼓励为学者应当去穷究鬼神之理，来辨清其真伪，由此可通天地之理：

> 天下大底事，自有个大底根本；小底事，亦自有个紧切处。若见得天下亦无甚事。如鬼神之事，圣贤说得甚分明，只将礼熟读便见。二程初不说无鬼神，但无而今世俗所谓鬼神耳。古来圣人所制祭祀，皆是他见得天地之理如此。③

而对于鬼神概念的具体解读和探索先秦就有涉及，主要以阴阳、气来诠释之。如《易·系辞上》中云："精气为物，游魂为变。是故知鬼神之情状。"《礼记·郊特牲》中云："魄气归于天，形魄归于地。故祭求诸阴阳之义也。"《祭义篇》中云："宰我曰：'吾闻鬼神之名，不知其所谓。'子曰：'气也者，神之盛也。魄也者，鬼之盛也。合鬼与神，教之至也。众生必死，死必归土。此之谓鬼。骨肉毙于下，阴为野土，其气发扬于上为昭明。'"

朱熹对于鬼神的解释主要承续了先秦关于鬼神的思想。《中庸》中有对

---

① （宋）黎靖德编：《朱子语类》卷3，中华书局1986年版，第33页。

② （宋）朱熹：《朱文公文集》卷58，四川教育出版社1996年版，第2766页。

③ （宋）黎靖德编：《朱子语类》卷3，中华书局1986年版，第34页。

鬼神的描述，他对此做了解读。而张载和二程以阴阳二气来界定鬼神，朱熹对于《中庸》中鬼神思想的解读受他们思想影响很大。一方面朱熹认为鬼神是气的一种流行状态；另一方面认为鬼神是万物所体现出来的灵妙，从而侧面地彻底否定了人格意义上的鬼神之说，赋予鬼神天理的客观意义。

《中庸》中云：

> 鬼神之为德，其盛矣乎！视之而弗见，听之而弗闻，体物而不可遗。使天下之人齐明盛服，以承祭祀。洋洋乎！如在其上，如在其左右。

朱熹对此解读道：

> 程子曰："鬼神，天地之功用，而造化之迹也。"张子曰："鬼神者，二气之良能也。"愚谓以二气言，则鬼者阴之灵也，神者阳之灵也。以一气言，则至而伸者为神，反而归者为鬼，其实一物而已。为德，犹言性情功效鬼神无形与声，然物之终始，莫非阴阳合散之所为，是其为物之体，而物所不能遗也。其言体物，犹易所谓干事……齐之为言齐也，所以齐不齐而致其齐也。明，犹洁也。洋洋，流动充满之意。能使人畏敬奉承，而发见昭著如此，乃其体物而不可遗之验也。①
>
> 鬼神主乎气而言，只是形而下者。但对物而言，则鬼神主乎气，为物之体；物主乎形，待气而生，盖鬼神是气之精英，所谓"诚之不可掩"者。诚，实也。言鬼神是实有者，屈是实屈，伸是实伸。屈伸合散，无非实者，故其发见昭昭不可掩如此。②
>
> 从或问："鬼神'体物而不可遗'，只是就阴阳上说。末后又却以祭祀言之，是如何？"曰："此是就其亲切著见者言之也。若不如此说，则人必将风雷山泽做一般鬼神看，将庙中祭享者又做一般鬼神看。故

① （宋）朱熹：《四书章句集注》卷 2，中华书局 1983 年版，第 25 页。

② （宋）黎靖德编：《朱子语类》卷 63，中华书局 1986 年版，第 1544 页。

即其亲切著见者言之，欲人会之为一也。”①

简而言之，依朱熹之意，鬼神是天地造化之功，是阴阳之气合散、屈伸的一种形式，是气的一种形而下的体现方式。从物之存在角度而言，因为物由气而生，而鬼神又是气之精髓，故而鬼神为物之体，为物体之神。鬼神只是天理运行的一种方式，是气的流行变化，并不是世俗所认为的人格鬼神，所谓："天神、地祇、人鬼只是一理，亦只是一气。"②"死生人鬼，气则二，理则一。"③而祭祀就是为了通过感通鬼神，进而体达此天地之理。显而易见，在继承前人基础上，于理学视域下，朱熹对鬼神的认知进行了创新的解读，通过理气的思想赋予了鬼神客观性特征，以此消解了鬼神的神秘性，其鬼神观可谓独树一帜。

具而言之，朱熹认为人与万物皆具天地之气。气聚为人，气散为鬼，人与鬼的区别亦只是气的聚散而致。心是由气而成，鬼神亦是气之使然，故而人心能感通气，人与鬼神相感应其实就是人与气相感应。朱熹说：

> 这个天地阴阳之气，人与万物皆得之。气聚则为人，散则为鬼。然其气虽已散，这个天地阴阳之理生生而不穷。④
>
> 鬼神只是气。屈伸往来者，气也。天地间无非气。人之气与天地之气常相接，无间断，人自不见。人心才动，必达于气，便与这屈伸往来者相感通。⑤
>
> 发于心，达于气，天地与吾身共是一团物事。所谓鬼神者，只是自家气。自家心下思虑才动，这气即敷于外，自然有所感通。⑥

---

① （宋）黎靖德编：《朱子语类》卷63，中华书局1986年版，第1544—1545页。

② （宋）朱熹：《朱文公文集》卷49，四川教育出版社1996年版，第2254页。

③ （宋）朱熹：《朱文公文集》卷49，四川教育出版社1996年版，第2254页。

④ （宋）黎靖德编：《朱子语类》卷3，中华书局1986年版，第46页。

⑤ （宋）黎靖德编：《朱子语类》卷3，中华书局1986年版，第34页。

⑥ （宋）黎靖德编：《朱子语类》卷98，中华书局1986年版，第3302页。

对于《礼记·郊特牲》中“魂气归于天，形魄归于地，故祭，求诸阴阳之义也。”朱熹解释曰：

> 魂气归于天，是消散了，正如烟腾上去处何归？只是消散了，论理大概固如此。然亦有死而未遽散者，亦有冤恨而未散者。然亦不皆如此，亦有冤死而魂即散者。

据此依朱熹之意，祭祀之所以有必要存在，就是在于通过祭祀，人心可以与鬼神感通，必能体会鬼神是气的一种运行方式，进而去体达鬼神真正之理是天地之理的体现，并不是外在某种具有人格形象的存在，祭祀是为了让人们对鬼神的认识“会之为一”，旨要通过祭祀见得万物之本、天地之理。因此说到底，祭祀主要就是心与气的感通，然而这只是笼统地说，落实到具体的祭祀是有要求的，唯有同类气才能感通。

朱熹认为虽然万物皆是一气，但气亦有气类，不同类的气不能相感，唯有同类气才能相感。他认为祭祀时，人心与祭祀之鬼神相互感通之所以可能，是基于同类气可相感。其言：

> 人所以生，精气聚也。人只有许多气，须有个尽时；尽则魂气归于天，形魄归于地而死矣……此所以有生必有死，有始必有终也。夫聚散者，气也。若理，则只泊在气上，初不是凝结自为一物。但人分上所合当然者便是理，不可以聚散言也。然人死虽终归于散，然亦未便散尽，故祭祀有感格之理。先祖虽世次远者，气之有无不可知。然奉祭祀者既是他子孙，必竟只是一气，所以有感通之理。然已散者不复聚。①
>
> 自天地言之，只是一个气。自一身言之，我之气即祖先之气，亦只是一个气，所以才感必应。②

① （宋）黎靖德编：《朱子语类》卷3，中华书局1986年版，第36—37页。

② （宋）黎靖德编：《朱子语类》卷3，中华书局1986年版，第47页。

祖考之精神魂魄虽已散，而子孙之精神魂魄自有些小相属。故祭祀之礼尽其诚敬，便可以致得祖考之魂魄。这个自是难说。看既散后，一似都无了。能尽其诚敬，便有感格，亦缘是理常只在这里也。①

所以“神不歆非类，民不祀非族”，只为这气不相关。如“天子祭天地，诸侯祭山川，大夫祭五祀”，虽不是我祖宗，然天子者天下之主，诸侯者山川之主，大夫者五祀之主。我主得他，便是他气又总统在我身上，如此便有所相关处。②

天子统摄天地，负荷天地间事，与天地相关，此心便与天地相通。不可道他是虚气，与我不相干。如诸侯不当祭天地，与天地不相关，便不能相通。圣贤道在万世，功在万世。今行圣贤之道，传圣贤之心，便是负荷这物事，此气便与他相通。如释奠列许多笾豆，设许多礼仪，不成是无此姑谩为之！人家子孙负荷祖宗许多基业，此心便与祖考之心相通。③

如天子则祭天，是其当祭，亦有气类，乌得而不来歆乎。诸侯祭社稷，故今社亦是从气类而祭，乌得而不来歆乎。今祭孔子必于学，其气类亦可想。④

于上概言之，朱熹认为，人之气虽散，但理却恒存，因天地之气具有“生生”之理，故而同类气可相感。因此气散后，同类气可感应散了的人之气，使之复生来格。据此，祭祀要遵循人伦等级，祭祀者与祭祀对象的地位要相对应，祭祀的规格也要与祭祀的对象地位相符。例如子孙之气因与祖先之气类似，故祭祀时祭祀祖先，子孙能与祖先之气相感格，能感应祖先之气而复生，所以感格的并不是祖先的魂魄。以此推及天子、诸侯祭祀亦是此理。这从中也体现了朱熹主张人伦之礼以天秩天序为依据，礼具有等级差别的思想特点。

① （宋）黎靖德编：《朱子语类》卷3，中华书局1986年版，第46页。
② （宋）黎靖德编：《朱子语类》卷3，中华书局1986年版，第171页。
③ （宋）黎靖德编：《朱子语类》卷3，中华书局1986年版，第4647页。
④ （宋）黎靖德编：《朱子语类》卷3，中华书局1986年版，第177页。

而在祭祀中，除了要求祭祀者与被祭祀者为同类气之外，对祭祀者心的状态亦有很高的要求。朱熹认为祭祀者必须要尽诚，如此在具备前面所述的各种条件的基础上，才能与鬼神之气真正得以感通：

> 熹尝谓知乾坤变化、万物受命之理，则知生而知死矣；尽亲亲、长长、贵贵、尊贤之道，则能事人而能事鬼矣。只如此看，意味自长。①
>
> 神之有无，皆在于此心之诚与不诚，不必求之恍惚之间。②
>
> 凡祭，主于尽爱敬之诚而已。(《家礼》)
>
> 祭祀之感格，或求之阴，或求之阳，各从其类，来则俱来……主祭祀者既是他一气之流传，则尽其诚敬感格之时，此气固寓此也。③
>
> 祖宗气只存在子孙身上，祭祀时只是这气，便自然又伸。自家极其诚敬，肃然如在其上，是甚物？那得不是伸？此便是神之著也。所以古人燎以求诸阳，灌以求诸阴。谢氏谓“祖考精神，便是自家精神”，已说得是。④

朱熹认为“诚”是祭祀的关键所在，祭祀者唯有尽诚才能真正让心之气与祭祀对象之气相感通。祭祀者也唯有尽诚方能真正体会到神之所在，真正体达鬼神之理。而当门人问起古今祭礼事体不同、难以一致的问题时，朱熹回答亦如此：

> 有何难行，但以诚敬为主，其他仪则随家丰约，如一羹一饭皆可自尽其诚。⑤

由此可见“诚”是祭祀的心法，唯有心“尽诚”方抵祭祀之本。

---

①（宋）朱熹：《朱文公文集》卷47，四川教育出版社1996年版，第2169页。

②（宋）黎靖德编：《朱子语类》卷25，中华书局1986年版，第898页。

③（宋）黎靖德编：《朱子语类》卷3，中华书局1986年版，第50页。

④（宋）黎靖德编：《朱子语类》卷3，中华书局1986年版，第50页。

⑤（宋）黎靖德编：《朱子语类》卷90，中华书局1986年版，第2312页。

而尽诚需要有深厚的心性涵养功夫，并不是每个人都能够轻易达到尽诚的状态，故此从这一面我们亦可体会到，在朱熹那里，祭祀是极为庄重、神圣的，故而祭祀之人应有很高的心性涵养功夫和境界，并非人人都能参与。

总之，由上面分析不难发现，朱熹对鬼神的态度彰显了哲学之理性色彩，他的鬼神观与民间盲目地崇拜迷信、毫无理性的鬼神观有着云泥之别。对此，朱熹极其反对淫祭，其道：

古时祭祀都是正，无许多邪诞。古人只临时为坛以祭，此心发处则彼以气感，才了便散。今人不合做许多神像只兀兀在这里坐，又有许多夫妻子母之。如今神道必有一名谓之“张太保”“李太保”，甚可笑。①

先王制礼，自天子以至于庶人，报本享亲，皆有常典，牲器时日，皆有常度，明有礼乐，幽有鬼神，一理贯通，初无间隔。苟礼之所不载，即神之所不享。是以祭非其鬼，即为淫祀。淫祀无福，经有明文，非固设此以禁之，乃其理之自然，不可得而易也……先王之政，执左道以乱政，假鬼神以疑众者，皆必诛而不以听，其虑深矣。②

问：“疾病而祷，古人固行之矣。然自典礼之亡，世既莫知所当致祷之所，缁黄巫觋始以其说诬民惑众，而淫祀日繁。今欲一切屏绝，则于君父之疾，无所用力之际，不一致祷，在臣子之心必有慊然不足者。欲姑随世俗而勉焉为之，然吾心既不以为然，亦必不能于此自致其诚，况于以所贱事君亲欤！然则如之何而可？”曰：“今自是无所可祷。如《仪礼》五祀之类，今人寻常皆不曾祀。又寻常动是越祭，于小小神物，必以为祭之无益。某向为郡祷旱时，如旧例醮祭之类，皆尝至诚为之。但才见张天师，心下便不信了。”③

① （宋）黎靖德编：《朱子语类》卷87，中华书局1986年版，第2261页。

② （宋）黎靖德编：《朱子语类》卷87，中华书局1986年版，第2261页。

③ （宋）朱熹：《朱文公文集》卷20，四川教育出版社1996年版，第930页。

如今祀天地山川神，塑貌像以祭，极无义理。①

概言之，朱熹极力否认怪力乱神之说，认为祭祀并不需要一定要塑一个神像来祭拜，并不赞成人们于祭祀中去膜拜外在的神像。在朱熹看来，那些祭拜山川鬼神的塑像的行为并没有真正的义理依据。今人正是常因不能领悟祭祀的真正义理所在，以至于出现“淫祭”的现象。其认为，鬼神只是气，祭祀只是心与气的感通，“淫祭”并不是以心气感通为理，而是认为外在有一个无形的鬼神能主宰祸福。这样的祭祀是迷信，极为荒诞可笑，是心中被私欲所驱使，如此，心也不会至诚，当然也不会灵验。

通过以上分析我们可以总结出，祭祀其实也是格物致知的内容。祭祀是对祖先的一种追思的仪式，参与的主体为人心，而心的感应的对象是超验的鬼神，从这一角度而言，朱熹的祭祀思想中体现了浓厚的宗教色彩。而对于祭祀的方法朱熹认为有两个关要点，其一，同类气可相感，即地位、等级若与被祭祀者相符，则能感通其气，以此方能体验天地正理。其二，是要尽诚。诚是心与气感通的关键处。诚首先是要指向内心，进而指向祭祀之理，天地之理。朱熹并不是把祭礼的落脚点放在鬼神上，他并不承许人格意义上的鬼神，也绝不赞成通过祭祀来膜拜一个外在的超验的偶像，而是主张通过祭祀来尽心、尽性、诚意，最终目的旨在格物致知，体达天理。换言之，祭祀的目的和终极价值归宿始终指向完成人之自我，实现人的最终价值意义，臻于天人合一的最终境界。因此，朱熹祭祀的思想亦正如冯友兰先生所言：“所谓求‘福’，既不像基督教的上帝启示和拯救，也不像佛教的普度众生、道教的福禄寿喜。儒家的祭祀只是表达内心自我的一种方法，与其说是神性的，不如说是人性的。”② 祭祀之礼的对象虽为超验的鬼神，但其因具有这种天人合一的儒家特色价值观，故而并没有完全落入盲目的宗教崇拜之中。因此朱熹祭祀之礼所体现的宗教色彩，并非通常意义上的宗教色彩，而是烙印了儒家浓厚的特有的人文精神，彰显着古人对天地之理真诚而又孜孜不倦的

---

① （宋）黎靖德编：《朱子语类》卷 87，中华书局 1986 年版，第 3022 页。

② 冯友兰：《中国哲学史》，中华书局 1961 年版，第 424 页。

探索价值追求。于此："'中国礼仪之争'的结论认为中国文化是人文主义的，非宗教的，伦理型的，是值得启蒙运动中的西方人仿效的。"① 此言所体现的观点通过朱熹对祭祀的诠释可窥见端倪。

四、对朱熹格致思想重礼的反思

通过以上分析可见，朱熹在格物致知思想中极为重视礼，综其原因，有两方面。一方面是基于当时的社会文化现状。尤其是针对当下世人"重内轻外"的学风，朱熹致力于纠正"汉儒多言礼，宋儒多言理"② 而空谈性理、架空格物致知内涵的时风。由此他把人文之礼与自然之理打通，以对礼的体认作为格物致知的主要内容，主张对人伦之礼的体达优先于自然万物之理，这不仅体现他对礼，对人文思想的重视，更彰显了其独特的礼学思想。另一方面朱熹窥测到了心的道德属性与心的灵觉程度之间的关系，认识到了对礼的践行有助于人心之聪明智慧的开显。不难看出依朱熹之意，心的道德境界愈臻于完善，心的道德实践能力就越强，人欲越少，心的知觉、主宰功能就越自觉，心就愈灵明，心体验万物所以然的智慧和能力就愈高。由上可知，朱熹不仅主张践行礼是心通达天理的基础，亦深刻认识到了人伦道德对于心认识自然物理的纯粹主观能动性具有提升的作用。于这一层面而言，礼不仅仅是规范人乃至社会的行为准则，更是开发心之聪明智慧、了达宇宙自然之理的重要途径。故此朱熹认为随着礼文的阙失，小学功夫会逐渐隐没，一定会导致心之涵养功夫的缺失，人心不古。今与古相比，对宇宙万物通彻了悟而成圣成贤绝非易事，故朱熹对礼极为重视，他倾注了一生精力构建礼学体系。

朱熹虽极为重视礼，重视人文思想，但绝不是把自然与人文截然分开，而是主张自然存在维度与人文精神价值维度彼此融会贯通，且互相作用。

对于朱熹格物致知的思想，王阳明通过亲身实践格外在之物无功而返后提出质疑：

---

① 李天纲：《中国礼仪之争：历史、文献和意义》，上海古籍出版社1998年版，第347页。

② （清）皮锡瑞：《经学通论》卷3，中华书局1954年版，第25页。

> “理”本自心中又何须格外在的“物”？其言：先儒解格物为格天下之物，天下之物如何格得？且谓一草一木亦皆有理，今如何去格？纵格得草木来，如何反来诚得自家意？①

“理”既然本植于心中又何须格外在的“物”？他认为朱熹有两个没有完全解决的问题：其一，人应如何格外在的物？其二，如何通过格外在的物来诚内在的意？王阳明认为朱熹于事事物物求理，实则是把“心”与“理”分离为二：

> 朱子所谓“格物”云者，在即物而穷理也。即物穷理，是就事事物物上求其所谓定理者也。是以吾心而求理于事事物物之中，析“心”与“理”而为二矣。②

由此，格竹失败后，王阳明几经冥思苦想，潜心思度，悟出“致良知”之说，其判认良知具有道德属性，以此将心完全赋予道德属性，并对格物致知有了新的体认。其言：

> 心自然会知，见父自然知孝，见兄自然知弟，见孺子入井自然知恻隐，此便是良知，不假外求。③
>
> 致知必在于格物。物者，事也，凡意之所发必有其事，意所在之事谓之物。格，正也，正其不正以归于正之谓也。正其不正者，去恶之谓也。归于正者，为善之谓也。夫是之谓格。④

王阳明认为意之所发谓事，意所在之事谓之物。心外无理，心外无物。他认为，朱熹格物致知的思想之所以出现难以调和的矛盾，无处下手，就是

---

① （明）王守仁：《传习录》，《王阳明全集》，上海古籍出版社 1992 年版，第 119 页。

② （明）王守仁：《传习录》，《王阳明全集》，上海古籍出版社 1992 年版，第 44—45 页。

③ （明）王守仁：《传习录》，《王阳明全集》，上海古籍出版社 1992 年版，第 119 页。

④ （明）王守仁：《续编一》，《王阳明全集》，上海古籍出版社 1992 年版，第 1071 页。

在于他把理和物皆归结于心外，没有完全将其纳入心内，导致“支离决裂，错杂纷纭，而莫知有一定之向。”① 王阳明认为心与理为一，因此格物只需格心之物，致吾心之良知即可，无须执着格外在的物，更无须充广其知识。②其言：

> 所谓致知格物者，致吾心之良知于事事物物也。吾心之良知，即所谓天理也，致吾心良知之天理于事事物物，则事事物物皆得其理矣。致吾心之良知者，致知也。事事物物皆得其理者，格物也。是合心与理为一者也。③
>
> 夫正心诚意，致知格物，故格物者，格其心之物也，格其意之物也，格知之物也；正心者，正其物之心也；诚意者，诚其物之意也，致知者，致其物之知也，此岂有内外彼此之分哉！④
>
> 学之不明，皆由世之儒者认理为外，认物为外，而不知义外之说。⑤

因此他持与朱熹相反的观点，认为执着外在的礼文是支离破碎之功，为圣之学应舍弃外在的礼文：

> 谓圣人为生知者，专指义理而言，而不以礼乐名物之类；则是礼乐名物之类，无关于作圣之功矣。⑥

于此，王阳明对朱熹格物致知的解读正如《明儒学案》中所言：“朱子以后，学者以知识为知，而以为备于人心者不过是‘明觉’。而且，因为理

① （明）王守仁：《续编一》，《王阳明全集》，上海古籍出版社 1992 年版，第 1068 页。
② （明）王守仁：《续编一》，《王阳明全集》，上海古籍出版社 1992 年版，第 1070 页。
③ （明）王守仁：《传习录》，《王阳明全集》，上海古籍出版社 1992 年版，第 45 页。
④ （明）王守仁：《传习录》，《王阳明全集》，上海古籍出版社 1992 年版，第 76 页。
⑤ （明）王守仁：《传习录》，《王阳明全集》，上海古籍出版社 1992 年版，第 76 页。
⑥ （明）王守仁：《传习录》，《王阳明全集》，上海古籍出版社 1992 年版，第 45 页。

是天地万物中共同的东西，所以就成了这样的认识：一定待穷尽天地万物之理以后，吾心之明觉才会与之一致无间。即是说，即便怎样提倡‘无内外’，实际上无非是完全根据外来的闻见来填补自己的灵明。阳明所遗憾的，正是这一点。”①

而其实我们通过前文的分析，可公允地讲，虽然朱熹强调心外有理，心外有物，但他从根本上并没有否定心与理一。他主张心要服膺天理，服膺礼，在格物致知过程中着重强调礼，是旨在让世人在为学修养中使心有所着落，避免落入顽空。这一点无可厚非。但我们深入分析亦可发现，朱熹在阐述格物致知思想的过程中确实没有处理好心与物之间的关系。通过前面对朱熹礼学观念的分析，似乎可以确定心、礼与宇宙万物自然之理贯通为一，统一于天理，但这只是于形而上优侗地讲。而仔细分析就会发现，依朱熹之意，人伦之礼虽是依据宇宙间自然之礼而设定，但自然之礼体现的是宇宙万事万物本然的秩序性，即宇宙间万事万物之间的存在关系，而对于人伦之礼与自然物理的内在关系朱熹并未阐明。而落实到形而下的具体实践，朱熹虽把人伦之礼作为格物致知的前提和主要内容，但他又认为格尽人伦之理并不等于真正了达天理，要继续格尽了万物自然之理方可。以人伦之理为途径开显的是价值意义层面的道德之心，而宇宙万事万物本然存在的自然秩序之理是与人伦之理贯通的，通过格物致知的功夫，最终道德之心可与之豁然贯通。但朱熹却并没有说清楚，也未提供一个切实可操作的方法来说明道德之心如何去认识自然存在维度的自然物理，即两者具体应该怎样互动才能豁然贯通，这就导致为学者格具体物时，心无下手处。而王阳明直接把物纳于心，从而把人伦之理和自然万物之理统一赋予了道德价值属性，于此自然地消解了心与自然之物的隔阂、紧张，和谐统一了人的价值尺度与物的价值尺度，使“真理”与“价值”统一起来，创建了心学。

---

① ［日］岛田虔次：《朱子学与阳明学》，陕西师范大学出版社 1986 年版，第 84 页。

第三节　重情损益以践礼

朱熹于礼之践行中特重情，其对礼的践行的阐发透显出鲜明的重情特点。他主张礼之沿革损益应酌量人情而定，如此才能于礼的践行中与人情相称，在礼之践行中人更应从人情出发，最大限度地抒发情之正。这既是继承了前贤礼学的思想特点，也是基于当时时代文化语境的客观需求。

一、天理视域下对礼之情感因素的重新重视

如前文所述，于先秦时期，礼之情感因素得到特别的重视和强调，诸多思想家主张礼生于情，礼本乎真情，应依礼治情。但于礼的践行中，礼治情的目的并非使人无情，而是抒发、养护真情。甚至真情即使有过之处，亦不为恶："苟以其情，虽过不恶；不以其情，虽难不贵。"（《性自命出》）荀子亦认为情礼相互作用，主张礼是养真情的，真情应依礼而恰当养护、抒发"孰知夫礼义文理之所以养情也!"（《荀子·礼论》）

而于汉代，大一统新政体的确立代替了西周宗法制度，西周"亲尊合一"的礼法制度随之亦被打破，尊君代替了尊亲。随着汉代君权主义的凸显，"三纲六纪"道德绝对等级化的确立，并作为礼之大体。礼中的人情因素也因此而受到压制，情礼关系出现冲突，礼教吃人的苗头亦于此时期开始萌生。正如徐复观先生指出："汉儒坚持治定制礼，功成作乐，因为治不定，功未成所制的礼乐，常是统治者把一时诞妄便利之私的变态心理，通过礼乐的形式，以强加于群体生活之上，这对群体生活是最深刻的损害。"①

人情长期受到的抑制到魏晋终于产生反弹，魏晋时期随着"名教出于自然""越名教而任自然""名教即自然"思想的提出，重礼、重情思想风气盛行，在一定程度上缓解了汉代情礼关系的紧张，这种状态一直延续到李唐王朝。

于魏晋时期"亲亲之情"开始被强调，由此"三纲六纪"权威的绝对

---

① 徐复观：《中国思想史论集》，学生书局1983年版，第239页。

性开始松动，情与礼关系开始出现紧张。最具代表性的，如袁弘强调亲亲之情为君臣关系的基础和引发，由此对以君权主义为特征的“三纲六纪”的绝对化造成了一定的冲击。例如对于父子的关系，他说道：“夫君臣父子，名教之本也。然则名教之作，何谓者也？盖准天地之性，求之自然之理，拟议以制其名，因循以弘其教，辨物成器，以通天下之务者也。是以高下莫尚于天地，故贵贱拟斯以辨物；尊卑莫大于父子，故君臣象兹以成器。天地，无穷之道；父子，不易之体。夫以无穷之天地，不易之父子，故尊卑永固而不逾，名教大定而不乱，置之六合，充塞宇宙，自（今）‘古’及（古）‘今’，其名不去者也。”① 袁弘认为，“君臣父子”为“名教之本”，是天地之理的体现，君臣之间的关系亦是效仿父子关系而建立起来的。袁弘以此观点对君权主义的绝对权威性提出质疑。另外，于此时期，夫妻之情亦得到强调，《世说新语·惑溺》篇云：“荀奉倩与妇至笃，冬月妇病热，乃出中庭自取冷还，以身熨之。妇亡，奉倩后少时亦卒，以是获讥于世。”② 荀奉倩为三国时期曹魏的著名玄学家，其他对待妻子情真意切可以窥探出当时夫妻之情已然不再处于被压制的状态，而是逐渐被认可。“情”于魏晋时期的重新重视，引起了原有等级森严的礼法制度的松动。情礼之间冲突产生的裂痕引起了当时的学者对礼的重新重视和探讨，致使礼学重情思想在魏晋时期曾一度繁盛。

及至唐代，沿革了魏晋这种重情的思潮，亦对亲情予以强调，其中武则天提出将《礼记·丧服》规定的“父在为母期”改为“父在，为母齐衰三年服”的规制，其言：“子之于母，慈爱特深。非母不生，非母不育。推燥居湿，咽苦吐甘，生养劳瘁，恩斯极矣！所以禽兽之情，犹如其母，三年在怀，理宜崇报。”③ 此正是“请升慈爱之丧，以抗尊严之礼。”④ 总之，于唐代礼对“情”重视亦得到进一步彰显。

然而前文已提及，自武则天时期，社会结构发生变化，新兴阶层的兴起，加之此时期随着对“情”的过度释放，旧有的礼法制度面临着挑战：

① ［东晋］袁宏：《后汉纪》，中华书局 2002 年版，第 509 页。
② 余英时：《士与中国文化》，上海人民出版社 2003 年版，第 412—414 页。
③ 杜佑：《通典》卷 89，中华书局 1998 年版，第 487—489 页。
④ 杜佑：《通典》卷 89，中华书局 1998 年版，第 487—489 页。

“传统的礼法制度以及伦理道德观念，已经无法针对社会进行规范和批评，面对越来越放纵的情感和越来越失控的欲望，它似乎处在很尴尬的境地。”① 中唐以后原先的礼法制度更是几近崩溃，五代十国时期战争与纷乱加剧了国家社会秩序的崩塌。于此，迫于时代社会的各种复杂因素，新的礼法制度于宋代亟待重建，情礼关系也因于宋代文化语境的不同而呈现独特的特点。

于宋代，人情虽与汉代一样亦被压制在礼法制度之下，但是并没有完全被抹杀。随着宋儒对性理之学的发展与完善，宋礼亦逐渐被统摄到理学体系下，而“天理”的提出，使礼的宇宙论依据和本体论依据渐然完备，于魏晋就已然松动的“三纲五常”于此时亦重新被尊崇且被视为绝对且不可动摇的人伦之圭臬，如二程言：“天而在上，泽而处下，上下之分，尊卑之义，理之当也，礼之本也。”② 此时一些宋儒沿承了先期儒家和魏晋、唐代礼之重情的思想特点和模式，亦欲对汉代“重礼轻情”以纠正，礼之情感因素如此在天理笼罩下被重新予以重视。如李觏明确指出：“夫礼之处，顺人之性欲而为之节文者也。”③ 苏轼亦云：“夫礼之初，始诸人情，视其所安者而为之节文。凡人情之所安而有节者，举皆礼也。”④ 二程云：“礼者因人情者也，人情之所宜则义也。三年之服，礼之至，义之尽也。”⑤ 于此，基于时代的文化语境，于理学思想的影响下，朱熹之礼承续诸位前贤思想，于礼的践行中，其对情之重视更为突出。

二、缘情而礼

前文已分析到，情之正为天理之全然彰显，是性之自然显露，为仁爱的流行发用，流露出天地之大公无私，在此层面，情礼于本质相洽、统一。而实然上，礼文常常于不同时空、特殊情境下与情之正不相称，出现背离，情之抒发、表达方式亦有所变，而外在礼之文常常由于僵化固滞呈现出滞后

① 葛兆光：《中国思想史》第2卷，复旦大学出版社2013年版，第32页。
② （宋）程颢、程颐：《二程集》，中华书局2004年版，第749页。
③ （宋）李觏：《李觏文集》卷2，中华书局2004年版，第6页。
④ （宋）苏轼：《苏轼文集》卷2，中华书局1986年版，第76页。
⑤ （宋）程颢、程颐：《二程集》，中华书局2004年版，第127页。

性，礼之践行就不能合理、恰切地显彰、抒发人情之正。据此，于此层面上，朱熹认为情对礼有调节作用，外在的礼文应以情为度，对于礼文的解读、甄别与沿革亦应以礼体不变为前提，以情而度之，礼文可有损益，以此来服膺人之情正，于礼的践行中更应随顺人情而权变，缘情而礼。其具体体现为两面：

其一，依朱熹之意，礼之制定与实施是以人情之恰当抒发为价值尺度。

古人制礼皆缘人情，故此，礼文是以情为度，随顺人情的，例如于《答陆子寿》之书信中，朱熹指出：

> 先王制礼，本缘人情。吉凶之际，其变有渐，故始死全用事生之礼。既卒哭祠庙，然后神之。然犹未忍尽变，故主复于寝而以事生之礼事之。至三年而迁于庙，然后全以神事之也。此其礼文见于经传者不一，虽未有言其意者，然以情度之，知其必出于此无疑矣。①

朱熹认为，圣人制礼皆是随顺情正之发。譬如，人死时需举行吉礼（如祭礼）和凶礼（如荒礼、丧礼），亲人既逝，面对这一残酷的人生无常，生者在情感上需有一个接纳现实之过程，古人便制礼规定，生者由“事生之礼”过渡到“事死之礼”，从“丧礼”转换到“祭礼”，如此来逐渐变换礼节，随顺情正之发，即所谓“其变有渐”。因此，朱熹认为，要秉承古人之意，对于礼文的甄别应“以情而度之”，以是否“合乎人情”作为礼文是否恰合时宜的标准。礼须最大限度地随顺人情之正，在不同时空、特殊情形下，外在的礼文若对已发的情之正有所束缚，礼之实现可缘人情而权变。所谓“礼器出人情，亦是人情用。”②

如前文所述，礼含摄天理，且根植于人心之中，情为性之发露，情正体现为恻隐、羞恶、辞让、是非之情，其应物而发，所发皆善，朱熹言：

---

① （宋）黎靖德编：《朱子语类》卷 89，中华书局 1986 年版，第 2285 页。

② （宋）黎靖德编：《朱子语类》卷 87，中华书局 1986 年版，第 2244 页。

盖四端之未发也，虽寂然不动，而其中自有条理，自有间架，不是儱侗都无一物。所以外边才感，中间便应。如赤子入井之事感，则仁之理便应，而恻隐之心于是乎形。如过庙过朝之事感，则礼之理便应，而恭敬之心于是乎形。盖由其中间众理浑具，各各分明，故外边所遇随感而应……①

由此，人心本然有天理、仁德、四端，情正之所发为四端的自然流露，应外在事物而发，与礼体相应。故此若于特殊情境下，礼文与所发的情之正若有冲突，则应该依情之正而权变。例如在讨论经与权的问题时，朱熹提到：

"男女授受不亲"，是常经合恁地。"姑嫂，援之以手"，亦是道理合恁地，但不是每常底道理了。②

对于"权"的解释，其认为：

权是时中，不中则无以为权矣。③

"时中"，即于当时言行恰合于道，即天理，也即情之正。"男女授受不亲"通常是合于常经，合于"常礼"，但是于特殊时空遇"姑嫂溺之"这一特殊情形，朱熹承续孟子之思想，亦认为应该打破寻常之礼，应"援之以手"。

对于弟子针对祭礼因时代变易而于当今显得烦琐难行的现状，朱熹说：

有何难行？但以诚敬为主，其他仪则，随家丰约。如一羹一饭，皆可自尽其诚。若温公书仪所说堂室等处，贫家自无许多所在，如何要行得？据某看来，苟有作者兴礼乐，必有简而易行之理。（《朱子语

① （宋）朱杰人等编：《朱子全书》第23册，上海古籍出版社、安徽教育出版社2002年版，第2779页。

② （宋）黎靖德编：《朱子语类》卷19，中华书局1986年版，第989页。

③ （宋）黎靖德编：《朱子语类》卷19，中华书局1986年版，第989页。

类》卷九十）

朱熹认为礼的践行最重要的就是秉持内心的“诚敬”，礼之形式可以适当根据现实的具体条件而权变之，尽量遵循简而易行之理。

因此，依朱熹之意，礼在某些特殊情况下并不是固着、僵化的，可在合于天理，合于人情之前提下，通过权变而实现之。换言之，由本性而发露的情，无乖戾、无偏执，是礼权变的价值尺度，人并不应一味地冷漠、墨守成规地因礼而绝情。

其二，朱熹认为应以是否“合乎人情”作为礼文是否恰合时宜的标准，礼文当随时代人情之变化而因革损益，如此才能在践行礼中迎合世情、人情。

程颐曰：

> 礼之本，出于民之情，圣人因而道之耳。礼之器，出于民之俗，圣人因而节文之耳。圣人复出，必因今之衣服器用而为之节文。其所谓贵本而亲用者，亦在时王斟酌损益之耳。①

朱熹承续此思想，其认为时空挪换，古今迥异，时代变迁，人之思想观念随之转换，人情所依赖的条件以及具体体现亦有所变，而一些古礼烦琐难行，若勉强对古礼一一行之，很难尽情、尽义，必不能契合情之正。其言：

> 某尝说，古者之礼，今只是存他一个大概，令勿散失，使人知其意义，要之必不可尽行。如始丧一段，必若欲尽行，则必无哀戚哭泣之情。何者？方哀苦荒迷之际，有何心情一一如古礼之繁细委曲？古者有相礼者，所以导孝子为之。若欲孝子一一尽依古礼，必躬必亲，则必无哀戚之情矣。况只依今世俗之礼，亦未为失，但使哀戚之情尽

① （宋）程颢、程颐：《二程集》，中华书局2004年版，第327页。

耳。有虞氏瓦棺而葬，夏后氏塈周，必无周人之繁文委曲也。又礼，圹中用生体之属，久之必溃烂，却引虫蚁，非所以为亡者虑久远也。古人圹中置物甚多。以某观之，礼文之意太备，则防患之意反不足。要之，只当防虑久远，“毋使土亲肤”而已，其他礼文皆可略也。又如古者棺不钉，不用漆粘。而今灰漆如此坚密，犹有蚁子入去，何况不使钉漆！此皆不可行。孔子曰：“如用之，则吾从先进。”已是厌周之文了。又曰：“行夏之时，乘殷之辂。”此意皆可见。①

而今礼文觉繁多，使人难行。②

夫三王制礼，因革不同，皆合乎风气之宜，而不达乎义理之正，正使圣人复起，其于今日之议，亦必有所处矣。③

三代之际，礼经备矣，然其存于今者，宫庐器服之制，出入起居之节，皆已不宜于世。④

据此，他认为：

若圣贤有作，必须简易疏通，使见之而易知，推之而易行。⑤

后圣有作，必是裁减了，方始行得。⑥

……使圣贤者作，必不尽如古礼，必裁酌从今之宜而为之也。又如士相见礼、乡饮酒礼、射礼之属，而今去那里行？只是当存他大概，使人不可不知。方周之盛时，礼又全体皆备，所以不可有纤毫之差。今世尽不见，徒掇拾编辑于残编断简之余，如何必欲尽仿古之礼得⑦。

古礼繁缛，后人于礼日益疏略。然居今而欲行古礼亦恐情文不相称，不若只就今人所行礼中删修，令有节文、制数、等威足矣。古乐

① （宋）黎靖德编：《朱子语类》卷89，中华书局1986年版，第2285页。

② （宋）黎靖德编：《朱子语类》卷89，中华书局1986年版，第2284页。

③ （宋）朱熹：《朱文公文集》卷30，四川教育出版社1996年版，第29页。

④ （宋）朱熹：《家礼》。

⑤ （宋）黎靖德编：《朱子语类》卷84，中华书局1986年版，第2179页。

⑥ （宋）黎靖德编：《朱子语类》卷89，中华书局1986年版，第2284页。

⑦ （宋）黎靖德编：《朱子语类》卷89，中华书局1986年版，第2285页。

亦难遽复，且于今乐中去其噍杀、促数之音，并考其律吕，令得其正；更令掌词命之官制撰乐章，其间略述教化训戒，及宾主相与之情，及如人主待臣下恩意之类，令人歌之，亦足以养人心之和平。①

礼，时为大。有圣人者作，必将因今之礼而裁酌其中，取其简易易晓而可行，必不至复取古人繁缛之礼而施之于今也。古礼如此零碎繁冗，今岂可行！亦且得随时裁损尔。②

古礼于今实难行。尝谓后世有大圣人者作，与他整理一番，令人苏醒，必不一一尽如古人之繁，但放古之大意。③

依朱熹之意，礼乐的作用是为了“节文、制数、等威”“养人心之平和”，圣人对礼之裁酌皆是在继承的基础上，依人情之变化而有所裁减，如此才能使礼令今人简易易晓。如果在当今时代要求世人强行古礼，恐怕会使礼失去真正的功用，而使情文不相称。因此，他认为考察古礼应以情为尺度。古时礼乐烦琐，而随着时间的推移、朝代的更迭，人情、世情皆有变，对待古礼今人亦应参酌人情因时而损益、沿革，礼契合古人之意即可，不必完全沿承古人繁缛之礼文，一些礼乐制度应随顺人情渐渐简化，应以缘人情来调整和修订，如此才能使礼于当时得以真正推行，以迎合时代的人文风俗、世情人心以及人之思维和情感之变化。

于此朱熹对司马光所修德礼书评价较高，认为其参考了当今礼之可行的内容，且与古礼相差不远：

温公之说亦适时宜，不必过泥古礼。即且从俗，亦无甚害。且从温公之说，庶几寡过。大抵今士大夫家，只当且以温公之法为定。伊川考之未详。(《文集》卷六十四《答郭子从》)

---

① （宋）朱杰人等编：《朱子全书》第 23 册，上海古籍出版社、安徽教育出版社 2002 年版，第 2877 页。

② （宋）黎靖德编：《朱子语类》卷 84，中华书局 1986 年版，第 2178 页。

③ （宋）黎靖德编：《朱子语类》卷 84，中华书局 1986 年版，第 2877 页。

但实际上，司马光编订的礼仪也被时人视为繁复而难以遵行：

读者见其节文度数之详，有若未易究者，往往未见习行，而已有望风退怯之意。又或见其堂室之广、给使之多、仪物之盛，而窃自病其力之不足，是以其书虽布而传者，徒为箧笥之藏，未有能举而行之者也。(《朱子文集》卷十四《跋三家礼范》)

针对这种情况，朱子于是计划将其删繁就简，去难取易：“使览之者提其要以及其详，而不惮其难。行之者虽贫且贱，亦得以具其大节，略其繁文，而不失其本意也。”(《朱子文集》卷 14《跋三家礼范》)

朱熹在与弟子讲论《论语·先进》篇“先进于礼乐章”中针对燕飨之礼过于烦琐，而提出自己的见解，其言；

今观礼书所载燕飨之礼，品节太繁，恐亦难用。不若只如今人宴集，就中删修，使之合义。如乡饮酒礼，向来所行，真成强人，行之何益！所以难久。不若只就今时宴饮之礼中删改行之，情意却须浃洽。①

其强调，礼书中所载的燕飨之礼太过烦琐，于当今时代并不合时宜，若不根据当今宴会的习俗而删减改制，便很难洽和人之情意。

朱熹对于宋朝政府之前颁布到州县的《政和五礼新仪》没有取到很好的效果，提出了自己的建议。他认为《政和五礼新仪》在民间推广之所以失败主要原因是没有合理地适用民情。《新仪》里面有很多繁多复杂的礼制，民众无法掌握。他建议结合民情和现实中适用的礼制，另外加以编修，称为“绍兴纂次政和民臣礼略”。

另外朱熹礼的制定和实施要遵从适宜宽简的原则。程序上要简单、灵活，形式上不能太过奢华，他说：

---

① （宋）黎靖德编：《朱子语类》卷 39，中华书局 1986 年版，第 1009 页。

某怕圣人出来，也只随今风俗立一个限制，须从宽简。(《朱子语类》卷89)

而如前文所述，礼之体与情正相洽，礼之体为彰显天理的“三纲五常”，因此缘人情须有一前提限制，即“三纲五常”，故而所损益的只是礼文制度，其曾道：

三纲五常，礼之大体，三代相继，皆因之而不能变。其所损益，不过文章制度小过不及之间，而其已然之迹，今皆可见。则自今以往，或有继周而王者，虽百世之远，所因所革，亦不过此，岂但十世而已乎！①

这一段，诸先生说得损益字，不知更有个因字不曾说。因字最重。程先生也只滚说将去。三代之礼，大概都相因了。所损也只损得这些个，所益也只益得这些个……然而所因之礼，如三纲、五常，竟灭不得。②

此一章因字最重。所谓损者，亦是要扶持个三纲、五常而已。如秦之继周，虽损益有所不当，然三纲、五常终变不得。③

以朱熹所见，礼固然应重情、因时损益地沿革和践行，但是礼之大体是“三纲五常”之理的体现，为天道之理的承载，因此在此层面上是绝对不可更变的，而礼文因时代的不同，往往情文不相称，故需损益，而其损益必须以“三纲五常”之理为前提。一言蔽之，人情对礼文的调节，践礼中对情的让步必须统摄在“三纲五常”之内，绝不可逾越之。据此，朱熹之礼因情、因时而变的特点体现了其礼学重情、尊重客观事实的一面，同时，亦彰显出其礼以天理为绝对服膺的偏执一面。

---

① （宋）朱熹：《四书章句集注》，中华书局1983年版，第59页。
② （宋）黎靖德编：《朱子语类》卷24，中华书局1986年版，第598页。
③ （宋）黎靖德编：《朱子语类》卷84，中华书局1986年版，第2178页。

三、以礼治情

情与礼背离之另一面便是本质上的背离。情之所发有偏，为物欲所障蔽，因而常常裹挟着人欲之私，不能中节，此为人心之发用因气禀所拘而引发出来的人情，与礼本质上背离。此层面的情为人欲之私所现，故需通过外在的礼来整饬外在的行为，进而去除私欲，对情之偏疏通、整治、调节，以此使得内外交养，心与行为内外统一，绝私去欲，显达天理，导情之偏归正，规导、抒发人情，即礼治人情。礼治人情更加体现了浓厚的理学色彩，主要体现为两面：

其一，朱熹认为，礼治人情，非泯灭情，而是去除不合理人之私欲，通过去欲进而规制不合理的情。

礼之所以可导情之偏，复情归性，在于人心之中含摄了道心。如前文分析，朱熹将心判为两面，即道心与人心，他并不是主张完全否定人心，其认为道心体现于人心之上，心虽有两面，但实为一心。亦如前文所述，道心体现为仁义礼智之理，四德具而彰显为四端之情，是情之天理层面的体现。要言之，人心是情未达到中和状态而出现乖戾、偏执的体现，道心则是天理下贯人心为性，而发出的一道道德层面的天理之光，是情之中和的状态。由此，情产生的欲亦有合理与不合理之分，朱熹言：

> 饥欲食，渴欲饮者，人心也；得饮食之正者，道心也。①

而所谓“存天理灭人欲”，实质上是对过分人欲的一种克制、去除，并不是要灭除所有的人欲，朱熹道：“人心是知觉，口之于味，目之于色，耳之于声底，未是不好，只是危。”② 换言之，正常之人欲符合天理，在道德理性支配下为善，但倘若失去道德理性的支配，违背天理，那就会变为恶的。与天理相疏离的人欲需在道德规范下进行疏导和控制，如此方可彰显道心。

据此进而言之，情既为人心之体现，人情同样具有体现道心之四端的

---

① （宋）黎靖德编：《朱子语类》卷 78，中华书局 1986 年版，第 2011—2012 页。

② （宋）黎靖德编：《朱子语类》卷 78，中华书局 1986 年版，第 2013 页。

功能。性情为贯通一如、连绵不绝的，是由形而上到形而下贯通的过程，情是对性的动而彰显，不可灭，若灭，性便不得彰显，但不合理的人欲需去除，以此来规制不合理之情，如此才会导情归正显彰四德。故礼正是为此所设："须是立个界限，将那未能复礼时底都把做人欲断定。"① 故而朱熹并不是一味地灭情，他以是否"复礼"作为天理与人欲的现实分际，践行礼是通过对"不好的"人欲的去除，进而对情偏进行疏导，故其言："李翱复性则是，云'灭情以复性'，则非。情如何可灭！"② 要言之，礼的践行是在天理的观照下落实于心，去除因气禀所蔽而产生不合理的人欲以疏导人情之偏，而绝非灭情。

其二，依朱熹之意，于礼之践行中，礼对人情的规导并非强迫、僵化、冷漠，完全被动性地刻意压制，而是在理气的逻辑理路下进行，通过内外交养，使得情礼自然相洽，最终展现为内外感通、一片生机的天人合一之境界。如此，人情在礼的疏导下得到自然、充分且契合天理的流露与抒发。

朱熹认为，心以情用的方式与物互动。而前文已示，情本于性，却受心之主宰，心便为情于物作用的主宰。因此情之不正、不中节的方面需依据心的能动性的调节而使之中节。从这一层面而言，所以情之中节，所以情之正者，则为"心"，朱熹言：

> 心者，主乎性而行乎情。故"喜怒哀乐未发则谓之中，发而皆中节则谓之和"，心是做工夫处。③
>
> 熹谓感于物者，心也。其动者，情也。情根乎性，而宰乎心。心为之宰，则其动者，无不中节矣。何人欲之有？惟心不宰而情自动，是以流于人欲而每不得其正也。然则天理人欲之判，中节不中节之分，特在乎心之宰与不宰；而非情能病之，亦已明矣，盖虽曰中节，然是亦情也；但其所以中节，乃心尔。④

---

① （宋）黎靖德编：《朱子语类》卷 41，中华书局 1986 年版，第 1044 页。
② （宋）黎靖德编：《朱子语类》卷 59，中华书局 1986 年版，第 1381 页。
③ （宋）黎靖德编：《朱子语类》卷 5，中华书局 1986 年版，第 94 页。
④ 王瑞明、张全明：《朱熹集》卷 32，巴蜀书社 1992 年版，第 1375—1376 页。

而同时，朱熹认为心兼具理气，具有诚意反观之功能，如同镜子一般，具有妙众理、反观的作用。礼对情进行疏通，同时会引发心之反观，以此化私情为真性情而接通、感应天理。

而心的这种对情的主宰、反观的道德实践能力因受气禀所拘、物欲所蔽，有时不能自觉运用，这种道德约束的行为时常需要通过外在礼的规范而引发进行，即心和礼要互动，须内外交养。朱熹言：

> 盖礼为心之规矩，而其用无所不在，以身而言，则视听言动四者，足以该之矣。四者之间，由粗而精，由小而大，所当为者皆礼也，所不当为者皆非礼也。礼即天之理也，非礼则己之私也，于是四者谨而察之，知其非礼，则勿以止焉，则是克己之私，而复于礼矣。且非礼而勿视听者，防其自外入而动于内者也；非礼而勿言动者，谨其自内出而接于外者也。内外交进，为仁之功不遗余力矣。①

“内”即心的反观诚意的克己功夫，心于非礼处制止；“外”则是外在礼文的对心之私欲的约束、规范、去除而使行为合于礼。如前文所述，礼具生意，为四德之次，与“亨”相配，从而“宣著发挥”，以此推动仁意流行，使仁之“温和冲粹之气”流行，其价值正是在于推动“仁”之生意亨通，彰显生命畅通繁盛的自然需求。以此，通过外在礼文的作用引发心的主宰、反观，进而感通心之礼，使内礼和外礼感应、接通，去除私欲，进而对情进行疏通，使礼推动仁意流行，以现天地之心。如此在内外教养下，人情得到了充分、合理的舒展。因此，礼治情是由天道贯通人道、内外感通顺遂、活泼泼、生生不息的，充满生意、生气的过程，而绝非一味地强行压制，生硬地绝情去欲。

然而，同样不能忽视的是，朱熹虽然主张不能抹杀正常感性欲望，礼对情的疏导、治理并非压制，因理气而充满了生机、活力与能动性，但他始

① （宋）朱杰人等编：《朱子全书》第24册，上海古籍出版社、安徽教育出版社2002年版，第3709—3710页。

终强调天理的至高、绝对性，故此，礼治情亦始终挣脱不开“三纲五常”礼之大体的拘制。因此于根本处而言，朱熹实际上是更为着重强调理性之礼对感性之情的指导和控制，在主张礼服膺于情，强调礼的至和性的同时，亦强调礼的至严性，极力反驳批判二程后学的“以理易礼”之偏堕学风，而在此层面则又呈现出礼与情的不可调节，进而引发了天理与人欲的绝对两途。

于上分析我们已不难看到，朱熹并不是一味地打压人情，而是因时、因地给合理的人情以最大的肯定和让步。无论是“缘人情而礼”还是“礼对人情的规导”，皆体现了朱熹在理学视域下，对礼中的情感因素的高度重视。如此，其使礼之内化具有了较为充分的合理性、自觉性和能动性。同时，朱熹对情感维度的重视也使“彻底禁遏情欲的思想无法施展”①。理之所至亦是情之所往，理境亦是情境，朱熹欲通过礼而达到天道与人道生命的共感，以礼而实现对生命应然的提撕，体现了在“天理”观照下，其礼对现实人情的关怀与同情，即“存天理，亦存人情”。因此，朱熹之礼对情的重视在一定程度上提升了礼之精神维度，激活了礼之生命力，纠正了汉礼之僵硬性、固着性的特征，对儒家礼学的复兴和延续起了颇具重大的积极作用。

如此与汉礼相比可发现，朱熹之礼更关注人文与天理的和谐统一。如前文所提及，汉代之礼继承了荀子“以礼显仁”②之特点，其礼学的情感因素受到了一定的抑制，礼与仁体在一定程度上出现了疏离。对于礼之大体的规定朱熹无疑传承了汉儒的思想特点，即强调以“三纲五常”为本，主张于此层面礼不可更变。但通过我们上述的分析不难看到，朱熹比汉儒更为进步且更圆融的是，他特别强调仁，他通过对仁体的特意凸显来强调礼之情感因素，于此希图排遣礼之僵硬性、固着性的一面，来激活礼之内在的生命力。这在一定程度上疏解了情礼之间的张力，不得不说此为朱熹礼学的一大贡献。

但是我们也可体会到，朱熹无论如何重情、重仁，因其对天理之三纲五常之绝对性的执着，其礼始终摆脱不了天理、“三纲五常”束缚，于此便

① 陈来：《朱子哲学研究》，华东师范大学出版社2008年版，第261页。

② 颜炳罡：《依仁以成礼，还是设礼以显仁——从儒家的仁礼观看儒学发展的两种方式》，《文史哲》2002年第3期。

窥见出其礼学的理论罅漏。

就如我们前文所提到的，人情之正的表现会随时空的无常而有变，那么对三纲五常的绝对尊崇最终便会导致“情之正”“情之偏”的甄别判断出现失误，以此使礼对情的规导出现偏执。譬如，朱熹有时以“礼”为基准亦把个人之性情的释放与礼绝对地对立了起来，在一定程度上把人欲与天理彻底分为两途。如朱熹关于箕踞而坐的态度，其极力加以排拒，言：“如‘坐如尸，立如齐’，此是理；如箕踞跛倚，此是非理。去其箕踞跛倚，宜若便是理。然未能‘如尸如齐’，尚是己私。”①“‘已’字与‘礼’字正相对说。礼，便有规矩准绳。且以坐立言之：己便是箕踞，礼便是‘坐如尸’；己便是跛倚，礼便是‘立如齐’。”②“人只有天理、人欲两途，不是天理，便是人欲。即无不属天理，又不属人欲底一节。且如‘坐如尸’是天理，跛倚是人欲。……礼是自家本有底，所以说个‘复’，不是待克了己，方去复礼。克得那一分人欲去，便复得这一分天理来；克得那二分己去，便复得这二分礼来。且如箕踞非礼，自家克去箕踞，稍稍端坐，虽未能如尸，便复得这些个来。”③箕踞是较为舒适的一种坐姿，而“如尸而坐”相较而言则为庄重肃穆而又相对拘谨，朱熹把二者对立起来，判为“理与已私”“礼与非礼”之别。而我们知道，箕踞而坐有时也只是自我放松的一种外在形式，在合适的场合未尝不可，并不一定要提升到过分的人欲层面，这种判别显然已经背离了礼因时、因情而变的思想。这种判别的失误正是在于将三纲五常绝对奉为圭臬，如此，使个人的自由最大限度地让渡给了集体的规范。

据此，情礼关系呈现的矛盾归根结底，是由于朱熹将礼的情感维度的释放始终拘制在三纲五常的绝对性压制下。进而言之，这种情感因素的重视和强调始终是围绕天理所形成的先天秩序，不能脱离集体规范的束缚。因此朱熹之礼在一定程度上亦抑制了个人自愉、自适的情感的表达和释放，使人性受到压抑，亦无形中造成了个人情感与整体协调之间的冲突，进而引发对人欲、人情正常抒发与存天理的两难，故而在此层面则又呈现出礼与情的不

① （宋）黎靖德编：《朱子语类》卷 41，中华书局 1986 年版，第 1047 页。

② （宋）黎靖德编：《朱子语类》卷 41，中华书局 1986 年版，第 1045 页。

③ （宋）黎靖德编：《朱子语类》卷 41，中华书局 1986 年版，第 1047 页。

可调节，容易导致天理与人欲的绝对两途。这种抑制和冲突往往会走向极端，诚如程颐所言："学者须恭敬，但不可令拘迫，拘迫则难久。"① 此思想裂痕最终孕生了明清时期"重情"的思潮和礼学的重新复兴。

因此，于礼的情感因素上还原朱熹之真实义的同时，亦不应忽视其对后世带来的正面和负面之长远影响。

第四节　嘉美之会与保合太和：价值理想的实现

朱熹礼学实现的价值理想可总结为：礼当"美其所会"，最后臻至"保合太和"的境界。其具体体现为，礼以太极流行而形成的自然秩序为依据，根植于人心，赋有乾元之生意、生气，礼之践行由此得以展开，对心发生作用，对仁体进行开显，最终使礼之内外感应接通，此即是天地之心与人之心的感应接通，为礼之践行的最高境界。达此境界，天理全然彰显，礼之践行无须刻意，礼之自然、必然性与道德自由达到统一，展现为事事合礼，事事皆美。于此，礼并不是一套僵化、固着的规范，而是贯通形而上与形而下、内与外，成就生命畅通顺遂，臻于宇宙人生秩序和谐统一的最高境界。康德认为，自然界的秩序和道德领域的秩序有其同一性，这就是审美意识，审美意识能体悟到自然界的必然性和道德自由之间的超感性的统一。② 这不仅是一种至高的道德境界，更是超越伦理领域达至天人和谐统一的审美境界。

一、礼当美其所会

朱熹在易与理融释下，对"亨"进行阐释，来阐明礼之践行的这种最高境界和价值归宿。

《周易·文言传》曰：

> 元者，善之长也；亨者，嘉之会也；利者，义之和也；贞者，事之

① （宋）程颢、程颐：《二程集》卷 8，中华书局 2004 年版，第 191 页。

② ［英］鲍桑葵：《美学史》，商务印书馆 2016 年版，第 367—369 页。

干也。君子体仁足以长人，嘉会足以合礼，利物足以和义，贞固足以干事。君子行此四德者，故曰：乾，元亨利贞。

于此，朱熹对“亨”的解释为：

> 亨者，生物之通，物至于此莫不嘉美，故于时为夏，于人为礼，而众美之会也。①
>
> 问：“亨者嘉之会？曰：春天万物发生，未大故齐，到夏，一时发生都齐旺，许多好事都荟萃在这里，便是嘉之会。”曰：“在人言之，则如何？曰：动容周旋皆中礼，便是嘉之会。嘉会足以合礼，须是嘉其会始得。”②

“亨”者为嘉之会，即“众美相聚”。朱熹认为于自然界，嘉之会好比夏之长。春天万物齐发，以“元”为物生之始点，是“善之长”，而到了夏季，万物已经茂盛，则呈现生命繁荣、畅达的气象，此称为“嘉之会”。映射于人伦处，“嘉之会”就是礼的践行最高境界，体现为“合礼”，即“嘉会足以合礼”，对此他进一步解释道：

> 会是礼发见处，意思却在未发见之前。③
>
> 观之嘉字是实，会字是虚。嘉会足以合礼，则嘉字却轻会字，却重又曰嘉会，虽是有礼后底事，然这意思却在礼之先。嘉其所会时，未说到那礼在。然能如此，则便能合礼。④

又言：

---

① （宋）朱杰人等编：《朱子全书》第1册，《周易本义》，上海古籍出版社、安徽教育出版社2002年版，第146页。

② （宋）黎靖德编：《朱子语类》卷68，中华书局1986年版，第1073页。

③ （宋）黎靖德编：《朱子语类》卷68，中华书局1986年版，第1706页。

④ （宋）黎靖德编：《朱子语类》卷68，中华书局1986年版，第1706页。

嘉会者，万物皆发见在里许，处得事事是，故谓之嘉会。一事不是，便不谓之嘉会。① 嘉会足以合礼者，须是美其所会也。欲其所会之美，当美其所会，盖其厚薄、亲疏、尊卑、小大、相接之体，各有节，文无不中节，即所会皆美。所以能合于礼也。② 人之修为，便处处皆要好，不特是只要一处好而已。须是动容周还皆中乎礼可也，故曰嘉会，嘉其所会也。③

谓如在人，若一言一行之美，亦不足以为会，直是事事皆尽美，方可以为会。都无私意，方可以合礼。④

总起来看，朱熹对"嘉会足以合礼"的解释是在理学视域中进行的。主要包含两面：

其一，基于逻辑层面朱熹主张理先于气的思想，他认为理逻辑在礼之先，嘉会之处亦是天理成就之处。嘉会之理在礼"未发见之前"，礼未实现时宇宙间就本然、先验地存在自然界的必然性，且这种必然性根植于人心，即人心道德秩序之礼与自然秩序本然贯通。此正如程颢所言："天人本无二，不必言合。"⑤ 故而朱熹对"嘉会"的解释其实是再次揭示了"天理"与"礼"的关系，即不仅礼本于理，而且理逻辑先于礼，自然界与人心潜存着一种先验的纯粹完美的至善，展现出来就是自然界与人道的处处尽美，即"嘉之会"。人由于气禀之拘，时常会违背天地、人道本然的秩序，故而人现实状态中并不是展现为全然"合礼"的"嘉之会"，但自然界与人心先验地具备了一种向善的可能，并不是后天有意强加。故通过礼之节文来调节规制，人便自和天理，自会呈现事事皆美。故而"嘉会"之理在"合礼"之前就本然存在，"合礼"只是发现天理，发现内心本然之理。

其二，礼实现"嘉会之美"，是从内去除私意而于外实现言行皆中节，

① （宋）黎靖德编：《朱子语类》卷 68，中华书局 1986 年版，第 1706 页。
② （宋）黎靖德编：《朱子语类》卷 68，中华书局 1986 年版，第 1709 页。
③ （宋）黎靖德编：《朱子语类》卷 68，中华书局 1986 年版，第 1704 页。
④ （宋）黎靖德编：《朱子语类》卷 68，中华书局 1986 年版，第 1704 页。
⑤ （宋）程颢、程颐：《二程集》第 1 册，《河南程氏遗书》，中华书局 2004 年版，第 81 页。

实现事事皆“合礼”的道德自由境界。

具言之，“合礼”是由心之和而始，礼于心性处推动“仁意”畅通显达，去除私意，达至“心和”，彰显心之“仁”，于此自然于外一言一行，动容周旋皆中，时时事事处处皆合礼仪，仪表言行皆臻于盛美。

去私意而全然实现礼并非是对一种道德律令的被动服从，是心之本性使然，是自在自为自主无待外物、不待安排地回归天理的“自然而和”。于此朱熹言：

> 克去己私以复于礼，自然都是这意思。这不是待人旋安排，自是合下都有这个浑全流行物事。①

由此，礼之自然必然性本然根植于心，人之道德本心的必然性中本然蕴含着道德实践的自由，本具道德实践的自觉性。

故此，“合礼”的标准并不是刻意量化的，而是以人有无“私意”为标准，量化并不能保证事事皆美。礼之实现若有一处不是尽美，便是私意未除，天理未全然彰显，便未“合礼”，不为“嘉会”。因此“合礼”不是旨在合外在的一系列的概念中的道德观念、礼仪规范，而是以外在的礼为手段开显内在本然的礼，使人心之理朗现，开显心之本然的道德自由，达至心之合，实现道德自由境界，于此自然于外就能实现人民生活的自身之道，导向人伦之序之和，实现社会、国家、天下之和，天理便“自和”，如此便会“嘉其所会”，事事合礼，事事皆美。

二、心之“和”

朱熹以践礼的最高境界“中礼”来解释“嘉之会”“保合太和”所体现的秩序和谐的真善美境界，这既继承了先秦儒家的“礼之用，和为贵”的传统思想，同时又烙印着浓厚的理学思想色彩。

礼为天理自然流行，有至和处，践行礼最终便会至和。而“和”是由

① （宋）黎靖德编：《朱子语类》卷6，中华书局1986年版，第111页。

内而外的由心和而始，“中礼”首先体现的即为心之“中和”的状态，是礼于心性处对“情”的疏通，即“动容周旋皆中礼，盛德之至也”。

如前文所阐明，道德秩序之礼与自然秩序于本然是贯通无碍的。但是由于气禀，人心产生私欲使得人心之“仁”德，不能畅通流行，致使“情”有偏，天地之心与人之心出现阻隔。如此，故需礼之节文来疏通，导“情”之偏归正，复仁体，于此呈现的心之状态便是“中和”。朱熹认为“中”是性，是情之未发，而“和”是情之正，是情之已发无乖戾。朱熹说：

> 喜怒哀乐，情也。其未发，则性也，无所偏倚，故谓之中。发皆中节，情之正也，无所乖戾，故谓之和。①
>
> 情之未发者，性也，是乃所谓中也，天下之大本也。性之已发者，情也，其皆中节，则所谓和也。天下之达道者也。②

“中”既是本性的状态、情之正，又是天地大本，在朱熹看来就是天理。而“和”就是“达道”，是回归内心之理的天人无间。前文已提到，这种中和并不是不落任何道德价值意义上，无善恶的绝对的“中”，其标准和落脚点为“仁”，亦即为太极。

“礼”规导人情，使心之情顺遂、通达，推动“仁”畅通繁荣，从而实现心之中和的状态，而心之和所体现出来的心理状态即是心安泰，无拘迫之意，如朱熹言：

> 礼如此之严，分明是分毫不可犯，却何处有个和？须知道吾心安处便是和。如“入公门，鞠躬如也”，须是如此，吾心方安。不如此，便不安；才不安便是不和也。以此见得礼中本来有个和，不是外面物事也。③

---

① （宋）朱杰人等编：《朱子全书》第1册，上海古籍出版社、安徽教育出版社2002年版，第33页。

② （宋）朱杰人等编：《朱子全书》第1册，上海古籍出版社、安徽教育出版社2002年版，第33页。

③ （宋）黎靖德编：《朱子语类》卷22，中华书局1986年版，第761—762页。

礼是严敬之意。但不做作而顺于自然，便是和。和者，不是别讨个和来，只就严敬之中顺理而安泰者便是也。①

故而“礼”于人最终的价值意义的实现就是人性自然发用而恰合天理，臻于心之中和，即“心之所安”。如孔子回答宰我“三年之丧”的疑问，子曰：“女安，则为之”。朱熹于此进一步阐发道：

孝子丧亲，哀慕之情，自是心有所不能已，岂待抑勒，亦岂待问人？只是时时思慕，自哀感。所以说“祭思敬，丧思哀”。只是思著自是敬，自是哀。若是不哀，别人如何抑勒得他？②

因举“宰我问三年之丧”云云，曰：“‘女安则为之！’圣人也只得如此说，不当抑勒他，教他须用哀。只是从心上说，教他自感悟。”③

朱熹认为，哀慕之情是心之所不能已，由心自然而发，并不观待他人。因此，礼真正的发用即是由内而外，内与外、身与心自然一如，表里和谐从容。故朱熹强调：

礼是恭敬底物事，尔心中自不恭敬，外面空做许多般模样；乐是和乐底物事，尔心中自不和乐，外面强做和乐，也不得。心里不恁地，外面强做，终是有差失。纵饶做得不差失，也只表里不相应，也不是礼乐。④

若人而不仁，空有那周旋百拜，铿锵鼓舞，许多劳攘，当不得那礼乐。⑤

---

① （宋）黎靖德编：《朱子语类》卷22，中华书局1986年版，第761—762页。
② （宋）黎靖德编：《朱子语类》卷89，中华书局1986年版，第3007页。
③ （宋）黎靖德编：《朱子语类》卷89，中华书局1986年版，第3007页。
④ （宋）黎靖德编：《朱子语类》卷25，中华书局1986年版，第881页。
⑤ （宋）黎靖德编：《朱子语类》卷25，中华书局1986年版，第880页。

见尊长之属，便有恭敬之心。①

盖圣人制礼，无一节是强人，皆是合如此。……尝谓吕与叔说得数句好，云："自斩至缌，衣服异等，九族之情无所撼；自王公至皂隶，仪章异制，上下之分莫敢争。皆出于性之所有，循而行之，无不中节也。"②

礼是人心之本性的自然流露，是天理之自然。因此真正的礼的践行一定由心和而始，表里相应，若不然，践行礼就一定会有差失，而失去礼真正存在的价值意义。据此，朱熹一方面强调礼文的重要性，反对脱离《仪礼》之文本而空谈礼义；另一方面又提倡践礼应该尽心知性，修养身心，由内而外。他认为内外交养才能使礼之践行与天理自然而和，而绝不应存在强制、造作。因此对于《左传》里子产之语："夫礼，天之经也，地之义也，民之行也。"子太叔于此解释道："礼，上下之纪，天地之经纬也，民之所以生也，是以先王尚之。故人之能自曲直以赴礼者，谓之成人。"③朱熹对此极为不赞同，其言："只说是人做这个去合那天之度数"④，"都是做这个去合那天，都无那自然之理。"⑤

总之，礼虽是圣人依天秩、天序所作，礼本身蕴含着差等性、秩序性、至严性，但礼亦本于人心，一定要由人之本性自然流出，由心之和而始，若如此行得此礼，则万物人事才能真正各得其所，人人各安其乐，社会秩序亦会自然而有序。故此，礼之价值理想所彰显的嘉美之会、保合太和于内在的体现即为心之和，是内心与天理自然而和。

三、人伦之"和"

心之和必然导致人伦之和，即由"内圣"必然通向"外王"，于此，朱

① （宋）黎靖德编：《朱子语类》卷53，中华书局1986年版，第283页。
② （宋）黎靖德编：《朱子语类》卷22，中华书局1986年版，第759页。
③ （清）阮元校刻：《十三经注疏》（下），中华书局1980年版，第406页。
④ （宋）黎靖德编：《朱子语类》卷17，中华书局1986年版，第2975页。
⑤ （宋）黎靖德编：《朱子语类》卷17，中华书局1986年版，第2975页。

熹言：

> 且如而今对面端严而坐，这便是礼；合于礼，便是和。如君臣之间，君尊臣卑，其分甚严。若以势观之，自是不和。然其实却是甘心为之，皆合于礼，而理自和矣。且天子之舞八佾，诸侯六，大夫四，皆是当如此。若天子舞天子之舞，诸侯舞诸侯之舞，大夫舞大夫之舞，此便是和。若诸侯僭天子，大夫僭诸侯，此便是失礼；失礼便不和……不安其分，便是不义；不义则不和矣……若依得本分时，你得你底，我得我底，则自然和而有别……①

由此观之，人伦之和，换言之即是人伦的有序，即在分殊等级的差别前提下，人人各安其分，各自实现、成就，于此达到社会政治和谐的状态。朱熹认为于人伦处和于礼是“甘心为之”，即是由内而外的，自然而和，人伦之序之和是由心之和而始，进而实现社会、国家、天下之和，这样“和”的状态才是真正的和，否则只从外在情势看是和的，而内心不和，就不是真正的“和”。

人伦之和主要体现为家庭秩序的“和”，君民秩序的“和”，最终实现仁爱与秩序相统一的社会秩序之“和”。

首先，朱熹认为家庭之间关系的“和”主要体现为“亲亲”“尊尊”，而这两者的实现皆离不开“礼”。朱熹认为家人、族人于人格上皆是平等的，其言：

> 凡为人子弟者，不敢以贵富加于父兄宗族。加，谓恃其富贵，不率卑幼之礼。(《朱子家礼》)

由于人于人格上是平等的，人的衣食等生活资源方面就应该平等分配。朱熹引用司马光之言来主张家庭成员的衣食分配要均的观点：“上下之衣食，

---

① （宋）黎靖德编：《朱子语类》卷22，中华书局1986年版，第767页。

及吉凶之费，皆有品节，而莫不均。”① 家族中的这种人格与资源的平等对待即是“和”，但此家人之“和”是以强调秩序性为前提的，其言：“宗庙之礼，所以序昭穆也；序爵，所以辨贵贱也；序事，所以辨贤也；旅酬下为上，所以逮贱也；燕毛，所以序齿也。”② 朱熹特别重视人与人之间的差异性，特别强调家人之“和”的礼之秩序的价值意义。而于差异性中朱熹又提倡以孝亲为基础，从而以此进一步将仁爱推演，即：“亲亲而仁民，仁民而爱物，所谓以其所爱及其所不爱也。”③ 即家人之“和”中虽以重差异性为前提，而由差异之和又可导向以仁爱为价值的大和谐。朱熹认为家族的稳定和谐是维持社会有序运转的基础和前提，故而他对家庭关系特别重视，其编撰的《仪礼经传通解》中把家礼排在首篇，即可看出。

其二，朱熹认为，君民秩序的“和”体现为君主与民众共治天下。程颐说：“人之生，不能保其安宁，方且来求附比。民不能自保，故戴君以求宁；君不能独立，故保民以为安。不宁而来比者，上下相应也。”④ 此意为，人生在世若不能确保安宁，一定会寻找依附。如此，民不能自保，所以要依附于君以此希求保护，此便为“上下相应”。但君倘若无法保障民众的安宁，民就不必再依附、拥护君。此有些类似于契约说。朱熹承续了程颐的思想，其言：

害仁者，凶暴淫虐，灭绝天理，故谓之贼。害义者，颠倒错乱，伤败彝伦，故谓之残。一夫，言众叛亲离，不复以为君也。……盖四海归之，则为天子；天下叛之，则为独夫。所以深警齐王，垂戒后世也。⑤

“为政以德者”，不是把德去为政，是自家有这德，人自归仰，如众星拱北辰。⑥

① （宋）朱杰人等编：《朱子全书》第7册，上海古籍出版社、安徽教育出版社2002年版，第881页。

② （宋）朱熹：《四书章句集注》，中华书局1983年版，第27页。

③ （宋）朱熹：《四书章句集注》，中华书局1983年版，第364页。

④ （宋）程颢、程颐：《二程集》卷8，中华书局2004年版，第739页。

⑤ （宋）朱熹：《四书章句集注》，中华书局1983年版，第221页。

⑥ （宋）黎靖德编：《朱子语类》卷23，中华书局1986年版，第534页。

其意为，君主的设立是为了使“四海归之”“保民安宁”。君主若修养仁德，实行仁政，百姓自然归之。而如果君主“害义”，不修养德，不实行仁政，则不值得百姓拥护，就不配为君主。而作为官员亦应以修身为本，勤政爱民、教化民众。总之，为君臣者要体恤民众，如此民众亦应服从拥护政府，所谓：“下不安分，上不体恤民，皆非理也。”① 即在尊重等级秩序的前提下，君要爱民，民要拥护君主，实现君民共治天下，如此于君民秩序中就是彰显天理。

最终，家庭秩序的和睦，君民秩序的良好，便会绘制出社会的一片和谐至美的图景。

所谓人伦之和如朱熹所言：

> 达道者，天下古今所共由之路，即书所谓五典，孟子所谓“父子有亲、君臣有义、夫妇有别、长幼有序、朋友有信”是也。②

天道于人道的真正实现，即是于人伦差等处实现的仁爱与秩序的统一。据此，朱熹将礼规定在集体的规范下，将个人的个性释放自由限制在群体等级之中，亦是人文主义的表现，正如庞朴先生曾道：“把人看成群体的分子，不是个体，而是角色，得出人是具有群体生存需要，有伦理道德自觉的互动个体的结论，并把仁爱、正义、宽容、和谐、义务、贡献之类纳入这种认识中，认为每个人都是他所属关系的派生物，他的命运同群体息息相关。这就是中国人文主义的人论。”③ 这种人文主义体现了在等级秩序中人与人之间所彰显的大爱、正义等美好仁德，社会呈现的是一片和谐的状态。

四、“保合太和”——天道与人道之“和”

人道因礼的践行而发现天道，宇宙之太极与人道之太极如此畅然贯通，人之本然生命通过践行礼得到真正成就和顺遂，回归天人合一且充满一片生

① （宋）朱熹：《四书章句集注》，中华书局1983年版，第216页。

② （宋）朱熹：《四书章句集注》，中华书局1983年版，第216页。

③ 庞朴：《中国文明的人文精神》，《光明日报》1986年1月6日。

意、生机的事事和谐、纯美的道德自由境界。此即是心之和、人伦之和的全然实现，最终展现的是天道与人道之和。于此，朱熹言：

> 克去己私以复于礼，自然都是这意思。这不是待人旋安排，自是合下都有这个浑全流行物事。此意思才无私意间隔，便自见得人与己一，物与己一，公道自流行。①
>
> 学者克己复礼上做工夫，到私欲尽后，便粹然是天地生物之心。②

这种由礼而实现的宇宙最终的状态即“保合太和”。“保合太和”语出《易传》，《易·乾·彖传》中言：

> 大哉乾元，万物资始，乃统天。云行雨施，品物流形。大明终始，六位时成，时乘六龙以御天。乾道变化，各正性命，保合大和，乃利贞。首出庶物，万国咸宁。

《易传》从整个宇宙的角度描述了宇宙万事万物由乾元而资始，孕育化生，各正性命，最终各个完成自身性命之真，呈现有序和谐的状态，即“保合太和”。

在理学视域下朱熹对此有更深入的解读。其言：

> 大哉乾元、万物资始。乃统天。彖、吐乱反。此专以天道明乾义。又析元亨利贞为四德、以发明之。而此一节、首释元义也。大哉、叹辞。元、大也、始也。乾元、天德之大始。故万物之生、皆资之以为始也。又为四德之首、而贯乎天德之始终。故曰统天。
>
> 大明终始、六位时成。时乘六龙以御天。始、即元也。终、谓贞也。不终则无始。不贞则无以为元也。此言圣人大明乾道之终始、则

① （宋）黎靖德编：《朱子语类》卷6，中华书局1986年版，第111页。

② （宋）黎靖德编：《朱子语类》卷20，中华书局1986年版，第467页。

见卦之六位各以时成、而乘此六阳以行天道。是乃圣人之元亨也。

乾道变化、各正性命、保合太和、乃利贞。变者、化之渐。化者、变之成。物所受为性、天所赋为命。太和、阴阳会合冲和之气也。各正者、得于有生之初。保合者、全于已生之后。此言乾道变化、无所不利、而万物各得其性命以自全。以释利贞之义也。

首出庶物、万国咸宁。圣人在上、高出于物、犹乾道之变化也。万国各得其所而咸宁、犹万物之各正性命而保合太和也。此言圣人之利贞也。盖尝统而论之。元者物之始生、亨者物之畅茂、利则向于实也。贞则实之成也。实之既成、则其根蒂脱落、可复种而生矣。此四德之所以循环而无端也。然而四者之闲、生气流行、初无间断。此元之所以包四德而统天也。其以圣人而言、则孔子之意、盖以此卦为圣人得天位、行天道、而致太平之占也。虽其文义有非文王之旧者、然读者各以其意求之、则并行而不悖也。坤卦仿此。①

朱熹根据《易传》的思想宗旨，在理气理路和理一分殊的逻辑框架下，对“保合太和”有了更全面更深入的思考。他认为“元亨利贞”由乾元贯乎始终，为宇宙万物生成的四个阶段，万物由乾元而资始，皆禀受天地之理，在气的作用下各自成性，据此宇宙间万事万物本然具有差异性、秩序性，这种差异性、秩序性能本真全然地实现就是亨。朱熹说：

盖乾道变化，发生之始，此是元也；到各正性命，小以遂其小，大以遂其大，则是亨矣；能保合以全其大和之性，则可利贞。②

而四德之关系体现为：“一个即是四个，四个为一个”③“自四而两，两而一，则统之有宗，会之有元……”④。即四德皆是乾元不同阶段的展现，是

① （宋）朱熹：《周易本义》第1卷。

② （宋）黎靖德编：《朱子语类》卷78，中华书局1986年版，第1701页。

③ （宋）黎靖德编：《朱子语类》卷6，中华书局1986年版，第109页。

④ （宋）黎靖德编：《朱子语类》卷6，中华书局1986年版，第109页。

一个有机的整体。它们之间互融互涵，具有内在的关联性和贯通性，因此“亨”亦代表了天命流行之整体，亨的实现亦是“元亨利贞”四德的实现。因此于“亨”的阶段，万物各各安其位，各正性命，天地人事一片和谐的状态。换言之，与之对应的“礼”的实现亦是“仁义礼智”四德的全然成就，是太极之理、仁意之德的全然彰显的“保合太和”之境界。这种境界是宇宙间阴阳二气重新会合后，万事万物各自实现自己生命的本真而产生的一种和谐状态：

> 问“保合太和，乃利贞”。曰：“天之生物，莫不各有躯壳。如人之有体，果实之有皮核。有个躯壳保合以全之。能保合，则真性常存，生生不穷……能保合矣，全其大和之性，则可利贞。”①

宇宙间万事万物自性的差异性、秩序性是天理的体现。宇宙之万有通过完成自身的本真，使得真性长存，生生不穷，而臻于“太和”，而这种“太和”也是在保全事物差异性的前提下实现的，也只有实现“太和”的境界，宇宙间万事万物自性的差异性、秩序性才会得以成就、保全。故而宇宙间的万有本有有差异性、有序性与“太和”是相互缘生的。

由此可见，礼使内外之和皆至，仁心彰然，私欲尽除，人伦秩序得以真正和谐，万国咸宁，无极之真便随而皆显。嘉美之会如此实现了一种宇宙人生之秩序的全然和谐。人道因礼而实现天道，宇宙之太极与人道之太极如此畅然贯通，人之本然生命通过践行礼就可得到真正成就和顺遂，回归天人合一的一片生意、生机的无极之真境界。具体体现为“心和”至“人和”，从而彰显天道性命贯通、宇宙人事和谐循环流行的“天人之合”，也即“保合太和”。如此，礼以疏通人情出发，最终成就人生、社会、宇宙的和谐，礼之实现是由天道贯通人道，内外感通，活泼泼、生生不息的过程。

在理学视域下，朱熹以礼当“美其所会”，礼臻于“保合太和”的思想展现了生命之众美相聚，天人一片和谐的礼之践行的最高境界。他固然强调

---

① （宋）黎靖德编：《朱子语类》，中华书局 1986 年版，第 1701 页。

天理的至高性，强调礼本于太极阴阳之理所构成的自然秩序以及礼本身就含摄了等级秩序性，但礼本质所蕴示的正是由这种秩序性所彰显的宇宙和人生本然贯通无碍且赋有生意、生机的实相，此即为宇宙之至美，人道之至美。其以礼的最高的价值理想和境界作为生命之众美相聚，这亦提升了伦理道德的终极价值意义，圆融了人与自身，人与人，人与自然的和谐统一，打通了天道与人道的隔阂，展示了以礼为推动而成就生命顺遂、畅通的宇宙人生相统一的至高之境界，绘制了天道人道臻于至美、天人合一的一片生机盎然的大宇宙图景，以此提升了礼的宇宙人生的生命价值。这种礼学的价值理想和境界不仅体现了朱熹主张礼自下而上、由内而外的礼学特点，这种整体性亦体现了朱熹对《大学》之修齐治平的思想理路的传承、贯彻和运用。朱熹所揭示的由太极而贯彻到人伦之序所彰显的真善美，是其对宇宙人生之秩序和谐境遇的独特领会，是对以礼超越伦理之善而贯通天道、人道，贯通自然和人文的审美境界的深刻体悟，这种审美境界体现了自然界必然性与道德自由合一的超道德意识的根本价值取向。张世英先生曾说过："把道德上'应该'的根据建立在审美意识即超越主客关系所达到的'高级的天人合一'之上，建立在高级基础上的对原始的万物一体的回复之上。只有加强人们审美意识的修养，才有可能提高道德水平。"① 其对当代解决人与自心，人与人，人与家庭、社会，人与自然仍有着重要的价值意义。朱熹礼学在此角度所彰显的思想特点和价值取向对礼学的发展和振兴有着深刻的启发。

通过对朱熹之礼践行的实现方式以及其礼之价值理想的探究可看出，礼由天道而落实到人道之践行，是与人心发生作用。朱熹主张礼服膺于天理的同时，亦主张礼应服膺于人之本心，在强调礼的天理层面的同时亦强调礼的心性层面，在注重礼体的同时亦绝不忽略礼的形而下的事用层面。如此，礼承载着实现天理、人之道德本心的使命，其融贯天道性命，服务于宇宙万物与人事的有序显化，彰显着宇宙万物生机与活力。据此，朱熹之礼于践行方面亦彰显了浓厚的理学特色和人文精神，体现了礼之自然价值层面和人文层面融贯统一的思想特点。

---

① 张世英：《哲学导论》，北京大学出版社 2008 年版，第 223 页。

第六章　朱熹礼学的影响

通过前面诸多分析我们可以体会到，朱熹作为宋代理学集大成者，学术上为颇具权威的代表人物，其倾尽一生致力于礼学研究和重建，可谓呕心沥血。他在沿承儒家礼学传统的同时，于理学视域下对礼学进行了创新，使礼学得到了全新的转生。朱熹对礼学贡献巨大，对当时以及后世皆产生了不可忽视的深远影响。

第一节　对当时礼学礼制的影响

在理学视域下，朱熹以《仪礼》为本经，以大学修齐治平为思想进路，对礼学进行了重塑，其所著的《家礼》《仪礼经传通解》自上而下，由内而外地于当时人心世风和社会敦化起到了一定的积极影响，对改变当时礼乐崩坏的现状，实现儒家礼学的复兴起到了积极作用，对当时礼学礼制产生了很大的影响。

其一，他改变了当时礼学的主流思想。朱熹对三礼主次地位的调整，使儒家礼学的路向在宋代实现了根本性的转向。

朱熹所处的时代，当时的礼学是以《周礼》代表的制度之学和以《礼记》代表的义理之学为主。而朱熹转其礼学学风，着意提倡重视《仪礼》，使当时礼学逐渐转变为以《仪礼》为主。而《仪礼》为修身之学，这暗示着其礼学的建构路向发生了根本性转变。

朱熹礼学主张自下而上的为学路径，更为强调要注重个人的心性涵养和自身行为的修持，然后再进一步上升为社会秩序的重建，继而追求国泰民安、天下平定。朱熹最具代表性的著作《仪礼经传通解》，其编纂的顺序即是体现此思想路向，即以个人修养为基础，按照家、乡、学、邦国、王朝自下而上的方式编撰而成。另外，朱熹著作《朱子家礼》和《仪礼经传通解》中有诸多内容都是涉及个人言行举止的规范，着力的关注点多为有关个人的扫撒应对和进退的人伦之礼以及家族的婚嫁和丧葬之礼，进而再延伸到维系家庭和社会的秩序礼仪规范。

以上这些显然与宋明理学注重天理性命，推重个人成圣成贤的思想品格是相应的。这些思想理论和礼学导向扩大了礼学受众范围，奠定了更为广阔的社会基础，使礼的实践性增强。

相较汉礼对君权、天道的绝对服膺，朱熹礼学更为注重个人自身性命的修养。我们知道，汉代的礼学思想路径是自上而下的，汉代的叔孙通、张纯、石渠阁、白虎观等所制定的礼是有范围局限的，他们多是针对王公贵族而制定的礼仪。于六朝时期，士族门阀阶层则垄断了丧服礼。总之，在宋以前，礼之形式极为烦琐，且主要指向贵族阶层，普通百姓根本无法掌握。而朱熹通过对礼之学风的转向，使礼更注重身心的践行和修养，将礼的受众扩大到每个普通的老百姓，打破了贵族的垄断。“礼下庶人”的思想虽然于朱熹之前就兴盛起来，但是《朱子家礼》的问世才真正颠覆了“礼不下庶人，刑不上大夫”（《礼记·曲礼》）的局面和传统，不仅在理论建设上如此，朱熹更将这种礼学主张落实于现实对百姓的教化中：

> 今若将孝悌忠信等事撰一文字，或半岁，或三月一次，或于城市，或于乡村聚民而读之，就为解说，令其通晓，及所在立粉壁书写，亦须有益。（《朱子语类》卷八十四）
>
> 又如孝悌忠信，人伦日用间事，播为乐章，使人歌之，仿《周礼》读法，遍示乡村里落，亦可代今粉壁所书条禁。（《朱子语类》卷一百零八）

他主张把礼仪道德规范谱成曲，或撰写成文字，或将其粉刷在墙壁上，以此来传唱、讲解，使老百姓日日熏陶而被逐渐被感化。通过朱熹的努力和影响，宋朝最终真正实现了“礼下庶人”的目标，起到了“上助圣朝敦化导民之意”[①] 的社会作用。

其二，促进了当时宗法制度和宗族观念的兴盛。

统观朱熹礼学著作可以看出，其礼学中特意强调宗法制度和祖先的崇拜意识，此为礼学中较为显著的思想特点。例如朱熹《家礼》中的首章《通礼》，即是强调要于家中设立祠堂，朱熹云：“君子将营宫室，先立祠堂于正寝之东。为四龛，以奉先世神主。”（《家礼》）祠堂之所以如此重要的原因为：“此章本合在《祭礼》篇，今以报本反始之心，尊祖敬宗之意，实有家名分之守，所以开业传世之本也，故特着此冠于篇端，使览者知所以先立乎其大者。”（《家礼》）不惟如此，在冠礼中，朱熹亦增加了祠堂祭拜祖的仪式。另外，于婚礼中规定，新取之妇应三日去祠堂祭拜。总之，凡是涉及冠礼、婚礼、丧礼等礼仪活动中都有祭拜祖先的事项。而于宗法制度中，朱熹主张以男权为主，体现了其对礼之等级性的注重和强调，所有这些在《仪礼经传通解》中可寻找到根据。凡此种种思想主张皆体现了朱熹对宗法的维系和重视。

朱熹对宗法等级的维护，对当时的宗法制度和宗族观念肇然兴起起到了颇大的推动作用。其礼学著作《仪礼经传通解》和《家礼》在之后得到官方的推崇和重视，并渐然成为宋代君主以及宋代思想家普遍推行的礼仪规范。这种广泛深刻的影响一直波及到明初。朱熹对于礼学的重建，维护了中国传统的宗法制度和等级观念，亦巩固了统治阶级的统治秩序。

其三，朱熹将“礼”因情、因时而变的思想主张落实于礼学构建的实践当中，对当时礼的沿革和发展有着积极的影响。

朱熹说：“立一个简易法，与民由之。”前文已提及，朱熹主张对礼应以时代社会环境所需进行裁减。此在其所著的《仪礼经传通解》中就有很明显的体现。比如朱熹将古礼中的一些礼器删去，从而根据当时的社会风俗对婚礼、丧礼、冠礼等古礼的内容和程序进行了调整、删减，使之更加有利于当时礼制的推行和实现，更加符合人情与世情，使礼的实用性增强，以此排

① （宋）朱熹：《朱文公文集》卷 81，四川教育出版社 1996 年版，第 3825—3826 页。

遣了礼为固着、僵化规文的思想偏向，不得不说这对儒家礼学的延续和长远发展有着重大的意义。就宋代兴起的民间礼而言，这种转型体现在两个方面：一方面是内容程序的简化。拿《朱子家礼》所订冠、婚、丧、祭之礼与《仪礼》中的“士冠礼”“士昏礼”“丧服”“士丧礼”“既夕礼”“士虞礼”相比，这一点非常明显。另一方面是“礼”“仪”向“规”“范”的转化。宋代涌现的“家范”“学规”“乡约”固然具有礼的属性和功能，但相比而言，“规”“范”抛开了礼仪的繁文缛节这些形式化的东西，简明扼要，内容和形式紧密结合，更具有灵活性和普适性。[①] 总之，无论在理论层面还是在实践层面，宋代礼学都有所突破和创新，从而为传统礼学注入了新的活力。经过朱熹等宋代儒家学者的一番“整顿”“拆洗”，完成了古代贵族阶层的礼仪向近古士庶通礼的转型。[②]

最后，朱熹通过对儒家之礼的重新建构，对礼学之理学哲学色彩的着重彰显，回应了当时“以理易礼”玄谈心性和偏执事功的思想偏向，缓解了礼价值内容和形式的紧张。

前文已提到，以凌廷堪为代表的清代思想家指斥朱熹“只言理不言礼”，他们主张“以礼代理”。而通过我们前面诸多分析可知，朱熹实则非常反对“以理易礼”。其对形而上天道性命的阐发，并赋予绝对性、超越性，是为了指向秩序的重整，为礼建立理论依据和提供理论证明。朱熹《讲〈礼记〉序说》：“夫如是故成性存，存而道义出矣。此造约之极功也。”[③] 对儒家礼之实理性的着重强调，对丧礼、祭礼更是极为重视，并着力提出通过礼来着重修养自身，礼之体用均不可偏废，通过天道性命贯通的思想把礼的体与用、本与末打通，在一定程度上也抵制了上述“以理易礼”玄谈心性、偏执事功的偏执思想偏向，为稳定儒家思想在世俗社会的主导正统地位起到了一定的作用。

朱熹礼学除了对当时礼制礼学影响颇深以外，其礼学对后世，尤其是明清的礼学礼教以及外域的礼学研究、礼文化的传播和礼价值观的确立，亦

---

① 惠吉兴：《宋代礼学研究》，河北大学出版社 2011 年版，第 167 页。

② 惠吉兴：《宋代礼学研究》，河北大学出版社 2011 年版，第 167 页。

③ 《朱文公文集》卷 74。

在一定程度上直接、间接地产生了不可忽视的深远影响。

第二节　对后世礼学礼教的影响

明清时期礼学再次复兴，诸多儒家学者开始对宋代“三纲纲纪礼教”进行反思甚至批判，由此引发了对当时的宗法礼以及其他礼秩礼序的重新讨论。其礼学思想由宋代形而上之思辨与强调内在德性涵养的思想理路转而投向对外部经验世界秩序的安排，并较大限度地肯定了人之自然情欲，以此对冲破宋明礼教的束缚，对人之真情压抑的释放以及于个体思想的解放，皆起到了积极的作用，致使宋明以来“天理”至尊的权威地位产生了动摇，旧的礼教思想渐然被撼动。我们于此时期诸多重要思想家的思想主张中可体会到此种深刻的广泛影响。

其一，引发了明清之际“三纲纲纪礼教”的反思与重建。

朱熹以“天理”的至高地位来确立“三纲五常”的绝对性，不可动摇性，以此作为礼之大体，而于明代沿承了此思想传统，更是把《五经大全》《四书大全》作为科举考试教条模板，大力宣传“君为臣纲、父为子纲、夫为妻纲”的尊卑等级秩序。如前文所述，这在一定程度上对礼之情感因素的释放和表达产生了阻碍，再加上统治者在政治意图的驱使下，有意把“存天理灭人欲”拔高，致使礼成为不近人情的桎梏性的纲纪教条。由此，于明清之际引发了情礼之间的对立与冲突。故此，晚清时期一些思想家对以朱熹礼学为代表的宋代礼法发起了猛烈的攻击。黄宗羲在《明儒学案》中于此曾描述道：“泰州之后，其人多能赤手以搏龙蛇，传之颜山农、何心隐一派，遂复非名教之所能羁络矣。”①“诸公掀翻天地，前不见有古人，后不见有来者。”② 明清学者对其礼学的反思和质疑最终引起了“三纲五常”礼教绝对至高地位的松动。

首先，引起了对尊权观念的质疑与挑战。明末时期，政局动荡以至于

① （清）黄宗羲：《黄宗羲全集》，浙江古籍出版社2005年版，第820页。

② （清）黄宗羲：《黄宗羲全集》，浙江古籍出版社2005年版，第820页。

最终覆亡，当时诸多学者对引导统治的形而上之思想开始质疑。其认为明代的衰亡就是因过度空谈心性而对经世致用之思想缺乏思考与构建而导致的。故而在此时期，思想家们转而将关注焦点主要集中在世道与民生上。晚明学者认为，王者若要实现“仁政”就必须要“遂民之欲”，即要关注民情，顺遂民之欲求，如王夫之言：“王道本乎人情。君子与小人同有之情也。小人未尝不愿其君之得情，而君子不恤民之失其情，则情先睽绝于上，而遂令天下之情皆违。夫上不恤下，亦将自快其情也，而当众怨民离之后，使有人心者念之，必怵然而不安。王者之与民同情，亦唯早计此安不安之心而善成之耳。”① 于此语可看出，王夫之对人情、世情之重要性的深刻洞见。他认为只有“遂民之欲”“体恤、重视民情”才能使民安、使天下安。“遂民之欲”的思想在一定程度上对宋明礼教的君权主义造成了一定程度的威胁和冲击。如顾炎武提出“合天下之私以成天下之公”的主张，其言：“人之有私，固情之所不能免矣。故先王弗为禁，非为弗禁，且从而恤之。……合天下之私以成天下之公，此所以为王政也。……世之君子必曰：有公而无私。此后代之美言，非先王之至训也。”② 顾炎武肯定了人之私欲，在一定程度上对宋以来所倡导的“先公后私”“自卑而尊人”的礼教传统形成了挑战。黄宗羲更为直接，其言：“古者以天下为主，君为客，凡君之所毕世而经营者，为天下也。今也以君为主，天下为客，凡天之之无地而得以安宁者，为君也。是以其未得之也，屠毒天下之肝脑，离散天下之子女，以搏我一人之产业，曾不惨然，曰：‘我固为子孙创业也。’其既得之也，敲剥天下之骨髓，离散天下之子女，以奉我一人之淫乐，视为当然，曰：‘此我产业之花息也。’然则，为天下之大害者，君而已矣！”③ “世之为臣者……以谓臣为君而设也，君分吾以天下而后治之，君授吾以人民而后牧之，天下人民为人君橐中之私物。今以四方之劳忧，民生之憔悴，足以危吾君也，不得不讲治牧之之术。苟无系于社稷之存忘，则四方之劳扰，民生之憔悴，虽有诚臣，亦以为纤芥之疾

① （明）王夫之：《船山全书》第8册，岳麓书社1990年版，第90页。

② （清）顾炎武：《日知录集释》卷3，上海古籍出版社1985年版，第251页。

③ （清）黄宗羲：《黄宗羲全集》，浙江古籍出版社2005年版，第2—3页。

也。”① 概而言之，黄宗羲认为古之“君”为天下之主，能为民谋利，遂民之所欲；而今之主则只为己私，漠视天下之公，天下之大害，以此彻底否定了君权主义。他认为，臣并不是为君而设，而是为天下百姓而立，因此，君臣关系应为平等的关系，并不应为尊卑关系，故而应该重新审视和建立君臣关系。

由此，伴随着诸多士人对君臣之纲的质疑，传统君权观点有了一定的变化，宋明礼教所建立的“君贵臣卑”的君臣等级思想和观念逐渐没落。

在明清之际，三纲之一的“父为子纲”思想亦受到强烈冲击。明清之际，由于以朱熹为代表的宋明礼学因对“三纲五常”的过度拔高，在一定程度上抑制了父子之间本能的自然情感的抒发。父权由以往的绝对性的至高地位因过度的执着而引起反弹，引发了世人的不断反思，以至于到明末的时候，沦为了一种纯粹的道德形式。

我们知道，“父为子纲”体现的是“孝”道，而朱熹对“三纲”的绝对性执着亦使“孝”道思想走上一个极端，胡适对此产生的负面影响评价道：“我并不是我，不过是我的父母的儿子。故说‘身也者，父母之遗体也’，又说‘身体发肤，受之父母’。我的身并不是我的，只是父母的遗体，故居处不庄，事君不忠，战陈无勇，都只是对不住父母，都只是不孝。”② 此言透显出，在“尊父”礼教近乎偏执的严格约束下，作为子女于此关系中已然完全丧失了自我，完全服膺于父母的意志，由内心所发出的孝之情感往往被外在礼法过度地约束和强制，故而严重压迫了内心真情的流露，而偏离最初的真心实意。黄宗羲对此评价道：“养志者，父之有子，原欲使其继我之志，我之所未尽而子尽之，我之所未为而子为之，以是乐有子也。盖身有限而志无穷，《大戴礼》言：‘黄帝三百生，生而人得其利百年，死而人畏其神百年，亡而人用其教百年。’不特黄帝也，凡人能使其父之志流长不尽者，皆子之事也。不能继志，便是死亲矣。故子之于父，听于无声，视于无形，所谓父在观其志也。”③ 黄宗羲认为，父子之间的亲情并不是一种道德绑架，而是基

① （清）黄宗羲：《黄宗羲全集》，浙江古籍出版社 2005 年版，第 4 页。

② 胡适：《中国哲学史大纲》（上），东方出版社 1996 年版，第 129 页。

③ （清）黄宗羲：《黄宗羲全集》，浙江古籍出版社 2005 年版，第 98 页。

于血缘，由内心深处产生的一种爱，这种爱是自然的、本能的，而并不应受后天礼教的强制。对此，王夫之亦言："情莫重于父子，而有不遂，是绝天性也。子（指桃应——引者注）之所疑，在舜为天子而已。苟不存一天子之见以事其亲，则弃天下，视之如敝蹝；非天下之轻，拟之父而见其轻也。诚轻于弃天下，则全其亲以脱法，唯有窃负而逃，遵海滨而处，法所不及，或可全也。顾斯时也，舜以幸免其父为乐，而天下不复在其意中，终身忻然，乐而忘天下，知有亲而矣，何知有天下哉。"① 于此，王夫之也强调了父子之情的自然性、本能性、先天性的可贵。其以舜为例，认为父子之情是最重要、最本源的，以真正、自然的"父子之情"为基础才能真正地对社会起到正面影响，进而才能真正立天下、利天下。明太祖朱元璋亦反对宋代以来这种被拔高的、畸形的父子之情，他认为："父母之恩一也，而低昂若是，不情甚矣。"② 由此规定："子为父母，庶子为其母，皆斩衰三年。"（《孝慈录》）朱元璋对母子之情的强调，在一定程度上冲淡了当时父子之情畸形、偏执的状况。柳诒徵在《江苏书院志初稿》中亦道："明代丧礼，著于史志。大抵本诸诸经史，而参以朱子家礼。其制丧服，父母并尊，盖特异于前代。儒者论之，是非不一。而清制沿而不革，盖惮复古而循人情也。"③

由于明清之际的诸多学者对由朱熹而传承下来的父权主义礼制多有非议，而统治者有时也不得不随顺人情而尽力改变之，父权主义在这种质疑和反思中，其绝对尊崇性逐渐淡化。

夫权也随之淡化。最能体现此种变化的是，于明清之际，世人对寡妇再嫁现象采取了前所未有的宽容态度。

对此顾炎武有言："夫物之不齐，物之情也。虽三王之世，不能使天下无孤寡之人，亦不能使天下无再适人之妇。且有前后家，东西家而为丧主者矣。假令妇年尚少，夫死而有三五岁之子，则其本宗大功之亲，自当为之收恤。又无大公之亲，而不许之从其嫁母，则转于沟壑而已。于是其母所嫁之

① （明）王夫之：《船山全书》第8册，岳麓书社1996年版，第888—889页。

② （清）张廷玉：《礼志十四》，《明史》卷60，中华书局1974年版，第355页。

③ 柳诒徵：《江苏书院志初稿》，载《江苏省立国学图书馆年刊》第4册，江苏省立国学图书馆1928年版，第1436页。

夫视之如子，而抚之以至于成人，此子之于若人也，名之为何，不得不称为继父矣。长而同居，则为之服齐衰期。先同居而后别居，则齐衰三月，以其抚育之恩，次于生我也，为此制者，所以寓恤孤之仁而劝天下之人不独子其子也。”① 由此观之，顾炎武赞成寡妇再嫁，认为孤儿寡母，无生存来源，生活艰辛，唯有再嫁方能生存下去。王应奎经考证道：“饿死事极小，失节事极大。程子固尝言之。然先王制礼，有同居继父、不同居继父之服，则女子改嫁，固非先王之所禁矣……可见古人不讳改嫁，故于文字中见之。今世衣冠之族，辄以改嫁为耻，而事出勉强，驯致无状，反不如改嫁之为得也。往见蒋先生莘田家训中，亦尝言之。其所见与余略同。若如徐女廉之改嫁所，则又教人以偷，而为程子之罪人矣。”② 王应奎认为女子改嫁并非古制，古人并不忌讳改嫁，以改嫁为耻乃是后人杜撰，在古制礼典之中并没有明显的依据。对此，清代毛奇龄亦言：“自古无室女未嫁而夫死守志之礼，即列代典制所以褒扬妇节者，亦并非室女未嫁而守志被之例，则直是先王之礼，后王之制两所不许者。”③ 他亦认为，若女未结婚成家而其夫死，其女为此守节不再嫁没有合理的依据，并非古礼所制。

总之，士人对寡妇再嫁予以考察且加以纠正，寡妇再嫁这一社会现象受到当时士人的理解甚至支持。于此，夫妻之间以夫为绝对主导地位的思想逐渐受到质疑，夫妇之间的关系有趋于平等互敬的趋势。如唐甄言：“敬且和，夫妇之伦乃尽。”④ “恕者，君子善世大枢也。五伦百行，非恕不行，行之自妻始。不恕于妻而能恕人，吾不信也。”⑤ 其认为妻为至亲至近之人，行恕应从妻开始，唯有行恕于妻方能行恕于他人。冯梦龙亦言：“自来忠孝节烈之事，从道理上做者必勉强，从至情上出者必真切。夫妇其最近者也，无情之夫，必不能为义夫；无情之妇，必不能为节妇。”⑥ 他也认为，夫妇之间

① （清）顾炎武撰，黄汝成集释：《日知录集释》卷 5，上海古籍出版社 1985 年版，第 30 页。
② （清）王应奎：《柳南续笔》卷 4，中华书局 1983 年版，第 196—197 页。
③ （清）毛奇龄：《西河合集》，上海古籍出版社 1990 年版，第 163 页。
④ （清）唐甄：《潜书·夫妇》，中华书局 1963 年版，第 373 页。
⑤ （清）唐甄：《潜书·夫妇》，中华书局 1963 年版，第 374 页。
⑥ （明）冯梦龙：《情史》，上海古籍出版社 1986 年版，第 37 页。

的关系应以“真情”为基础。

由此，于明清之际，诸位明清学者的主张皆暗示着，夫权的绝对权威在一定程度上淡化了，召唤着一种新的夫妇伦理关系的到来。

明清之际，由于从宋明以来对朱熹主张的“三纲五常”之礼教长久的绝对性的执着，其旧的礼教与当时的社会、人情皆产生了一定程度上的冲突和矛盾，使得当时的学者不得不对其进行了深刻的反思甚至贬斥，以此引发了明末清初的反礼教运动。

其二，引发了重情思潮的兴起与情欲思想的变革。

朱熹之礼虽注重人情，但同时又强调三纲五常的至高绝对性，强调礼之大体不容改变，绝不能以理易礼，这在一定程度上又压抑了人性、人情，其情礼关系的矛盾导致了亲尊失衡，礼文逐渐教条化，礼制失序。在明清之际，儒者之思想目光由对天理、性理的关注，下移到着重对情与欲的探讨。在此时期，儒者对“性情欲”的人性模式重新进行了深度的反思。其礼学思想欲突破宋明以来“天理”的笼罩，在重视道德理性的前提下逐渐给予自然情欲一定的肯定，打破了天理与人欲的对立，形成新的情欲观。及至明清之际，引发了当时社会对“情”的重新审视与重视，甚至出现了对自然情欲过度推崇的现象。

具言之，于朱熹礼学中情礼关系所遗留的张力在一定程度上对以王阳明为代表的心学产生了一定的影响。众所周知，王阳明与朱熹在思想上存在很大差异，其心学思想亦主要是在沿承和反思朱熹思想的基础上建立起来的。在“情”的观点上亦是如此。王阳明认为七情亦是本心所具，其言：“喜怒哀惧爱恶欲，谓之七情。七者具是人心合有德，但要认得良知明白。”[①] 其认为“七情”为本心之道德理性的体现，为先天所具，亦是良知之所彰显。又道：“七情顺其自然之流行，皆是良知之用，不可分别善恶，但不可有所著，七情有著，俱谓之欲，俱为良知之蔽。”[②] 其认为“七情”是良知之发用，不能对其善恶有所分别，若对“七情”有所执着，就会障蔽本心

---

① （明）王守仁：《王阳明全集》卷3，上海古籍出版社1992年版，第111页。

② （明）王守仁：《王阳明全集》卷3，上海古籍出版社1992年版，第111页。

之良知。由此可看出，相对于朱熹对“七情”的认知，其观点迥然不同。朱熹认为“七情”有善恶，应对恶应加以对治、疏导；而王阳明认为“七情”不能对其分别善恶。故与朱熹相比，他对礼之情感因素更加开缘和释放。但与之不同的是，他对“欲”并没有予以保留地肯定，其言：“喜怒哀乐，性之情也；私欲客气，性之蔽也。”① “喜怒哀乐，本体自是中和的，才有家着点意思，便过不及，便是私。”② 由此，王阳明亦认为私欲障蔽心之性，“欲”之产生源于对“七情”的执着，而相较朱熹之去欲望而言，其更倾向为去执着。但也正是由此，王阳明在一定程度上对情与欲予以一定的解放，引发了后来的王阳明后学纵欲之思想。

于阳明后学中，对情欲探讨颇多的便为刘宗周，如其言：“仁义礼智即喜怒哀乐之表义，非仁义礼智生喜怒哀乐也。”③ 他将情与四德等同起来，明显地把情拔高到与性同等的地位，这显然是与朱熹思想相悖的。他也对“四情”与“七情”作了区分：“《中庸》言喜怒哀乐，专指四德言，非以七情言也。”④ “性情之变，离乎天而出乎人者，故纷然错出而不齐。所谓感于物而动，性之欲也，七者合而言之，皆欲也。君子存理遏欲之功，正用之于此。”⑤ 这也就是说，他既重视情的道德性，又没有完全忽视其自然属性。与此同时，刘宗周亦是以欲来论情，其言：“生机之自然而不容已者，欲也。欲而纵，过也。甚焉，恶也。而其无过无不及也者，理也。其理则谓之性，谓之命，谓之天也。其著于欲者谓之情，变而不可穷也。”⑥ 他认为情是“著于欲”，即情通过欲而彰显，这一点显然也是继承了朱熹的说法。但他又认为欲为生机之自然，显然对人欲、人情的地位进行了拔高。

于此时期，对情欲探讨颇多的另一位儒学思想家便是王夫之，他受朱熹思想影响，对其思想反思很深。王夫之直接继承了朱熹关于“性—情—

① （明）王守仁：《王阳明全集》卷 3，上海古籍出版社 1992 年版，第 68 页。
② （明）王守仁：《王阳明全集》卷 3，上海古籍出版社 1992 年版，第 19 页。
③ （明）刘宗周：《刘子全书》卷 2，华文书局 1968 年版，第 209 页。
④ （明）刘宗周：《刘子全书》卷 11，华文书局 1968 年版，第 651 页。
⑤ （明）刘宗周：《刘子全书》卷 11，华文书局 1968 年版，第 626 页。
⑥ （明）刘宗周：《刘子全书》卷 7，华文书局 1968 年版，第 443 页。

欲”的思想解读模式，其言：“情受于性，性其藏也。乃迨其为情，而情亦自为藏也。藏者必性生，而情乃生欲，故情上受性，下授欲。受有所依，授有所放，上下背行而各亲其生，东西流之势也。”① 概言之，其亦认为，性为情之本，情产生欲。但是其对情的界定与朱熹又迥然有别，他批评朱熹道：“《集注》谓‘情不可以为恶’，只缘误以恻隐等心为情，故一直说煞了。若知恻隐等心乃性之见端于情者而非情，则夫喜怒哀乐者，其可以‘不可为恶’之名许之哉，朱子未析得‘情’字分明，故添上‘不可以为恶’五字，而与孟子之旨差异。”② 王夫之认为，情为人之内心的自然状态，并不具有先天的道德性，指责朱熹把情拔高了。王夫之认为情就是心之自然状态，若与道德理性等同，是有违孟子之意。其又言：“则喜、怒、哀、乐之与性，一合一离者是也。故恻隐、羞恶、辞让、是非，但可以心言而不可谓之情，以其与未发时之所存者，只是一个物事也。性，道心也；情，人心也。恻隐、羞恶、辞让、是非，道心也；喜、怒、哀、乐，人心也。”③ 据此可以看出，王夫之与朱熹对情的界定的出入主要体现在四端的理解上。王夫之认为，四端只可言心，不可言情。不仅如此，他还认为：“今以怵惕恻隐为情，则又误以性为情，知发皆中节之‘和’而不知未发之‘中’也。”④ “发而始有、未发则无者谓之情，乃心之动几与物相往来者，虽统于心而与性无与。即其统于心者，亦承性之流而相通相成，然终如笋之于竹，父之于子，判然为两个物事矣。”⑤ 依他之意，“情”与“性”并不是体用关系，而是“两个物事”。因此，“情”可以为善，也可以为“不善”：“唯其然，则亦但将可以为善奖之，而不须以可为不善责之。”⑥ “不善虽情之罪，而为善则非情不为功。盖道心惟微，须藉此以流行充畅也。”⑦ “情”因流于善恶之间，可不断地变化，因此需要道德理性的调节。王夫之认为不善之情并不是出于自性：“大抵不

① （明）王夫之：《船山全书》第6册，岳麓书社1991年版，第1066页。
② （明）王夫之：《船山全书》第6册，岳麓书社1991年版，第1070页。
③ （明）王夫之：《船山全书》第6册，岳麓书社1991年版，第964页。
④ （明）王夫之：《船山圣书》第6册，岳麓书社1991年版，第965页。
⑤ （明）王夫之：《船山圣书》第6册，岳麓书社1991年版，第962页。
⑥ （明）王夫之：《船山圣书》第6册，岳麓书社1991年版，第1069页。
⑦ （明）王夫之：《船山圣书》第6册，岳麓书社1991年版，第1069页。

善之所自来，于情始有而性则无。孟子言‘情可以为善’者，言情之中者可善，其过、不及者亦未尝不可善，以性固行于情之中也。情以性为干，则亦无不善；离性而自为情，则可以为不善矣。恻隐、羞恶、辞让、是非之心，固未尝不入喜、怒、哀、乐之中而相为用，而要非一也。”① 由上诸多言论不难看出，王夫之虽然继承了朱熹对“性—情—欲”模式的阐发，但其对情欲的阐释与朱熹思想相异的地方很多。其在反思朱熹思想的基础上，将情与性完全隔离开，间接地对情欲予以很大程度的肯定。

朱熹情欲的思想对明清的情欲观产生了重大的影响。然而明清之际的思想家虽在一定程度上对“情”“欲”予以了肯定，却并没有完全真正地脱离天理的笼罩。而直至清代中期，戴震在此基础上对“情”和“欲”思想进一步予以发展，提出“遂欲达情”，才真正进一步地释放、阐释“情”与“欲”的正面价值，并把现实的情感欲望之满足作为人生之根本。于此，朱熹情礼思想所遗留的思想裂痕也最终孕生了明清时期“重情”的思潮的兴起，促生了礼学重新复兴以及清代礼学的重大变革。

最后，由于后世对朱熹礼学的过度推崇而间接地导致了家礼学的逐渐衰落，而使仪礼学渐兴。

明清时期，朱子之学被尤为推重并逐渐独尊，伴随朱熹的名声地位自民间到官方的鹊起，其礼学著作之《家礼》亦被日渐尊隆，且对社会家庭礼仪方面产生了深远的影响，洪武元年，政府颁令：“民间婚娶，并依《朱子家礼》。”成为“人家日用不可无之书”。最具代表性的如《明集礼》，其于洪武三年修撰而成，其内容多处采纳《家礼》的内容。并且，于永乐年间：“颁《文公家礼》于天下。”②《家礼》被官方礼制彻底吸纳采用，逐渐变为官方所肯认的礼典，并由上而下被推广于民间，于社会产生颇深且广泛的影响。明代末期，朱熹的《家礼》更是继续被大为推崇，并不断地被刻印，其注释与修订本也随之大量出现，里面除夹杂了民间的风俗，还掺杂了佛道的仪式。礼学杜撰之风也由此随之兴起。李塨于此感叹道：“今世率遵《朱子

---

①（明）王夫之：《船山全书》第 6 册，岳麓书社 1991 年版，第 965 页。

②《明史》卷 47《礼一》，第 1224 页。

家礼》，然多杜撰无凭，行之僨蹶。”① 郭嵩焘称：“二千余年天下相为法守，独康成郑氏（郑玄之‘三礼注’）及朱子之书（《朱子家礼》）。”（《校订朱子家礼本序》）礼学的这种杜撰之风引起清代初期礼学的研究者强烈不满，对此他们主张要追寻“礼之所依”，通过对礼器及名物制度的考察以及辑古礼、训诂等方式来纠弊明代礼学的杜撰之风，主张对《仪礼》进行考察探寻，来明乎礼之意，与此相应《仪礼》学渐兴，家礼学逐渐没落。

综上诸多分析，于朱熹礼学对明清礼学产生的深远影响可窥见一斑。在此时期礼学萌动，理学式微，由此引起了一系列的变革。但同时值得注意的是，学者虽对礼理进行了重新审视，对待礼教有担忧的一面，甚至有时对僭越礼教的行为表现出强烈不满，但他们对宋代礼教的态度并不是彻底否定，完全推翻，而是予以一定程度的肯认和继承。明清礼学的发展与突破也并不是全然否定、绕过宋代的礼学思想，而是在承续中革新，甚至很多理路都是沿承朱熹礼学的思想。其主要表现为：

其一，明清之际，诸多学者以“理”作为“礼”之本体依据，其对礼理关系的界定仍是囿于在朱熹之“天理之节文，人事之仪则”的礼学概念中。如王夫之说道：“礼本于天、殽于地，列于鬼神，莫不有自然之理，而高卑奠位，秩序章焉。得其理以顺其序，则鬼神以之傧，制度以之考，仁义以之别矣。……圣人参天地，并鬼神以达于礼而立政者，莫不因其实理之固然、条理不昧者而效法之也。”② “礼制之品节，尽人情而合天理者，一因于道之固然，而非故为之损益。”③ 不难看出，在此时期，思想家们仍将“理”作为“礼”之依托的本体，而以“礼”作为“理”的秩序的显化，亦同样主张礼应服膺理。

其二，继承了朱熹礼学之重情的思想特点。如孙奇逢说：“夫礼，先王所以承天之道，以治人情，亢一分不得，贬一分不得。”④ 三礼馆儒臣亦道：“喜怒哀乐之情至变，而有不可变着焉。人事之宜一，天则之常也。盖人情

① （清）冯辰、刘调赞：《李塨年谱》卷3，中华书局1988年版，第96—97页。

② （明）王夫之：《船山圣书》第4册，岳麓书社1991年版，第554—556页。

③ （明）王夫之：《船山圣书》第4册，岳麓书社1991年版，第579页。

④ 张显清：《孙奇逢集》（下），中州古籍出版社2003年版，第839页。

之浅深不一，乐以统之，乃俱得其安；天理之几微易淆，礼之辨之，乃各当其分。然天理之至，即人情之极；于理有未协，即于情有不安，故礼乐同管乎人情也。”① 由此可窥见，此时期礼虽有超越天理之地位的趋势，其以“礼”作为是否合于天理的标准，以礼来判断“理”与“非理”，这对朱熹以天理为终极标准显然是一种抗衡。但尽管如此，思想家们亦延续了朱熹之礼重情的思想特点，以礼为标准的同时，更主张礼要管乎人之情，对人情让步，其礼之思想对情之因素仍特为重视。

其三，承续了朱熹礼之实理性的思想特点。譬如，孙奇峰主张以“礼”作为万事万物之理的“把柄”“主宰”，原因就是在于礼有条、有理，实有此理，如其言：“《颜渊问仁章》，此章全重礼字，大中至正，万物各得其理之谓。提出一个把柄，立定一个主宰，不于无声无形中文本体，而于有条有理众著成象者见本原也。”② “说礼不说理者，用功必有下落，离却显然条理，说什么不睹不闻，天下归仁者。乾坤浑是一个礼，盖舍了天下，即无处寄我之仁。”③ 由此，以礼作为判别理与非理的把柄、主宰，进而强调要对礼进行践行、落实，更加凸显了礼的实理性，这在一定程度上也更加彰显了礼的地位和重要性。

其四，延续了朱熹之礼“因时损益”的思想主张。前文已讲述，朱熹特重礼之“时”，这种见解对明清学者亦产生了深远的影响，明清时期亦延续了此思想特点。如孙奇峰认为，礼应随着时代社会的变迁有所损益，其言：“夏、殷、周，一礼相因，而妙处全在损益。如无损益，天地为死局矣。”④ 又言：“礼教陵夷，已不可言，然礼之意终古难晦。殷因夏，周因殷，总此一礼，不得不损益于其间，继周者百世可知。”⑤ 其认为礼之相因，其妙处正是在于损益。礼正是随着时代不断地调整有所损益才得以于后世流传而发挥实际作用。礼因时而变的观点得到了明清时人的普遍赞同，成为当时诸

---

① 林存阳：《三礼馆·钦定礼记义疏》，上海古籍出版社 1987 年版，第 365 页。

② （清）孙奇逢：《四书近指》卷 8，《颜渊问仁章》，中州学署清康熙元年（1662）刻本。

③ （清）孙奇逢：《四书近指》卷 8，《颜渊问仁章》，中州学署清康熙元年（1662）刻本。

④ （清）孙奇逢：《夏峰先生集》卷 13，中华书局 2004 年版，第 555 页。

⑤ 张显清：《孙奇逢集》（下），中州古籍出版社 2003 年版，第 161 页。

多学者的共识。

其五，朱熹礼学思想，尤其是其诠释、编撰的《礼记》《仪礼经传通解》《家礼》对宋朝以后以及外域的《仪礼》《家礼》《礼记》研究有很大影响。如朱熹将考据与义理结合起来，兼采汉、宋之学来诠释，对后世《礼记》的研究影响很大。除了宋人魏了翁、黄震之外，清人孙希旦、朱彬从事《礼记》研究皆受朱熹影响，将考据与义理结合起来。朱熹礼学在元明清时代被尊为官学，其通过礼学思想把《大学》中的"修身、齐家、治国、平天下"具体化、规范化，建立了一套精密的礼学体系和社会秩序，这对元明清礼学的发展、社会秩序的确立有着不可低估的影响。宋以后对《仪礼》的研究很多都遵循朱熹《仪礼经传通解》的研究方法，将经文分章。比如元代的敖继公《仪礼集说》、吴澄《三礼考注》等。吴澄《礼记纂言序》中云："朱子尝与东莱先生吕氏商订三《礼》篇次，欲取戴《记》中有关于《仪礼》者附之经，其不系于《仪礼》者，仍别为记。吕氏既不及答，而朱子亦不及为。幸其大纲存于文集，犹可考也。"清代江永的《礼书纲目》、盛世佐的《仪礼集编》、吴廷华的《仪礼章句》、秦蕙田的《五礼通考》的治礼思想也深受朱熹礼学思想的启发。清代万斯大言："《仪礼》一经，与《礼记》相表里。考仪文，则《仪礼》为备，言义理，则《礼记》为精。在圣人即吾心之义，礼而渐著之为仪文，在后人必通达其仪文而后得明其义理。故读《礼记》而不知《仪礼》，是无根之木、无源之水也。悬空无据，岂能贯通？"[①] 江永亦曰："《礼记》四十九篇，则群儒所记录，或杂以秦汉儒之言，纯驳不一，其《冠》《昏》等义，则《仪礼》之义疏耳。"又曰："散逸之余《仪礼》正篇，犹存二戴之《记》者，如《投壶》《奔丧》《迁庙》《衅庙》之类，已不可多见。"[②] 并且朱熹晚年为脱离性理学之困境，在编纂《仪礼经传通解》时认识到"汉儒考据"的积极作用，其尊礼经、郑注，重视经典的文本版本，正读音，通训诂，考制度，辨名物，可以说在一定程度上为清代考据学开启了先河，提供了新的视角。清代很多礼学学者受朱熹《仪礼经传通解》之启发，

---

① （清）秦蕙田：《五礼通考》卷 182。

② （清）江永：《礼书纲目・序》。

在考礼的方法上与朱熹一致，且仿效框架结构，著作出大量的通礼著作。且这种影响甚至波及外域，朝鲜和日本皆翻印过《仪礼经传通解》，《仪礼经传通解》所透显出来的礼学思想和治礼方法对朝鲜和日本均产生了深远的影响。除此之外，更为值得注意的是，朱熹《家礼》的问世，对日本、朝鲜亦产生了深刻的影响，甚至对东亚文明构成的影响不可小觑。《家礼》很早就传到日本，于17世纪后方受到关注，随后，大量的关于《家礼》研究的著作在日本出现。日本受《家礼》的影响不仅表现在经学层面，其于现实中礼仪实践亦受到颇深的影响。《家礼》中的祭祀仪式在日本得以传播，最明显的莫过于日本佛坛的“位牌”采用的正是家礼式的。不得不承认，这与儒家重“孝”的思想密切相关。与之类似，《家礼》的问世对朝鲜亦产生了深远的影响，其对《家礼》的研究、续编与更订可谓层出不穷。朝鲜更是将《家礼》本土化，使《家礼》于社会实践中得到了灵活的运用。除此之外，朝鲜著名的朱子学四大家之一李栗谷思想深受朱熹思想影响。尤其在人心道心说和理气说方面，他继承并发展了朱熹理学思想，其“人心道心图”以简洁明了的“图说”将其复杂晦涩的义理思想直观地呈现出来，使朱熹礼学更加便于大众理解与接受，这在一定程度上对朱熹礼学思想的传播、继承和创新起到了积极的影响。

通过上述分析不难看出，以朱熹礼学为代表的宋明礼学引发了明清之际对礼的一系列深刻的思考与探讨，对明清礼学的发展与沿革和新价值观的确立有着不可低估的影响。礼学于此重新得以复兴和沿革，并最终孕育了中国近代礼制礼学以及与其相关思想的重大变革。

结　语

礼文化精神作为中国传统文化的核心一脉，其思想早已深入中国人的灵魂深处，影响着我们日常的行住坐卧和精神品格，进而波及政治、宗教、哲学、文学、艺术等。有学者指出："中国礼乐文化是一副金镂玉刻、镶嵌着宝石与珍珠的镣铐，它桎梏着中国人的灵魂和手脚，中国人却以此为美丽和自豪。"① 此语固然有失偏颇，但从中也可看到礼文化随着时代更迭所呈现出来的复杂性与局限性。文明是在承续与革新相统一中而发展前进的，传统性和现代性皆烙印在文化里。我们通过前面分析亦不难体会到，礼文化的发展并不是一蹴而就、一帆风顺的。宋以前，随着朝代更替，世事变迁，礼学的沿承与发展，一路跌宕起伏，及至宋朝朱熹，礼学的承续与重塑便成为整个时代的主题。他着力恢复礼学，并倾尽一生精力，鞠躬尽瘁，为礼学作出了卓越的贡献，影响深远。然而其思想仍然存在着罅漏，其"存天理灭人欲"的思想在一定程度上造成了礼文化扭曲，进而随着历史的挪移，礼学其后的发展亦可谓一波三折，引发了明清之际礼文化的反思和革新，尤其是导致了近代五四运动对礼文化的冲击，甚至是极端的否定。而纵观整个中国礼学发展的历程，不可否认，于历史长河中，朱熹亦可称得上一位礼学大师，成绩斐然。其礼学思想继承了孔孟礼学思想，并基于宋代礼学的思想基础，针对当时的政治、社会的语境和文化背景，对传统礼学进行了完善和革新，其礼学烙印了浓厚的理学色彩，具有鲜明的时代文化特征，对当时与后世的礼学思想和社会秩序皆产生了不可忽视的深远影响，其礼学的贡献无疑具有

① 黄宛峰：《礼乐渊薮》，河南大学出版社 1997 年版，第 159 页。

里程碑的意义。

朱熹礼学的大体思路是，融合理学思想，并通过对《四书》的解读、对三礼的阐释，来重新阐发礼学观点。在理学视域下，他以天理为最高依据，以天理为逻辑起点，本天道而贯通人道，又将礼内植于心，于此实现天道人道的融贯，自然与人文的统一，可以说其礼学的重塑和贡献最主要、最根本是得益于其理学思想的理论助力。

朱熹以“天理”为逻辑出发点来界定、阐释礼的内涵，通过“天理”进一步明确、提升了“礼”的地位，赋予“礼”形而上的价值和意义，使礼具有了宇宙论支持。从朱熹礼学的天理层面来看，朱熹将“礼”与“理”和谐统一到一起，于此形成了“礼贯体用”，“礼为天理之实理”的思想特点，在赋予礼终极价值意义的前提下，排遣了“礼”落入顽空的思想偏执。尤其通过其对《仪礼》的重视亦可以看出朱熹极其反对离开礼文而空谈礼义，因此，朱熹在着重强调礼之天理的层面的同时，亦主张不可忽视对具体礼文的重视，主张礼之体用均不可偏废。但是众所周知，朱熹理学的逻辑是将天理置于最高地位，不允许把天理降格或从属事用的层面，而我们通过对朱熹礼学天理层面分析可以看到，朱熹主张“不以理易礼”，极力推重载有礼文制度的《仪礼》，于此不得不肯认，朱熹礼学有对理论和现实折中的成分，此为朱熹礼学很明显的特征。

朱熹将“天理”以“性”的方式下贯于人心，将“礼”圆融地安置于人心之中，于此使“礼”自然地贯通了天道与人道，使礼获得合法性的同时，亦使礼具备了内在的自觉性。朱熹对心的复杂性的阐释，揭示了“礼”存在的必要性、意义和实现方式，于此呈现了“礼”内在的诸多心性特质。他承续孟子的思想，以“礼”为人性之四德之一，而人性体现的是太极之理，是“诚”，是实有此理，以此论证了礼不仅从天理层面具有实理性，于心性层面，亦是性之实理，因此“礼”落实到人道，就必须要避免缺乏礼文实践的心的空头涵养。朱熹承续先秦思想，把礼的内在的价值依据规定为“仁”，“仁”“礼”的内在关系是“仁礼非是二物”。又于理学视域下，赋予仁“生意”，如此“礼”亦具“仁之生意”，以此使礼兼具自然之真与人伦之善，既彰显了等级秩序之爱又有兼爱的内涵。朱熹通过对仁的阐发阐明了礼之价值意蕴，排遣了礼为刻板固化的、毫无生机的拘制人心的文规制度。于此，朱熹于礼中特别重视心、性显用的现实层面的“情”，特别强调礼对情之正的抒发。但是朱熹对“三纲五常”礼体的绝对性强调，以及基于现实社会政治状况，统治者将“存天理，灭人欲”的思想过分夸大、执着，礼落实到现实人情中则潜存了情礼冲突。据此朱熹礼学从心性层面来看既有天理、生机的一面，亦有偏执局限的一面。

基于礼之天理层面与心性层面的特质，朱熹之礼落实于践行层面亦突显出礼之体用的贯通，天道与人道的贯通，自然与人文的和谐统一的独特思想特点。朱熹主张众人要“忠恕诚敬而礼”，就是要众人在重视内在身心修养的同时，绝不可以忽视外在礼仪的规范，绝不能将心玄谈化，从而以此于“克己复礼”功夫上与佛教思想做了彻底的区分。然而我们通过朱熹对佛教的批判来看，其对佛教思想的判认有失公允，所言有太过之处。朱熹特别看重祭祀，在祭礼的阐发中体现了其独特的鬼神观，彰显了礼独特的宗教性特点。但是他认为祭祀的目的旨在体达天理，始终指向、完成自我，实现人的最终价值归属，此又彰显了浓厚的人文色彩。而从格物致知的视野中去看待朱熹于礼践行的阐发，更能体会出其对礼之事用层面的重视，以及其将礼之自然层面与人文层面统一起来而作出的努力。基于情礼关系，朱熹于礼的实现上亦特别重情，强调礼要因时损益，最大限度地对礼之情感因素予以肯定。朱熹之礼对情的重视在一定程度上拓展了礼之精神维度，激活了礼之生命力。但是朱熹之礼对情感因素的释放亦始终无法摆脱“三纲五常”礼之大体的束缚，朱熹对情之正与情之偏的判断也因此常常出现失误，甚至有时将情与礼置于不可调和的地步，违背了礼因情、因时而变的思想，于此易激发情与礼的冲突与矛盾，这也是最终引发了明清之际情礼的关系的重新反思和礼学的变革的最为重要的因素。

礼之践行的最终价值理想是实现天人合一的境界，其践行之处便是“嘉美之会”“保合太和”。“礼”的实现即是在实现等级秩序的前提下，彰显了一种宇宙、人生之秩序的完美和谐，其分为三个层次特征——“心之和”“人伦之和”和“天人之和”，这三个层次既是由内而外的，亦是自然而贯通，是礼实现“嘉美之会”的最终体现，是“保合太和”。通过对朱熹礼之践行的阐发可以看出，其礼学主张极力避免心的空头涵养，努力打通自然之理与人伦之理，给人情最大限度的让步，朱熹对礼之践行的价值理想的阐发更是统摄在理学天道性命贯通的价值理念下，于礼的践行上亦体现了礼之自然色彩与人文色彩的双重特点，彰显了礼最终实现的自然与人文贯通统一的审美境界。

朱熹之礼因时代文化语境而呈现独特的时代特征，对当时和后世的礼学皆产生了不可忽视的深远影响。然而朱熹礼学本身于思想逻辑上多处存有矛盾之失，因此落实到现实，很多学理的优势并没有凸显出来，其礼学亦潜存了消极的因素，此对明清之际礼学的沿革产生了深远的影响，甚至引起了明清礼制礼序的变革。然而明清礼学的变革并不是完全推翻以朱熹为代表的宋代的礼学，而是在沿承的前提下进行革新，诸多理路皆继承了朱熹礼学的思想特点。可以说无论是正面还是负面的影响，明清礼学的发展离不开朱熹礼学的铺垫。由此可见，理论的沿承与发展既是一脉相传，亦是不断于否定中创新，思想的影响并不能单纯、单线地判定是正面还是负面，而是往往交织在一起的。

而通过分析已不难看出，朱熹较于以往的礼学思想呈现了很大的不同和创新，但这种不同和创新皆是在沿承的基础上，以理学为基色而促成的。其一，相较先秦礼学而言，朱熹沿承了先秦礼学心性层面的思想特点，尤其对礼之情感的自觉性予以充分的吸收和消化，通过对孟子四端说的发扬，于理学视域下，通过理气和太极阴阳的思想理路，将礼内化于心，赋予礼内在的必然性、合法性和自觉能动性。而于先秦礼学相比较而言，其最大的突出贡献即是完善了礼学形而上的思想依据，夯实了礼学的宇宙论基础，弥合了礼学中自然和人文的张力。其二，相较于汉礼而言，朱熹礼学最为突出的思想特点即是沿承了汉礼之“三纲五常”的绝对尊崇性，在确立天理至高地位的同时，亦赋予“三纲五常”作为礼之大体的本体地位。而朱熹礼学与汉礼最大的不同就是，朱熹通过对“天理”这一宇宙本体本源的确立，消解了天的神秘性，于此，礼之宗教神秘性色彩也随之淡化，礼对情的强制、压迫性亦随之减轻，人文与天道不再是冲突关系，而是趋向合一贯通。其三，相较于魏晋之礼而言，朱熹之礼发扬沿承了魏晋之礼对情感重视的思想特点，主张礼要因情、因时而沿革。而同时，朱熹通过对“三纲五常”之礼的确立和强调，遏制了于礼中过分纵容情感的思想偏执，与魏晋之礼相比，其更是于理学视域下，确立了礼的天理与心性的本体论依据。其四，与唐代之礼相比而言，朱熹之礼最大的贡献就是，通过理气和太极阴阳义理的架构，打通了天道和人道，贯通了天道性命。于此，通过对礼学宇宙论与心性论的确立，使礼统摄在天人合一的价值理路下，于礼学中亦彰显了天道与人道的统一。其五，于宋代，相较于前贤而言，朱熹礼学在沿承前人礼学思想特点的前提下，通过对佛教思想的援用，发展完善了理学思想，在承续前人理一分殊、“以理释礼”的思想传统理路下，通过贯通天道与性命、圆释理一与分殊的思想，进而赋予礼宇宙论与心性论的双重特点，打通了礼之天理层面与心性层面，使礼融贯自然之真与人伦之善，化解了礼学天道与人道缺乏圆融贯通的思想瓶颈。于此，朱熹使礼学在理学理论的支撑下得到新的呈现，赋予了礼新的时代意义和价值色彩，彰显了礼之浓厚的人文情怀。由此，朱熹对理学体系的构建和完善促成其礼学思想体系的重建，不得不肯认，朱熹礼学的转生与创新离不开时代思想语境的影响。

通过对朱熹礼学的天理、心性、践行、价值理想以及对当时、后世礼学的影响的各个方面的梳理分析，我们可以看到，朱熹礼学在理学视域下本天道立人道，融贯天人之际，旨在实现天人合一的道德境界，彰显了其独特的理学色彩，不仅具有宇宙论的自然属性，还具有鲜明的人文价值，其架构模式正是体现了自然主义与人文主义的和谐有机统一的普世情怀。但是亦无须讳言，通过分析我们发现，朱熹礼学本身存在着一定的理论瑕疵，最明显的莫过于朱熹过度尊崇“三纲五常”绝对不可动摇的地位，过度强调宗法等级关系，太过注重群体利益，于此而忽视了个人利益和自由，忽视了民主民意和民情，加上统治者为巩固统治阶级的权利和地位的动机，加重礼的政治、工具色彩，故而朱熹礼学发展到后来愈来愈保守，愈来愈消极，最终导致其价值理性迷失，成了束缚人心、压制人情的桎梏，失去了其礼学本有的生机和活力，以至于其礼学本身根源的特色并没有充分发挥彰显出来，也导致了明清时期思想家一系列的批判与反思。但瑕不掩瑜，朱熹礼学的系统性、实践性和其中对自然与人文关系的深刻体悟和独到见解，以及所彰显的人文价值和普世情怀不得不令我们深为叹服，其遗留的理论价值和思想矛盾对我们当代研究、革新礼学仍有着重要的启发意义。

参 考 文 献

一、古籍

1. 朱杰人等编：《朱子全书》，上海古籍出版社、安徽教育出版社 2002 年版。
2. （宋）黎靖德：《朱子语类》，中华书局 1956 年版。
3. （宋）朱熹：《四书章句集注》，中华书局 1983 年版。
4. （宋）朱熹：《四书或问》，上海古籍出版社、安徽教育出版社 2001 年版。
5. （宋）朱熹：《朱子家礼》，清文渊阁四库全书本年版。
6. （宋）周敦颐：《周敦颐集》，中华书局 1990 年版。
7. （宋）李觏：《李觏集》，中华书局 1981 年版。
8. （宋）程颢、程颐：《二程集》，中华书局 2002 年版。
9. （宋）张载：《张载集》，中华书局 1978 年版。
10. （宋）卫湜：《礼记集》，清文渊阁四库全书本。
11. （宋）陈淳：《北溪字义》，中华书局 1983 年版。
12. （明）王阳明：《王阳明全集》，上海古籍出版社 1992 年版。
13. （清）孙希旦：《礼记集解》，中华书局 1989 年版。
14. （清）王懋竑：《朱子年谱》，中华书局 1998 年版。
15. （清）李绂：《朱子晚年全论》，中华书局 2000 年版。
16. （清）李光地：《朱子礼纂》，清文渊阁四库全书本。
17. （清）皮锡瑞：《经学历史》，中华书局 1959 年版。
18. （宋）朱熹：《仪礼经传通解》。
19. （宋）欧阳修：《欧阳修全集》第 2 册，中华书局 2001 年版。
20. （宋）石介：《徂徕石先生文集》，中华书局 1984 年版。

21.（宋）苏轼：《苏轼文集》第1册，中华书局1986年版。

22.（宋）苏洵：《嘉祐集》，上海古籍出版社1993年版。

22.（唐）孔颖达：《礼记正义》，上海古籍出版社1999年版。

23.（汉）郑玄：《周礼注疏》，上海古籍出版社2010年版。

24.（汉）郑玄：《仪礼注疏》，上海古籍出版社2008年版。

二、现代文献

（一）相关著作

1. 张立文：《朱熹思想研究》，中国社会科学院出版社1981年版。

2. 戴君仁：《书〈朱子仪礼经传通解〉后》，李曰刚等编《三礼研究论集》，黎明文化事业股份有限公司1981年版。

3. 陈俊民：《张载的哲学思想及关学学派》，人民出版社1986年版。

4. 钱穆：《朱子新学案》，巴蜀书社1986年版。

5. 蒙培元：《理学范畴系统》，人民出版社1989年版。

6. 朱贻庭：《中国传统伦理思想史》，华东师范大学出版社1989年版。

7. 陈来：《朱子书信编年考证》，上海人民出版社1989年版。

8. 白寿彝：《〈仪礼经传通解〉考证》，《白寿彝：彝史学论集》（下），北京师范大学出版社1994年版。

9. 张岂之、邱汉生等：《宋明理学史》，人民出版社1997年版。

10. 郭伟川：《二十世纪礼学研究论集》，学苑出版社1998年版。

11. 陈来：《朱子哲学研究》，华东师范大学出版社2000年版。

12. ［韩］卢仁淑：《朱子家礼与韩国之礼学》，人民文学出版社2000年版。

13. 束景南：《朱熹年谱长编》，华东师范大学出版社2001年版。

14. 张寿安：《以礼代理——凌廷堪与清中叶儒家思想之转变》，河北教育出版社2001年版。

15. 朱杰人主编：《迈入21世纪的朱子学——纪念朱熹诞辰870周年、逝世800周年论文集》，华东师范大学出版社2001年版。

16. 王贻梁：《〈仪礼经传通解〉与朱熹的礼学思想体系》，朱杰人主编《迈入21世纪的朱子学：纪念朱熹诞辰870周年、逝世800周年论文集》，华东师范大学出版社2001

年版。

17. 陈戍国：《中国礼制史》，湖南教育出版社 2002 年版。

18. 王国良：《明清时期儒学核心价值的转换》，安徽大学出版社 2002 年版。

19. 陆建华：《荀子礼学研究》，安徽大学出版社 2004 年版。

20. 蔡方鹿：《朱熹经学与中国经学》，人民出版社 2004 年版。

21. 余英时：《朱熹的历史世界》，三联书店 2004 年版。

22. 张寿安：《十八世纪礼学考证的思想活力——礼教论争与礼秩重省》，北京大学出版社 2005 年版。

23. 郭齐勇：《中国哲学史》，高等教育出版社 2006 年版。

24. 蔡尚思：《中国礼教思想史》，上海古籍出版社 2006 年版。

25. 彭林：《论朱熹的礼学观》，蒋秋华、冯晓庭主编《宋代经学国际研讨会论文集》，台湾中国文哲研究所 2006 年版。

26. 陈荣捷：《朱学论集》，华东师范大学出版社 2007 年版。

27. 孙以楷：《朱子理学——礼学的本体提升与普世效应》，龙念主编《朱子学研究》，安徽大学出版社 2008 年版。

28. 田浩：《朱熹的思维世界》，江苏人民出版社 2009 年版。

29. 宋大琦：《程朱礼法学研究》，山东人民出版社 2009 年版。

30. 朱汉民、肖永民：《宋代〈四书〉学与理学》，中华书局 2009 年版。

31. 龚鹏程：《儒学新思》，北京大学出版社 2009 年版。

32. 殷慧：《朱熹礼学思想研究》，博士学位论文，湖南大学，2009 年。

33. 郭齐勇主编：《儒家文化研究：礼学研究专号》第 3 辑，三联书店 2010 年版。

34. 解光宇：《朱子学与徽学》，岳麓书社 2010 年版。

35. ［日］上山春平：《朱子〈家礼〉与〈仪礼经传通解〉》，吴震等编译，《思想与文献：日本学者宋明儒学研究》，华东师范大学出版社 2010 年版。

36. 冯兵：《朱熹礼乐哲学思想研究》，社会科学文献出版社 2019 年版。

37. 丁鼎：《礼学管蠡集》，黑龙江人民出版社 2022 年版。

38. 刘丰：《经典与意义——礼与早期儒学的衍变》，中国社会科学出版社 2022 年版。

39. 东方朔：《朱子哲学与宋明理学》，复旦大学出版社 2023 年版。

（二）相关论文

1.［日］上山春平：《朱子的人性论与礼论》，滕颖译，《中国哲学史研究》1986 年第 3 期。

2. 郝铁川：《周公本为巫祝考》，《人文杂志》1987 年第 5 期。

3．陈来：《朱子〈家礼〉真伪考议》，《北京大学学报》（哲学社会科学版）1989 年第 3 期。

4. 杨志刚：《〈司马氏书仪〉和〈朱子家礼〉研究》，《浙江学刊》1993 年第 1 期。

5. 高晨阳：《自然与名教关系的重建：玄学的主题及其路径》，《哲学研究》1994 年第 8 期。

6. 景海峰：《朱子哲学体用观发微》，《深圳大学学报》（人文社会科学版）1995 年第 4 期。

7. 童恩正：《中国古代的巫》，《中国社会科学》1995 年第 5 期。

8. 杨志刚：《中国礼学史发凡》，《复旦学报》（社会科学版）1995 年第 6 期。

9. 郭学信：《科举制度与宋代士大夫阶层》，《山东师范大学学报》（社会科学版）1996 年第 6 期。

10. 彭林：《张淳〈仪礼识误〉校勘成就论略》，《北京图书馆馆刊》1996 年第 3 期。

11. 晁福林：《商代的巫与巫术》，《学术月刊》1996 年第 10 期。

12. 陆建华、夏当英：《南北朝礼学盛因探析》，《孔子研究》2000 年第 3 期。

13. 张其凡：《“皇帝与士大夫共治天下”探析——北宋政治架构探微》，《暨南学报》（哲学社会科学）2001 年第 6 期。

14. 诸葛忆兵：《宋代士大夫的境遇与时代精神》，《中国人民大学学报》2001 年第 1 期。

15. 郑万耕：《程朱理学的体用一源说》，《孔子研究》2002 年第 4 期。

16. 彭兆荣：《人类学仪式研究评述》，《民族研究》2002 年第 2 期。

17. 颜世安：《礼观念形成的历史考察》，《江苏行政学院学报》2003 年第 4 期。

18. 粟品孝：《文本与行为：朱熹〈家礼〉与其家礼活动》，《安徽师范大学学报》（人文社会科学版）2004 年第 1 期。

19. 杨世文、李国玲：《宋儒对仪礼的注解与辨疑》，《四川大学学报》（哲学社会科学版）2004 年第 4 期。

20. 安国楼：《朱熹的礼仪观与〈朱子家礼〉》，《郑州大学学报》（哲学社会科学版）2005 年第 1 期。

21. 颜世安：《原始儒学中礼观念神圣性价值的起源》，《中国哲学史》2005 年第 4 期。

22. 陈峰：《宋朝的治国方略与文臣士大夫地位的提升》，《史学集刊》2006 年第 1 期。

23. 郝虹：《试论汉末名家思想的兴起与魏晋“名教”一词的出现——兼谈与汤用彤先生名教观点之异同》，《中国哲学史》2006 年第 4 期。

24. 祝尚书：《宋代登第进士的恩例与庆典》，《四川师范大学学报》（社会科学版）2006 年第 2 期。

25. 何俊：《由礼转理抑或以礼合理：唐宋思想转型的一个视角》，《北京大学学报》（哲学社会科学版）2007 年第 6 期。

26. 史向前：《朱子〈家礼〉与道德建设》，《合肥学院院报》（社会科学版）2007 年第 6 期。

27. 罗禀祥：《儒礼之宗教意涵——以朱子〈家礼〉为中心》，《兰州大学学报》（社会科学版）2008 年第 2 期。

28. 潘斌：《宋代〈礼记〉学文献综论》，《古籍整理研究学刊》2008 年第 6 期。

29. 夏微：《宋代周礼学文献述论》，《史学集刊》2008 年第 4 期。

30. 蔡方鹿：《胡宏对王安石经说及〈周礼〉的批评》，《中国社会科学院研究生院学报》2008 年第 4 期。

31. 陈彩云：《朱子〈家礼〉中的禁奢思想及对后世的影响》，《孔子研究》2008 年第 4 期。

32. 牟坚：《朱子对“克己复礼”的诠释与辨析——论朱子对“以理易礼”说的批评》，《中国哲学史》2009 年第 1 期。

33. 殷慧、肖永明：《学术与政治纠结中的朱熹祧庙之议》，《湖南大学学报》（社会科学版）2009 年第 4 期。

34. 张玉春、王祎：《由〈四库提要〉看经学变古时代的〈周礼〉学》，《史学月刊》2009 年第 4 期。

35. 孙显军：《朱熹的〈大戴礼记〉研究》，《苏州大学学报》（哲学社会科学版）2009 年第 1 期。

36. 赵华富：《朱熹与婺源茶院朱氏宗族》，《安徽大学学报》（哲学社会科学版）2010

年第 4 期。

37. 殷慧：《朱熹道统观的形成与释奠仪的开展》，《湖南大学学报》（社会科学版）2010 年第 3 期。

38. 李宗桂：《关于汉代经学的若干思考》，《学术研究》2011 年第 11 期。

39. 刘学智：《“三纲五常”的历史地位及其作用重估》，《孔子研究》2011 年第 2 期。

40. 王四达：《“深察名号”与汉儒对礼制秩序的价值探索——以〈春秋繁露〉和〈白虎通义〉为中心的考察》，《学术研究》2011 年第 3 期。

后　记

人生天地之间，若白驹过隙，忽然而已。也许此生最幸运的莫过于与中国哲学结缘。多少年来无论是从学术还是做人方面，一直被古哲先贤的智慧深深折服和感化着。然资质不才，学术涵养尚浅，虽一直倾心于中国哲学的魅力，但于此书的完成尤感能力有限、心力不足。饮其流者怀其源，本书稿的完成离不开恩师们的指引和督导。

导师张全新虽生前一直忙于著作和公务，加之身体一直欠安，很难有精力顾暇我的论文，但对我的博士论文一直尤为挂心，常常语重心长谆谆教诲，于学术方面常常告诫我，让我心怀担当，不能只囿于自我的世界。恩师虽已逝，然每每忆起恩师一言一行，仍异常深深地敬仰、感念。

回想起写作的过程，本书稿的完成最应感激的便是恩师林忠军老师。从选题、框架到最终完成，导师林忠军老师皆一一给予了我最大的帮助和启发，即使以往身体常常欠安，精力有限，仍心系学生，于休养期间亦耗费很多精力为我修改。回想起过往恩师的种种付出，亏愧不已，感念之情难言难表。唯有以后以其为榜样，学术上努力精进方能无愧于恩师在艺术上的种种帮助和指导。

导师张克宾对书稿最终的完成和修改亦给予了我很多帮助和建议。其工作、家庭皆极为繁忙，空暇时间甚少，但其仍努力腾出时间和精力为我指导论文，无论是从框架、行文规范还是表述都严格要求提点，其严谨的学术态度着实令人叹服！

硕士时期的导师苗润田老师在书稿框架的构思上给予了我最为关键的启发和建议，为我书稿最终的完成起到了非常重要的作用，在这里表示由衷的感恩！恩师深厚的学术涵养和严谨的治学态度一直是我学习的榜样！

另外非常感谢王新春老师在预答辩中给予我书稿的种种建议，其严谨纯粹的学术态度，君子般的为人德行是我心中真正的楷模和以后努力效仿、学习的榜样！

此外，也非常感谢山东师范大学齐鲁文化研究院的领导和老师们。2020年我来到山东师范大学齐鲁文化研究院工作，在吕文明院长的督促、鼓励、帮助下，不断修订书稿，并得到齐鲁文化研究院出版资助。另外颜春杰副院长、张磊副院长、李莉副院长，同事李文昌和杨子墨在工作和生活中也给予指导和帮助，在此深表感谢。

最后感谢家人背后默默地支持和爱护以及对我学术的支持和理解。

回望博士毕业过程中所经历的种种，可谓一波三折，困难重重。于此亦尤感世事无常。在写作过程中，几经周折，历经诸多困境和心理的煎熬，虽竭尽全力而为，然如今检索反思亦觉不足、罅漏之处甚多。但尽管过程曲折迂回，然从中我亦得到了磨砺和成长，可谓收获颇丰。除学术上的少许进步外，更为重要的是从克服困难中所获到的智慧，于人事变迁中所磨炼的心境，在寒冷困境处所收获的情谊。愿以后带着在此期间的种种所获，于以后的学术之路上继续砥砺前行，精进探索，在丰富自己的同时能够用自己的所学所长利益到社会，以古人先贤之志为志："穷则独善其身，达则兼济天下。"